LA VÉRITABLE
DUCHESSE
DE WINDSOR

BERTRAND MEYER-STABLEY

LA VÉRITABLE DUCHESSE DE WINDSOR

Pygmalion
Gérard Watelet
Paris

DU MÊME AUTEUR

Albums
Nadar, Editions Encre, 1979.
Les Chirac : Un album de famille, Editions de l'Archipel, 2000.

Biographies
Grace, Librairie Académique Perrin, 1984.
Buckingham Story, Librairie Académique Perrin, 1986.
Les Dames de l'Elysée, Librairie Académique Perrin, 1987, 1995 et 1999.
Les Monaco, Plon, 1988.
La Vie quotidienne à Buckingham Palace, Hachette, 1991.
Charles, portrait d'un prince, Hachette, 1991.
Juan Carlos, roi d'Espagne, Hachette, 1992. (Prix des Trois-Couronnes.)
La Princesse Margaret, Librairie Académique Perrin, 1993.
Caroline de Monaco, Librairie Académique Perrin, 1994.
Lady Mountbatten, Bartillat, 1997.
La Véritable Jackie, Editions Pygmalion, 1999.
Bernadette Chirac, Librairie Académique Perrin, 1999 et 2001.
La Véritable Grace de Monaco, Editions Pygmalion, 1999.
La Véritable Audrey Hepburn, Editions Pygmalion, 2000.
La Véritable Margaret d'Angleterre, Editions Pygmalion, 2000.
La Véritable Melina Mercouri, Editions Pygmalion, 2001.
Buckingham Palace au temps d'Elisabeth II, Hachette, 2002.

Sur simple demande adressée aux
Éditions Pygmalion/Gérard Watelet, 70, avenue de Breteuil, 75007 Paris
vous recevrez gratuitement notre catalogue
qui vous tiendra au courant de nos dernières publications.

© 2002 Éditions Pygmalion / Gérard Watelet, à Paris
ISBN 2-85704-735.5

INTRODUCTION

LÉGENDE parmi les légendes, la duchesse de Windsor incarne à tout jamais le choix du cœur contre la raison d'Etat. Edward VIII l'aima sans mesure, mais l'Eglise d'Angleterre et la famille royale ne purent accepter en leur sein cette roturière divorcée. Pour elle, le jeune roi abdiqua le 10 décembre 1936 et connut désormais l'exil. Pourtant, elle est entrée plus sûrement qu'une souveraine dans la galerie des personnages mythiques du XXe siècle.

Trente-cinq ans durant, le couple mena une vie errante, de palaces en villégiatures dorées. Edward et Wallis promenèrent à travers le monde l'image d'une passion plus forte que la loi, jusqu'à la mort du duc de Windsor en mai 1972.

Toujours en représentation, la duchesse de Windsor sut allier sophistication et sobriété. Pour elle, qui aimait répéter : « On n'est jamais assez mince et jamais assez riche », l'élégance ne se concevait pas sans une certaine simplicité. Bien des femmes ont envié sa prestance (malgré sa petite taille), son allure et sa classe. Des cheveux châtains longtemps séparés par une raie au milieu qu'elle abandonna en 1970 (« ce n'était plus une raie mais une autoroute », disait-elle avec son humour habituel), une peau délicate, des yeux très bleus et des dents très blanches lui donnaient un charme certain. Habillée par Schiaparelli, Dior ou Givenchy, elle promenait sa silhouette fine de galas en réceptions, courant le monde avec le même sourire éclatant aux lèvres.

« Il faut que je sois à la fois l'Angleterre, le Pays de Galles, l'Ecosse et les Indes et ce n'est pas toujours facile », aimait-elle répéter. Mais là où il ne fallait voir qu'amour et fidélité, on lui reprocha arrivisme et superficialité.

Car, rarement, personnage fut autant critiqué, caricaturé, vilipendé. Rarement, une femme, américaine de surcroît, se retrouva à ce point l'objet de calomnies, de rumeurs et de perfidies. Parce qu'il avait changé le destin d'une nation, son amour passionnait le monde entier.

La duchesse de Windsor n'était ni une sainte ni l'aventurière follement ambitieuse que l'on s'est souvent plu à décrire. Ses excentricités, sa personnalité originale évoquent davantage une héroïne de Scott Fitzgerald, dont elle était contemporaine. Elle en avait l'énergie, le sens de la perfection et de la fête, la passion des voyages et des bijoux et le goût du luxe.

Les Britanniques ont voulu donner une justification intellectuelle à l'abandon de son trône par Edward VIII. C'est omettre la passion qui liait ce couple hors du commun. Et les couleurs que Wallis savait donner à la vie, autrement plus chatoyantes que celles de la Cour d'Angleterre.

C'est cette femme intelligente, fantasque et passionnée, personnage subtil, que j'ai voulu retrouver. Celle qui fut le seul amour d'un roi sans couronne, mais possesseur du plus grand royaume qui soit, celui de la femme aimée.

I

UNE ENFANCE SUDISTE

Dès sa naissance, l'ombre du scandale plane sur le destin de Wallis Warfield. Celui du déshonneur, car pour les familles épiscopaliennes, l'éventualité d'une naissance hors mariage est bien pire qu'une union hâtive avec un époux tuberculeux.

Dans ses *Mémoires*, la duchesse de Windsor situe le mariage de ses parents en juin 1895, alors qu'il eut lieu en fait le 19 novembre 1895. Comme Wallis vient au monde le 19 juin 1896, soit sept mois plus tard, elle croit ainsi gommer les circonstances mouvementées qui entourèrent sa naissance.

Wallis naît dans l'après-midi du 19 juin 1896 à Blue Ridge Summer, petite station estivale de l'Etat de Pennsylvanie, et non pas à Baltimore, lieu de résidence de sa famille paternelle et maternelle. Est-ce un moyen d'échapper à l'annonce d'une naissance prématurée dans les journaux du Maryland ou les amoureux, fuyant la canicule de la ville, ont-ils préféré s'installer pour l'été dans un pavillon de l'hôtel Monterey ? Probablement un peu des deux.

LA VÉRITABLE DUCHESSE DE WINDSOR

Lorsque les premières contractions commencent, le couple fait appel à un jeune médecin de Baltimore, frais émoulu de l'école, le docteur Lewis Allen, connu pour sa discrétion. La phrase qu'on lui prêta à la vue du bébé : « C'est un morceau de roi », relève de la légende. Selon la coutume sudiste (qui veut que l'on donne aux filles un double prénom), l'enfant est baptisée Bessie Wallis. Bessie en l'honneur de la sœur aînée de sa mère et Wallis comme son père. La tradition est malgré tout respectée [1].

Car, en dépit de sa naissance en Pennsylvanie, la future duchesse de Windsor est bien d'origine sudiste. Son père, Teackle Wallis Warfield, vient du Maryland, alors que sa mère, Alice Montague, est née en Virginie. L'origine de ces deux familles remonte aux premiers temps de la colonisation et cette ascendance va imprégner l'éducation de l'enfant.

Devenue la duchesse de Windsor, elle confiera : « Au temps de mon adolescence, être Sudiste avait une importance énorme. Baltimore se considérait comme un îlot imprenable, perdu dans une mer nordiste. »

Car si l'Etat du Maryland ne s'est pas séparé de l'Union pendant la guerre de Sécession, les sympathies des principales familles de Baltimore et de la plus grande partie du Maryland sont allées à la cause des Confédérés. La famille de Wallis tout entière se rallia à ces derniers et, quarante ans après Appomattox, « la guerre entre les Etats » restait un des sujets de conversation favoris au cours des réunions familiales. « Je dois mes premières connaissances historiques aux récits que

---

1. De ces doubles prénoms, la duchesse de Windsor dira : « On ne m'appelait pas Bessie, mais Bessiewallis. J'ai toujours détesté le nom de Bessie, car, ainsi que je le disais à ma tante : "Quantité de vaches portent ce nom-là." Je parvins finalement à persuader tous les miens, à l'exception de ma grand-mère, de l'abandonner. »

me faisait ma grand-mère Warfield de l'arrestation de mon grand-père par "les hommes de Lincoln" », se souviendra Wallis.

Son grand-père, Henry Mactier Warfield, membre du gouvernement, fut l'un des premiers à presser l'Etat de se séparer de l'Union, quand éclata la Guerre civile. Sur l'ordre du général John A. Dix, chef du Département fédéral de Baltimore, il fut arrêté, en compagnie de plusieurs citoyens éminents de cette ville, la nuit qui précéda le vote pour ou contre la Sécession. Il fut retenu prisonnier pendant quatorze mois au fameux fort McHenry. Au contraire de plusieurs de ses compagnons de captivité, il refusa jusqu'à la fin de prêter serment de fidélité à l'Union. Au secrétaire d'Etat à la Guerre qui lui offrait la liberté sous certaines conditions, il répondit : « Ayant été arrêté sans motifs, j'exige d'être libéré sans conditions. » Devant une attitude aussi ferme, le Gouvernement fédéral renonça à le faire plier et il fut libéré sans avoir prêté serment. Il fit une brillante carrière et devint un des directeurs de la compagnie de chemin de fer « Baltimore et Ohio ».

Avec un tel caractère à leur tête, les Warfield ne cessent de prospérer : banquiers, hommes d'affaires ou magistrats. Cette lignée robuste se caractérise par une droiture quasi puritaine, une intransigeance et une orgueilleuse conception du « N'oubliez pas que vous êtes un Warfield ». On imagine donc l'agacement du clan, quand le jeune fils d'Anna Warfield, Teackle Wallis, se met à fréquenter une Montague.

Si en Virginie les Montague ont la réputation d'être des charmeurs (les femmes étaient célèbres par leur grâce et leur beauté, les hommes réputés pour leur esprit et leur courtoisie), ils ont en commun avec bien d'orgueilleuses familles du Sud de n'être pas riches. Depuis bien longtemps, ils ne peuvent plus soutenir le train de vie qu'ont connu leurs ancêtres.

11

LA VÉRITABLE DUCHESSE DE WINDSOR

Dans la bonne société de Baltimore, si conventionnelle, si structurée, corsetée par de sévères principes moraux, soutenue par une religion omniprésente, on juge donc inconvenant, au début des années 1890, que le dernier rejeton des Warfield s'éprenne de la blonde Alice Montague. Du fait de sa faible santé (il souffre de phtisie), Teackle Wallis Warfield n'a pas de situation. Au cours d'un conseil de famille, ses frères aînés (pour mieux défendre leurs intérêts) le déclarent inapte à fonder un foyer. Mais, bravant les interdits, Teackle et Alice poursuivent leur liaison romantique. Non sans courage à une époque où un baiser de tuberculeux est considéré comme dangereux, voire mortel.

Les Montague, comme les Warfield, finissent par réprouver cette love-story au goût shakespearien. Echappant à la surveillance de leurs familles respectives, « Roméo » Warfield et « Juliette » Montague vivent leur amour dans la clandestinité et, lorsque la jeune femme tombe enceinte à vingt-quatre ans, le scandale s'abat sur le couple.

C'est donc dans la plus grande discrétion, sept mois avant la naissance de leur bébé, que les jeunes gens se marient le 19 novembre 1895 dans le salon du révérend Dr C. Ernst Smith, ministre épiscopalien de l'église Saint-Michel de Baltimore. Le marié paraît émacié dans un simple costume gris, tandis qu'Alice porte une robe verte en soie brodée de zibeline. Ni garçon, ni demoiselle d'honneur, ni témoins, ni membres de la famille : un mariage précipité. Alice, avec ses grands yeux bleus, son petit nez retroussé et ses magnifiques cheveux blonds, est pourtant rayonnante. Teackle a le visage maigre et anguleux, les yeux profondément enfoncés, un regard pénétrant. Lui aussi est aux anges.

Sans la moindre lune de miel, le ménage s'installe d'abord au logis du mari, puis dans une pension de famille de Baltimore, avant d'émigrer pour l'été dans

12

une petite station de Pennsylvanie, non loin de la ville de Hagerstown : Blue Ridge Summer. C'est donc dans un pavillon de bois de deux étages, « Squaw Cottage », que Wallis vient au monde. Comme pour le mariage, la naissance du bébé ne fait l'objet d'aucune annonce dans la presse. Les parents omettent même de déclarer la naissance auprès du service d'état civil de la ville.

A la fin de l'été, le jeune couple, en compagnie de Wallis, regagne Baltimore et s'installe au « Brexton Residential Hotel », une modeste pension de famille sur Baltimore Park Avenue. Dans leur minuscule appartement, la maladie de Teackle empire. Miné par la fièvre, le père ne doit pas approcher du bébé. Quand sa fin approche, les Warfield décident, magnanimes, d'héberger le couple et l'enfant dans leur maison de trois étages du 34 East Preston Street. Mais c'est trop tard pour le père de Wallis !

Ses derniers jours de vie, la toux ne cesse d'empirer et il meurt le 15 novembre 1896, quatre jours avant le premier anniversaire de son mariage. Il n'a que vingt-six ans. Une vraie tragédie !

De son père, Wallis dira : « Je n'ai aucun souvenir de lui. Tuberculeux depuis plusieurs années, il mourut à Baltimore dans la maison de sa mère, cinq mois seulement après ma naissance. On raconte, dans ma famille, qu'à la demande de mon père, je fus photographiée pour la première fois trois jours avant sa mort. En examinant la photo, il dit gentiment à ma mère : "J'ai bien peur, Alice, que physiquement ce soit une Warfield. Espérons que moralement elle sera, comme vous, une Montague." »

Teackle n'ayant rien laissé, Alice Warfield et son bébé se retrouvent sans un sou. Elle doit compter sur la générosité des siens pour vivre. Mais les Warfield décident alors de continuer à héberger Alice et la petite fille.

A l'époque où Wallis vient habiter Preston Street, sa grand-mère a soixante-trois ans. C'est un personnage un brin despotique et austère. Portant encore le deuil de son mari, elle est invariablement vêtue d'une robe noire au col montant bordé d'un liséré blanc. Aucun bijou si ce n'est une petite broche de perles fines et un bracelet d'émail noir. Hautaine et amidonnée, elle possède l'allure d'un personnage victorien. Elle ne se sépare jamais de son trousseau de clés et lorsqu'une femme de chambre désire entrer dans la lingerie ou accéder à la cave, grand-mère geôlière consent à donner la clé adéquate. Longtemps, la petite Wallis évoquera l'image de cette grand-mère solitaire se balançant dans un rocking-chair capitonné et se tenant si droite que jamais son dos ne s'appuie au dossier. C'est d'ailleurs de ses nombreux fauteuils à bascule qu'elle dirige sa maison et donne ses ordres inflexibles aux domestiques (six femmes de chambre veillent sur l'entretien de la demeure).

L'impression de rigidité du personnage doit cependant être nuancée. Wallis elle-même la rectifiera en parlant de « l'impression de paix et de douceur » qu'elle garde de Preston Street et de sa grand-mère. La vieille dame passe pourtant d'innombrables heures à surveiller sa petite-fille. Quand Wallis se trémousse sur l'immense canapé de cuir noir du salon, luisant et glissant à souhait, Anna Emory Warfield réplique sévèrement : « Bessiewallis, tu ne deviendras jamais une lady si tu n'apprends pas à te tenir droite. »

Dans ce milieu austère mais confortable, Wallis connaît une enfance heureuse. Mais sa mère ressent des impressions toutes différentes. Jeune veuve sans ressources, elle se trouve sous la constante tutelle d'une belle-mère sévère. L'atmosphère lui semble pesante et désagréable d'autant que son beau-frère (celui que Wallis nommera pour toujours oncle Sol) ne cesse de lui faire sentir qu'elle est là par charité. S. David Warfield [1],

---

1. Wallis le nommait oncle Sol d'après son premier prénom, Solomon.

le plus âgé des frères, est resté célibataire. Il devient tout naturellement le chef de famille. Des manières distinguées, mais un abord froid. A moins de quarante ans, c'est déjà un banquier renommé, plein d'imagination et d'audace, étendant ses activités à des domaines aussi variés que les transports, les services publics et l'industrie.

Pourtant, S. David Warfield a débuté dans les affaires comme employé aux écritures chez George P. Frick d'abord, puis chez D.J. Foley Frères, dans les conditions les plus pénibles. Mais il a réussi à mettre au point un certain nombre d'inventions et, à l'âge de trente ans, a déposé dix-neuf brevets de mécanique et monté pour les exploiter la Warfield Manufacturing Company. A l'âge précoce de trente-quatre ans, il devient receveur général des postes de Baltimore. Grâce à ses discrètes et profitables relations avec J. P. Morgan, conseiller financier du prince de Galles, Solomon est en outre président de la Seabord Airline Railway, qui entame son expansion vers le sud en direction de la Floride, en dépit de l'opposition acharnée de nombreux propriétaires de lignes locales. Il est aussi président de la Continental Trust.

A l'époque, on estime déjà sa fortune à trois millions de dollars. De tous les Warfield, il est celui qui va jouer le rôle le plus grand dans l'enfance de Wallis. Dans l'univers si incertain où elle baigne, il est le plus apte à endosser le rôle de père. Mais un père redouté. Un parent trop réservé et sévère pour être vraiment affectueux. Avec ses cheveux noirs coupés court et divisés par une raie, son visage carré orné d'une moustache sobre, il incarne l'élégance glaciale. Entre sa grand-mère Anna et oncle Sol d'un côté, silencieux autant que compassés, Alice de l'autre, en perpétuelle insécurité, les premières années de Wallis ont une tonalité quelque peu austère.

LA VÉRITABLE DUCHESSE DE WINDSOR

L'enfant est pourtant une petite fille malicieuse et exubérante qui fait fondre les domestiques, à commencer par sa nurse irlandaise, Joe, une vieille fille maigre et presque édentée. Le valet de chambre d'oncle Sol, Eddie, un valet noir, craque lui aussi devant le charme de la petite fille. En jaquette noire, pantalon rayé et col cassé, il veille à ce que « miss Bessiewallis » ne manque de rien. Mais de quoi manquerait-elle dans cette demeure cossue de quatre étages en brique grise du Maryland ?

Au premier étage, le grand salon est décoré à la manière victorienne, avec des rideaux de dentelle blanche, des meubles de bois doré et d'acajou et, sur la cheminée, sous globe, le groupe en marbre des Trois Grâces. Derrière le salon, au bout d'un court passage qu'anime une horloge à balancier, se trouve la salle à manger, meublée à chaque extrémité de buffets d'acajou sur lesquels étincellent des pièces de la fameuse argenterie de Kirk, réputée à Baltimore. Des fenêtres, placées de chaque côté de la cheminée, font de cette salle à manger la pièce la plus claire de la maison. C'est dans cette pièce que le vieux docteur de famille vaccine Wallis pour la première fois. Au deuxième étage, s'étend, sur toute la largeur de la façade, une bibliothèque dont les rayonnages montent jusqu'au plafond. Derrière, au-dessus de la salle à manger, la chambre à coucher et la salle de bains de sa grand-mère. Au troisième étage, se trouvent la chambre à coucher d'oncle Sol et sa salle de bains. Wallis et sa mère sont installées sur le devant, dans deux chambres communicantes. Cet arrangement est fort agréable pour oncle Sol, mais beaucoup moins pour Alice et Wallis qui doivent se servir de la salle de bains de la grand-mère, à l'étage en dessous. Au quatrième, logent les domestiques.

Logique que, dans un tel décor, Anna Warfield régente sa maison avec méthode et rigueur. Le dimanche matin, elle emmène son fils et sa belle-fille à l'église méthodiste

16

de Christ Church dans St Paul Street. Le samedi, à huit heures précises, elle fait atteler son cheval « Gadfly » à sa victoria, afin de se rendre au marché Richmond. Wallis a souvent le privilège de l'accompagner. Aux yeux de l'enfant, cette course a les allures d'une fascinante expédition. Des années après la guerre de Sécession, le Baltimore que Wallis connaît dès son enfance est encore très sudiste.

A l'époque de la naissance de Wallis, Baltimore subissait encore le contrecoup de la Guerre civile, déjà vieille de trente ans. Bien que l'Etat du Maryland ait combattu aux côtés des Nordistes, il possédait et possède encore de chauds et puissants liens de famille avec le Sud. Baltimore, disait Dickens, hanté par le fantôme de l'esclavage « se souvenait d'un air morne ». Là, « de nobles dames avaient pris l'habitude de cracher en passant devant un Nordiste ». Après la guerre, quand le Sud fut anéanti par la défaite, Baltimore devint un refuge pour les Sudistes ruinés ; ils y échappèrent aux misères de la reconstruction. Par ailleurs, des familles de Virginie se transportèrent dans le Maryland.

La cité, à l'esprit britannique, semble encore imprégnée d'un conservatisme de propriétaire. Les beaux quartiers de la ville, avec de larges avenues ombragées et de grands bâtiments de brique rouge, présentent une atmosphère cossue et élégante. Arrivée au marché, Wallis est fascinée par le spectacle des allées d'éventaires et les présentoirs colorés de fruits et légumes. L'hiver, des braseros réchauffent, en rougeoyant, l'atmosphère. Et lorsque grand-mère Warfield a terminé ses emplettes, elle prend sa petite-fille par la main, l'entraîne vers la marchande de bonbons et lui achète un petit sac de caramels à la crème. Autre récompense suprême aux yeux de l'enfant : le valet Eddie l'emmène parfois faire un tour en tramway.

A six ans, Wallis est une jolie petite fille, mais sans plus. Un teint de rose – critère essentiel de grâce –, une chevelure brune qui retombe sur ses épaules et un air de douceur réfléchi. Le Dr Allen, qui l'a revue plusieurs fois enfant, gardera le souvenir d'une fillette « absolument ravissante, aux longs cheveux bruns et douée d'une personnalité magnétique ». Le terme « magnétique » revient souvent lorsqu'il est question de l'enfance et de la jeunesse de Wallis. Mais elle est solitaire, même si elle paraît très entourée.

La maison d'Anna Warfield ne manque pas de vie. Bien que menant une existence calme et retirée, sa grand-mère montre, pour tout ce qui touche aux questions politiques, qu'elles soient du Maryland, ou du pays entier, un intérêt presque viril. Est-ce dû au fait que son fils Sol joue un rôle actif sur la scène politique locale ? Mais elle semble être au courant des moindres événements, connaître toutes les personnalités en vue, ainsi que les petits scandales attachés à leurs noms, et paraît aussi bien renseignée qu'un candidat lors d'une campagne électorale. A l'heure du thé, blottie dans un coin du salon, Wallis aime l'écouter échanger nouvelles et potins avec ses amis.

Mais, en dépit de son bon sens et de sa bonté foncière, la grand-mère nourrit parfois de déconcertants préjugés. La haine qu'elle voue aux Yankees est implacable. Elle n'a jamais reçu sciemment un Nordiste dans sa maison. Elle a des principes bien arrêtés. « N'épouse jamais un Yankee », dit-elle à sa petite-fille avec force. Or, tout ce que lui enseigne sa grand-mère est pour Wallis parole d'Evangile. Elle a également des idées très précises sur l'usage du café. « Ne bois pas de ce poison, décrète-t-elle. Cela te jaunirait le teint. » La grand-mère a toujours à portée de main une énorme Bible de famille posée sur un guéridon, avec un signet de satin violet et en cite volontiers des passages.

Bien plus que Wallis, c'est sa mère qui souffre du rigorisme de la grand-mère. Car au cours de ses années de veuvage, Anna n'a jamais posé les yeux sur un autre homme. Aussi, lorsqu'Alice, après un laps de temps convenable, considère son deuil comme terminé et se met à sortir avec des soupirants, Anna marque sa vive désapprobation en attribuant évidemment sa légèreté à son côté « Montague ». La situation ne fait qu'empirer lorsque Solomon laisse glisser sur Alice des regards concupiscents. Alice est jeune, charmante, avec un corps voluptueux et Sol est célibataire. Ces éléments explosifs vont accélérer le déménagement d'Alice et Wallis. Car, dans ses conceptions surannées de vieille Sudiste, voir son fils épouser la veuve de son frère aurait été pour grand-mère Warfield le comble du mauvais goût.

En 1901, Alice déménage pour s'en retourner avec Wallis au Brexton Residential Hotel. Cet « exil » n'est pas sans conséquences sur l'humeur de Wallis qui avouera plus tard : « Des quelques mois que nous passâmes au Brexton, je garde la vague impression d'un petit hôtel de famille, d'une agréable chambre à deux lits, des repas que je prenais avec ma mère, des visites que je faisais seule, l'après-midi, à Preston Street, cette demeure qui nous était subitement et mystérieusement devenue étrangère. Pour la première fois, je ressentis la solitude comme seuls peuvent en souffrir les enfants avec leur frémissante sensibilité. [...] Un sentiment de froid m'envahit, comme lorsque par un beau jour d'automne le soleil disparaît derrière un nuage ; et cette vague appréhension, cet obscur pressentiment se traduisirent chez moi par la crainte de rester seule, ne fût-ce que quelques heures, comme si je redoutais que ma mère, elle aussi, ne vînt à disparaître. »

La maigre allocation d'oncle Sol ne couvre pas les frais de pension, aussi Alice doit-elle se mettre à travailler. Elle ne sait ni taper à la machine ni tenir des comptes, en revanche elle sait coudre. Elle entre au Women Exchange, organisation charitable où l'on retouche des vêtements d'enfants pour un salaire modique. Au moins peut-elle coudre les robes de Wallis avec la machine à coudre de ses employeurs pendant la pause du déjeuner.

Alice paie donc son indépendance par une perpétuelle insécurité qu'oncle Sol se plaît à souligner. Certes, chaque mois, il dépose bien à la banque une somme d'argent au crédit de sa belle-sœur mais, curieusement, le montant de la somme finit par varier chaque mois. Est-ce pour le banquier une façon de rappeler à la jeune veuve le prix de l'indépendance selon l'éthique Warfield ?

Pour Wallis, trop souvent confinée dans sa petite chambre du petit hôtel Brexton, la délivrance va venir de sa tante Bessie. Au printemps 1902, la sœur d'Alice vient à leur secours. Bessie a perdu son mari, David B. Merryman, d'une pneumonie, à l'âge de quarante-trois ans. Comme elle adore Alice et Wallis, elle décide de les accueillir dans sa maison de brique au 9 West Chase Street.

La demeure de « tante Bessie » est une maison typique de Baltimore : un salon, une salle à manger et une cuisine au rez-de-chaussée. Puis deux chambres à coucher au premier étage. Et enfin une chambre d'amis et une de domestique au deuxième. Elle devient un vrai foyer pour Alice et sa fille. Tante Bessie s'intéresse très affectueusement à sa nièce et restera toute sa vie son amie et sa confidente.

A l'âge de six ans, Wallis fait enfin ses premiers pas d'écolière au cours de Miss Ada O'Donnel au 2812 Eliott Street. Celle-ci a transformé en école sa maison de famille et enseigne elle-même presque toutes les matières, parvenant à maintenir la discipline parmi une trentaine de garçons et de filles qui tous appartiennent à des familles du voyage.

LA VÉRITABLE DUCHESSE DE WINDSOR

Dans ce cours, le caractère déterminé de Wallis commence à se dessiner. La fillette donne elle-même une anecdote révélatrice : « Miss O'Donnel aimait à nous conter des faits de l'histoire d'Angleterre et nous questionnait le lendemain pour voir ce que nous en avions retenu. Elle nous demanda un jour qui avait essayé de faire sauter le palais du Parlement. Me souvenant que c'était Guy Fawkes, je levai vivement la main, mais déjà un petit garçon, derrière moi, répondait à ma place. Furieuse, je me retournai et le frappai sur la tête avec mon plumier. »

Oui, l'enfant a déjà une forte personnalité comme en témoigne l'une de ses condisciples : « Elle était aussi agitée qu'une bande de singes. Et brillante ! Bien plus brillante que nous tous ! Elle avait décidé d'être la première de la classe et elle l'était. [...] Elle aimait beaucoup la campagne. Elle passait des séjours chez nous, à Robinwood et à Knowle, qui existent toujours, et elle s'amusait comme une folle avec nous – nous étions onze enfants. Elle adorait jouer au bouchon. Lorsque la nuit était tombée, les lucioles la fascinaient. »

Enfant unique élevée par une mère trop tendre et légèrement inconséquente, gâtée par sa grand-mère et sa tante (toutes les deux veuves), Wallis reste à cette époque imperméable aux influences de l'extérieur. Elle vit encore, à ce moment-là, dans un monde qu'elle se crée de toutes pièces. La fillette aime imaginer qu'elle est plusieurs personnages à la fois. Tante Bessie la retrouve ainsi, assise sur le parquet, découpant des figurines dans un catalogue et leur prêtant une vie imaginaire. Elle s'invente aussi deux compagnons favoris avec lesquels elle a de longues conversations au téléphone. Elle laisse le récepteur pendre au bout du fil et converse le plus normalement du monde avec « Gubby » et « Abe ».

LA VÉRITABLE DUCHESSE DE WINDSOR

En fait, Alice se plaît à entretenir sa fille dans un univers imaginaire. Son cousin, le romancier Upton Sinclair [1], affirme qu'Alice soutient qu'elle et sa fille descendent même de Pocahontas [2]. Alice raconte même autour d'elle que le grand-oncle de Wallis, Powhatan Montague, avait un arbre généalogique suivant lequel il était descendant direct de la petite héroïne indienne du dix-septième siècle, Pocahontas, dont le père s'appelait le Chef Powhatan. Si le fait est exact, Wallis y gagne l'alliance inattendue avec sa vieille amie, Lady Louis Mountbatten, qui, elle, descend vraiment de Pocahontas [3]. Mais le doute est permis.

Pourtant, des témoins de l'époque évoquent Wallis avec ses cheveux noirs nattés sur la nuque et ses hautes pommettes saillantes. L'enfant a alors hérité des surnoms de « La Squaw » ou « Minnehaha ». A l'évidence, Wallis croit dur comme fer ce que lui a dit sa mère : elle descend indirectement d'une authentique princesse indienne.

Les rêves de grandeur sont pourtant absents de l'année 1908. Mère et fille déménagent aux « Preston Apartments », petits appartements meublés qu'Alice décide de transformer en pension de famille. Dans ce quartier qui rappelle Chiswick à Londres ou Bay Ridge

---

1. Upton Sinclair, né à Baltimore en 1878, est l'auteur de *La Jungle*, *Le Pétrole*, et *La Fin du Monde*, des romans sociaux.
2. Née en 1594, la jeune princesse de la tribu Powhatan est devenue une légende en tombant amoureuse du capitaine britannique John Smith et en favorisant l'implantation des premiers colons anglais sur sa terre natale. La firme Walt Disney a immortalisé le personnage qui est mort en 1617 à Londres, sans revoir l'Amérique.
3. Voir *Lady Mountbatten*, du même auteur, aux Editions Bartillat. La grand-mère paternelle d'Edwina se nommait Sybella Farquhar. L'arbre généalogique des Farquhar comprenait Pocahontas. Edwina Mountbatten est l'une des descendantes directes de la princesse, à la douzième génération.

à Brooklyn, Alice loue des chambres. Ce n'est pas une opération commerciale très florissante. La plupart des locataires d'Alice sont des parents éloignés (comme des cousins Montague) ou des amis d'amis. Et Alice se montre aussi négligente à exiger ses loyers qu'elle l'est à payer le sien.

Pour corser le tout, elle décide de se lancer dans la restauration avec ses « paying-guests ». Elle engage une domestique noire et débute modestement. Malheureusement, son orgueil de cuisinière lui fait perdre le peu de sens pratique qu'elle possède. Ces simples repas dégénèrent en festins : tortues, pigeons, pièces de bœuf succulentes, crabes, framboises fraîches, pâtisseries délicates. L'enthousiasme des convives l'incite à élaborer des menus de plus en plus recherchés et coûteux. Ce succès n'est assombri que lorsque les factures commencent à arriver. Elle s'aperçoit alors que le côté « hôte » a complètement éclipsé le côté « payant ». Elle n'a pas le courage de montrer ses livres à son beau-frère Sol et c'est finalement Bessie qui s'en mêle, discute avec les fournisseurs et liquide ce qui a été sans aucun doute une des tables les plus recherchées de Baltimore.

C'est avec elle que Wallis apprend à faire la cuisine et la petite fille se montre capable dès l'âge de dix ans de réussir gâteaux, tourtes et spécialités de Baltimore comme le chausson aux maïs et aux crevettes, le pain aux huîtres, les patates douces au sherry et le pudding « Baltimore Spécial ». Mais dans la cuisine où Wallis officie, malheur à ceux qui gênent ses mouvements, ignorent ses efforts ou n'acclament pas ses exploits culinaires. L'un des pensionnaires de sa mère se rappellera, des années plus tard, Wallis affairée au-dessus de la cuisinière, à fourgonner dans les plats.

Avec des sous-locations, Alice réussit pourtant à survivre. Elle possède un optimisme forcené qui vient à bout de bien des épreuves. Elle parvient à ne jamais rester abattue. En fait, il semble presque que les soucis matériels glissent sur elle comme l'eau sur les plumes des canards. Elle est faite pour rire ; elle donnerait tout pour un bon mot. L'esprit vif, la langue plus vive encore, elle est la première surprise des réactions indignées ou amusées qu'elle provoque. Après un trait particulièrement acéré, elle prend une expression faussement contrite et s'exclame : « Seigneur, qu'ai-je encore dit ? » Elle illustre de façon typique ce don de repartie lorsqu'un jour elle perd pied et dévale l'escalier d'un magasin à prix unique. Un employé se précipite vers elle et, tout en l'aidant à se relever, lui demande : « Madame, que puis-je faire pour vous ? – M'emmener immédiatement au rayon des cercueils », riposte-t-elle. Peut-être est-ce une façon intelligente de cacher ses peines et angoisses à sa fille. Car, pour des femmes du Sud comme elle, la vie est finalement sévère et triste ; dans cette ambiance, les enfants, les filles surtout, ont tendance à devenir moroses.

Wallis est l'exception à cette règle. Très jeune, elle supplée à la beauté conventionnelle qui lui fait défaut par une vivacité, un magnétisme et un charme dont les témoins se souviendront toujours. Avant même d'avoir pris conscience de ses ambitions personnelles et de s'être rendu compte comment on sert son propre intérêt, cette brunette dynamique attire l'attention des gens influents et fortunés. On a pensé, dans la famille de Wallis, que tout enfant elle avait compris l'insécurité du lendemain. Alice, loin de s'en inquiéter, ne cesse de lui répéter qu'elle ne doit compter pour plus tard ni sur la moindre aide pécuniaire ni sur aucune assistance. Elle devra faire seule son chemin dans la vie.

Quoi qu'il en soit, Wallis s'assure rapidement la protection de son oncle Sol. Ce dernier décide ainsi de prendre pour Wallis quelques mesures d'ordre pratique. Alice est trop pauvre pour assurer convenablement son éducation. Sol va en assumer la responsabilité, comme il se chargera de l'introduire dans la société. Mesures de grosses conséquences pour l'avenir. On peut se demander si la douce Alice aurait jamais eu de l'autorité sur Wallis, mais celle-ci est désormais enlevée à son contrôle ; la mère et la fille continuent pourtant à s'aimer sincèrement.

Pour commencer, l'oncle Sol jette son dévolu sur un cours à la mode, Arundel, où Wallis devient externe dès l'âge de dix ans. Cet ancien hôtel particulier situé à St Paul Street, tout près de Mount Vernon Place, est un petit bâtiment de brique que l'on a tant bien que mal transformé en école. Les salles d'étude occupent le rez-de-chaussée et les classes sont aménagées au premier étage. « Arundel School » devient le centre de sa vie pendant six années et, chaque matin, Wallis s'y rend dans l'uniforme « Peter Thompson » (équivalent du costume marin pour les petits garçons) : une courte jupe plissée et une marinière blanche.

Ses disciplines préférées à l'école sont l'anglais et l'histoire. Elle y excelle car, ayant une mémoire parfaite, elle apprend par cœur les leçons. Elle ne montre en revanche aucun talent en mathématiques. Oncle Sol croit bon d'exiger d'elle qu'elle participe chaque dimanche à un jeu de calcul à East Preston Street. En bon banquier, oncle Sol attache infiniment plus d'importance aux progrès de sa nièce en arithmétique qu'en histoire ou en anglais. Il transforme donc les dîners dominicaux en un examen oral, la harcelant de questions, lui faisant soustraire, diviser et multiplier des chiffres. Wallis, vaguement terrifiée, tente de satisfaire son bienfaiteur.

Pourtant, l'oncle « Sol » Warfield adore sa nièce ; il la gâte, lui achète des jouets, des animaux. Le dimanche après-midi, il l'emmène en promenade. Fille unique, Wallis passe une bonne partie de son temps en la compagnie des grandes personnes ; son esprit, sa vive intelligence ne s'en développent que plus rapidement.

25

Quoiqu'elle aime et respecte sa grand-mère, la maison de Preston Street dégage à ses yeux infiniment plus de charme quand oncle Sol est présent.

A l'école, elle acquiert rapidement une réputation d'impertinente auprès de la « headmistress ». L'enfant n'hésite pas à défier son autorité. Wallis se croit irréprochable avec ses crayons parfaitement taillés, ses chemisiers et ses jupes plissées impeccables. Elle se montre excellente en sport et son caractère s'affermit. L'arithmétique, l'orthographe, la géographie, l'histoire, les séances au tableau noir rythment la vie de l'enfant. Les verbes transitifs et intransitifs, l'accord des participes... « L'Etat de Maryland est limité au nord par la Pennsylvanie, à l'est par le Delaware et l'océan Atlantique, au sud par la Virginie... » Wallis Warfield, comme tous les écoliers et écolières du Maryland, apprend les noms et les hauts faits des personnages historiques qui illustrèrent sa patrie. Lord Baltimore, qui fonda la colonie en 1632, lui donnant ses traditions de tolérance et d'indépendance ; Charles Carrol de Carrolton, le hardi, l'intrépide signataire de la Déclaration d'Indépendance ; Fort McHenry et Francis Scott Key qui écrivit les strophes de l'hymne national, *La Bannière étoilée* ; Edgar Allan Poe, sa maison et sa tombe.

A chaque fin d'année scolaire, l'élève n'a que l'embarras du choix pour passer ses vacances d'été : les Warfield dans le comté de Baltimore et les Montague en Virginie. Ses trois oncles Warfield possèdent chacun des propriétés à peu de distance les unes des autres... Sol, Manor Glen dans le comté de Harford ; Harry et Emory à Timonium, aux environs de Baltimore.

Wallis apprécie tout particulièrement le séjour dans la propriété de son oncle Emory. Dans la plus pure tradition sudiste, la maison, une adorable vieille demeure, est entourée de spacieuses vérandas, la façade, ornée de hautes colonnes ocre, supportant un gracieux balcon.

La fillette assiste, comme il se doit, à la prière du matin, un véritable cérémonial familial. Les domestiques sont conviés à se joindre à leurs maîtres dans le living-room. Tante Betty lit un chapitre de la Bible et ils s'agenouillent tous, tandis que l'oncle Emory dit les prières. On récite le *Benedicite* avant chaque repas. Le soir, après avoir bordé Wallis dans son lit, tante Betty éteint la lampe à pétrole (on ne s'éclairait pas encore à l'électricité à la campagne) placée sur la table de chevet, puis sort sur la pointe des pieds. Wallis entend alors, dominant le chant des grillons, les voix de son oncle et de sa tante qui discutent sur la véranda.

Lorsqu'elle passe le mois d'août chez son oncle Emory, à Salona Farm, c'est tout le charme d'un domaine agricole que l'enfant apprécie. Elle aime les calmes prairies d'où montent les parfums et les sons de l'été. Dans une petite voiture à âne, elle va à travers champs regarder les fermiers battre le blé. Pot Spring possède sa propre glacière où la glace, découpée pendant l'hiver dans un petit étang au pied des collines, est protégée des chaleurs de l'été sous d'épaisses couches de paille. Elle trouve follement amusant d'aller voir les valets de ferme, des Noirs, tailler la provision de glace nécessaire à la grande maison ainsi qu'à la laiterie.

Quand elle ne passe pas ses étés chez les Warfield, elle va généralement à Wakefield Manor, en Virginie, maison de campagne de la cousine germaine de sa mère. Wakefield Manor est la typique demeure coloniale des Etats du Sud, avec de blanches colonnes, ses deux ailes basses et longues flanquant le bâtiment principal et ses jardins bien dessinés, célèbres pour leurs buis taillés. C'est non seulement pour elle un second foyer, mais le rendez-vous préféré de tous les Montague. Là se réunissent d'autres cousines de sa mère.

Wallis retrouve à Wakefield Manor la même vie familiale qu'au milieu des Warfield, mais dans une atmosphère purement Montague. Chez les Warfield, on aime « régler » la vie ; les Montague préfèrent se régler sur elle. Wallis s'entend admirablement bien avec ses cousins et cousines et ses rivalités mêmes sont un amusement de plus. Une de leurs activités consiste à se livrer à la chasse aux cétoines dorées qu'ils recueillent sur les buissons. Pour un kilo de ces bestioles, Wallis et ses cousins reçoivent cinq cents.

Mais ces souvenirs idylliques d'enfance se brisent lorsqu'en 1907, après onze années de veuvage, sa mère Alice prend un amant : John Freeman Rasin, fils aîné du leader du parti démocrate de Baltimore. Pour mieux le recevoir, Alice déménage dans une maison au 212 East Biddle Street.

Construite en grès, on y accède par six marches de marbre brun, caractéristiques du style de Baltimore. Au rez-de-chaussée se trouvent une bibliothèque, un salon, une salle à manger avec office et cuisine. La chambre de Wallis est au second étage. Celle de sa mère au premier, en façade, et à l'arrière se trouve une petite pièce avec salle de bains. Entre les deux, une vaste chambre à coucher destinée aux invités. Mais Alice l'attribue évidemment à John Rasin.

Pendant tout le temps qu'il fait la cour à Alice, le soupirant se montre plein de gentillesse envers Wallis, lui apportant à chaque visite des petits cadeaux. L'adolescente reste cependant réservée. Certes, le prétendant appartient à une famille aisée, mais avec son sens de l'esthétique déjà très développé, elle note qu'il est trop corpulent. Elle apprécie peu son goût excessif pour l'alcool. Wallis multiplie les bouderies en sa présence. Alice doit forcer les réticences de sa fille.

« Wallis, j'ai quelque chose d'important à te dire », lui annonce-t-elle un soir à son retour de l'école. Elle l'informe toujours la première de ce qui les concerne toutes deux, tant est grande leur intimité. Elle annonce alors avec douceur qu'après avoir beaucoup réfléchi, elle a décidé de se remarier, mais elle met tout son cœur à lui faire comprendre que non seulement elle ne la perd pas, mais que l'enfant gagne un père.

Bouleversée, indignée, Wallis éclate en sanglots. L'idée que sa mère puisse se remarier un jour ne lui est jamais venue à l'esprit. Elle ne peut supporter la pensée de la partager avec quelqu'un. En l'espace d'un éclair, l'aimable Mr Rasin devient pour Wallis un sinistre et haïssable rival. Sa nouvelle installation de Biddle Street, dont elle se promettait tant de joie, se transforme en un affreux piège. Sous le coup du désespoir, elle déclare en pleurant à sa mère qu'elle ne la laissera jamais épouser Mr Rasin, qu'elle préfère se sauver de la maison. Et rien de ce qu'elle peut dire ne parvient à sécher ses larmes ni à adoucir son chagrin.

Puisque le monde s'écroule pour elle, Wallis décide de boycotter la noce. Plutôt qu'une sévère remontrance ou une bonne fessée pour son égoïsme, Alice fait appel à sa sœur Bessie et à une cousine pour tenter de convaincre la récalcitrante. Avec une infinie patience, les deux femmes lui expliquent que sa mère est attachée à Mr Rasin, qu'ayant perdu son mari depuis fort longtemps, elle éprouve le besoin de voir Mr Rasin prendre sa place au foyer. Les sentiments de sa mère n'enlèvent rien à l'amour qu'elle éprouve pour sa fille, ni au besoin qu'elle a de sa présence. Et ce serait très laid de sa part, lui disent-elles, de refuser de paraître à une cérémonie qui a tant d'importance pour sa mère.

« Ta mère désire que tu assistes à ce mariage, dit tante Bessie. Elle a besoin de toi ce jour-là, plus que de n'importe qui au monde. »

« Je me sentais malheureuse, troublée, honteuse de moi-même, avouera Wallis, et je me demandais comment sortir, sans perdre la face, de la situation inextricable où je m'étais mise, lorsque ma tante et ma cousine, qui me connaissaient mieux que je ne le pensais, furent frappées ensemble par la même idée. Elles se mirent à parler avec animation de la cérémonie. Celle-ci aurait lieu dans notre propre maison, en présence des familles Warfield et Montague réunies, en grande toilette, et enfin, argument suprême, il y aurait un magnifique gâteau de mariage. A l'intérieur de ce gâteau seraient dissimulés une bague, un dé d'argent et un sou neuf. "Pense un peu ! s'exclama ma cousine Lelia. Tu seras une des premières à entamer le gâteau et tu tomberas peut-être sur un de ces trésors." »

Le stratagème réussit et le mariage est célébré dans l'après-midi du 20 juin 1908. Mariage at home [1] puisqu'une fois encore, un mariage à l'église est exclu. Cette fois, les Warfield et les Montague honorent la cérémonie de leur présence, en raison du statut social de la famille du marié. Quant à Wallis, elle ne peut supporter l'événement jusqu'au bout. Personne n'accordant attention à ses démonstrations de mécontentement, elle quitte le salon et entreprend de mettre en pièces le gâteau de mariage, décidée à dérober les bague, dé et pièce de monnaie nouvellement frappée qu'il recèle. Elle est surprise en plein travail à l'instant même où elle repère le dé. Le gâteau est en ruine, mais à la vue de Wallis en train de commettre un acte abominable, toute la noce éclate de rire.

---

1. La maison d'adolescence de la duchesse de Windsor devint dès 1936 l'adresse la plus connue de Baltimore. Dans les années cinquante, un homme d'affaires new-yorkais l'acheta et en fit « Le Musée de la Duchesse de Windsor » ! On payait cinquante cents pour la visiter. L'intérieur avait été totalement remanié. Il ne restait qu'un tub lui ayant appartenu et un vieux fourneau à gaz, portant on ne sait pourquoi la marque « Windsor ».

II

DÉBUTANTE

AVEC ses allures de garçon manqué, Wallis a tous les traits d'une adolescente rebelle : un air hardi et sûr de soi, une vivacité qui frise l'insolence et lui vaut une réputation de hauteur et d'impertinence [1]. Elle sait pourtant se lier facilement. Son cousin, Basil Gordon, un peu plus jeune qu'elle, décrit ainsi la situation : « C'était une petite brune, très vive et très spirituelle. Elle attirait les garçons comme le sucre attire les mouches. »

Les camps d'été auxquels elle participe année après année témoignent de sa popularité. Ils sont organisés par le professeur de gymnastique d'Arundel School : Charlotte Noland. Belle avec ses grands yeux bleus et son teint hâlé, Miss Noland sait admirablement s'y prendre avec les adolescentes, adoucissant la discipline militaire de la gymnastique par de plaisantes taquineries. Pendant des années, la figure de Charlotte Noland

---

1. Wallis affirme déjà le plus sérieusement du monde que, plus tard, elle sera savant, explorateur ou médecin. Rien qui ne soit banal ou médiocre.

31

incarne aux yeux de Wallis la femme idéale : manières aristocratiques, magnifique cavalière et une poigne de fer dans un gant de velours.

Ces camps d'été ont d'ailleurs lieu dans la propriété même de Miss Noland : « Burland. » A Burland, pas de devoirs de vacances. Il s'agit uniquement de récréations en plein air. Plaisirs sains et si bien compris que les jeunes élèves versent invariablement des larmes quand sonne l'heure du départ. On y fait de l'équitation, de la natation, on s'y livre à des jeux divers. Miss Noland organise des pique-niques, d'amusantes promenades. Des petits cottages rustiques servent de locaux d'habitation, et une tente ou « tipi » est dressée à l'usage des « anciennes », c'est-à-dire des jeunes filles qui ont déjà fait un séjour à Burland ; l'ambition de toutes ces demoiselles sans exception est d'être admises un jour à dormir sous le « tipi ».

Il y avait aussi le « Yankee volant », un vieux mail-coach du XVIIIe siècle dans lequel vingt et une élèves parviennent à s'entasser en froissant un peu, il est vrai, leurs robes d'été et leurs chapeaux de paille ; elles partent ainsi, sous la conduite de Miss Noland, pour quelque garden-party du voisinage. Outre le « Yankee volant », il y a encore un autre véhicule dépourvu de nom et beaucoup moins impressionnant, mais que Wallis Warfield et son petit groupe d'amies préfèrent au mail-coach.

Cette voiture appartient aux parents d'un jeune homme, Lloyd Tabb ; âgé de dix-sept ans, il est le premier flirt de Wallis qui, avec ses camarades, est souvent invitée à « Glenora », la propriété des parents de Lloyd. Car Wallis s'intéresse de manière précoce aux garçons. Une anecdote est révélatrice : Wallis pique un jour un accès de rage contre sa mère qui lui offre une robe blanche pour aller à une tennis-party chez des amis.

« Je veux une robe rouge », sanglote-t-elle. Sa mère lui en demande timidement la raison. Wallis déclare sans détour : « Parce que les garçons ne me remarqueront jamais si je suis en blanc. »

Ce danger-là n'est pas grand. L'adolescente a déjà un sourire espiègle, des sourcils noirs épilés, un grand front intelligent et ne garde jamais sa langue dans sa poche. Une de ses amies décrit ainsi son caractère : « Intelligence au-dessus de la moyenne, conversation brillante, voix perçante, aime les belles choses. Excellente camarade. »

Les filles d'Arundel School et de Burland deviennent jalouses de Wallis. Elles ne cessent de se demander entre elles comment Wallis a réussi à ferrer » le plus beau garçon.

« Tabb en était tellement fou, déclara un de ses amis, qu'il ne voyait plus droit devant elle. »

Pourtant, les jeux de ces adolescents sont innocents. Ils font du tennis et la journée, un dimanche générale-ment, se termine par un dîner à la table de famille. Glenora frappe beaucoup l'imagination de ces demoi-selles, notamment à cause d'un hibou empaillé d'une manière très réaliste et qui décore un des murs du living-room. Les invités de Lloyd ne manquent jamais de présenter leurs respects à sa grand-mère ; assise dans un confortable fauteuil de jardin, la vieille dame, vêtue d'une robe blanche à plis soutachée de rubans lavande, jouit paisiblement de la belle journée d'été.

L'équipage qui transporte les jeunes filles à Glenora est tiré par un cheval baptisé « Almo Dobbin Spec Creature ». Nom étrange, dont personne ne connaît l'origine. Les jeunes ferventes du camping entament volontiers une chanson dont cet animal fait les frais :

> « Où habitez-vous ? Votre numéro, très cher,
> Almo, cher Almo, d'où sortez-vous ?
> Est-il dans l'annuaire ?
> Ou, au contraire,
> Inscrit sur votre cou ? »

Une autre mélodie se grave dans les mémoires. C'est une chanson composée à l'occasion d'une représentation d'amateurs. Les jeunes filles de Burland donnent ce spectacle dans la grande salle de l'Hôtel de ville, à Middleburg, et toute la ville, ou presque, y assiste. Le programme, hâtivement composé, témoigne des talents respectifs de vingt jeunes filles âgées de douze à seize ans. Le numéro auquel Wallis Warfield participe est une sorte de tableau de revue. Une jeune fille, vêtue en jeune gandin, s'avance vers la rampe et chante une chanson dont le titre est *Vive les Femmes !* Au moment du refrain, les « femmes » font leur apparition, une à une, en suivant l'ordre des qualificatifs :

> « *Vive les femmes,*
> *Je les adore,*
> *Qu'elles soient blondes*
> *Ou multicolores,*
> *Bonnes, méchantes ou anodines,*
> *Brunes, piquantes ou serpentines !* »

Successivement, la « blonde », la « multicolore », la « bonne », etc., apparaissent et traversent le plateau. Une de ces entités (laquelle ? nous l'ignorons) est personnifiée par Wallis Warfield, vêtue, comme ses camarades, de robes du soir empruntées pour la circonstance, trop grandes sans aucun doute, mais magnifiquement adaptées à leur jeunesse.

Tabb est bien sûr au premier rang pour encourager sa dulcinée. C'est un bel adolescent brun, mince et musclé. En parfaite Diane chasseresse, Wallis n'hésite pas à tâter ses biceps et à utiliser l'art des flatteries afin de bercer l'amour-propre du jeune homme.

Comme l'a souligné le journaliste Geoffroy Boccas, il semble avoir été si profondément remué par Wallis, qu'il conservera quelques-unes de ses lettres, ainsi qu'un souvenir précis des moments qu'ils ont passés ensemble.

LA VÉRITABLE DUCHESSE DE WINDSOR

« Nous avions très sérieusement monté une chorale et nous nous réunissions sur le porche de notre demeure ou dans notre jardin, à Glenora. Chose bizarre, Wallis chantait rarement, bien qu'elle appréciât vivement nos efforts et fût toujours la première à nous proposer des nouveautés. Ayant dit ce qu'elle avait à dire, elle se rejetait en arrière, appuyée sur ses bras fluets. Elle nous prêtait une attention profonde, approuvait silencieusement de la tête, si bien que nous finissions par nous croire un petit groupe fort talentueux. »

A seize ans, Wallis va passer ses vacances dans le Maine et Tabb l'invite à s'arrêter, au retour, à Glenora. Elle se hâte de répondre avec enthousiasme : «Je suis dans l'enchantement d'aller à Glenora. Nous allons revivre le bon vieux temps. Je pars d'ici demain, lundi ; j'arriverai à Baltimore mardi ; si cela vous arrange et que votre mère ait vraiment envie de me recevoir, samedi serait un jour commode pour moi. Quand votre mère m'écrira, n'oubliez pas de lui donner comme adresse 212 East Biddle Street, qui n'est certes pas un lieu bien plaisant. Jeudi on donne une fête en mon honneur. La soirée durera je pense jusqu'au matin. A bientôt j'espère, Wallis. »

Cette missive est datée de 1912. Mais, dès 1911, Wallis a changé le destin de sa vie. A la rentrée scolaire, elle quitte Arundel pour Oldfield School. C'est l'école des filles la plus chère du Maryland. Oncle Sol doit vider ses poches pour l'y inscrire. Mais elle est persuadée que le président de la Seabord Airline Railway et de six autres compagnies de chemin de fer peut se permettre cette dépense.

Oldfield, une vieille bâtisse du XVIIIe siècle transformée en école, s'élève au milieu de pelouses verdoyantes ; de beaux arbres ombragent les allées du parc. C'est une institution de grande classe. La directrice s'appelle Miss Nan McCulloch et Oldfield a toujours appartenu à sa famille. Elle porte invariablement des robes de soie noire, très montantes, et jette un petit châle noir sur ses épaules. Osseuse, revêche, elle ne plaisante pas sur le chapitre de l'éducation. Celles qui lui sont confiées doivent apprendre, avant toute chose, à se conduire avec calme et dignité, quelles que soient les circonstances. Elles apprennent l'étiquette et les manières en usage dans la jeunesse de Miss Nan. Les étudiantes de première année sont tenues de faire une profonde révérence à la directrice lorsqu'elles paraissent en sa présence le matin. Les « anciennes » – celles qui sont en pension depuis une année ou davantage – se voient autorisées à lui embrasser la joue. L'observation stricte de la religion est aussi exigée. Le programme d'études n'a qu'un but : préparer les jeunes demoiselles à faire une entrée convenable dans le monde.

Sur la porte du dortoir de la pension, une petite pancarte est épinglée : « La politesse et la courtoisie sont les marques de la bonne éducation. » Aussi les deux équipes de basket-ball de la pension (car les compétitions interscolaires sont interdites) sont-elles plaisamment baptisées « Politesse » et « Courtoisie ». Wallis Warfield fait partie de l'équipe « Politesse ». Elle joue bien, mais sans marquer beaucoup d'enthousiasme pour le sport. Elle y joue comme elle pratique d'autres sports – toujours avec adresse, mais sans cet enthousiasme envahissant qui transforme pour tant de ses contemporaines un agréable et hygiénique exercice en une passion dévorante.

Les meilleures amies de Wallis à Oldfield sont Renée du Pont, de la famille Dupont de Nemours, Mary Kirk, de Kirk Silverware. Surnommées les « Trois Mousquetaires », les trois filles décident de s'accommoder au mieux de l'école en dépit de l'étouffante bigoterie qu'y fait régner sa distinguée directrice. Elles passent leurs journées à apprendre des chapitres entiers de la Bible, à étudier la couture, la cuisine et les bonnes manières.

Ainsi qu'on le constate, Wallis parvient toujours à se faire rapidement des amies au cours des divers déménagements de sa jeunesse. Ce n'est pas l'un de ses moindres mérites. Car ses compagnes appartiennent toutes à de riches familles. Bien que sa mère fasse de son mieux, Wallis est dans l'impossibilité de rendre les invitations qu'elle reçoit de ses compagnes ; celles-ci le comprennent sans peine, et parce que Wallis est d'une nature sympathique et enjouée, elles acceptent la situation tout simplement et sans y mettre de condescendance.

Les demoiselles de la pension Oldfield se couchent tôt, se lèvent à l'aube et n'ont pas droit aux amitiés masculines. L'été, passé dans le camp de jeunes filles de Charlotte Noland, à deux kilomètres de Middleburg en Virginie, est donc une récréation pour Wallis. Elle y est plus libre, les relations sont plus aisées. Bien qu'elle goûte peu le sport, Wallis apprécie le camp d'été avec ses pique-niques, ses journées paresseuses et romantiques de plein air. Elle lit à haute voix les poèmes de Kipling et de Robert Service ; elle prise aussi les *Indian Love Lyrics* de Laurence Hope et les romans d'aventures de Bret Harpe. On s'accorde à reconnaître que Wallis aime rire, mais se garde de tout jeu brutal. Les jeunes filles du camp montent à cheval dans les prés, partent en expédition pour cueillir des mûres et se promènent en calèches à quatre chevaux. Elles vont même une fois à la chasse aux ratons laveurs. On comprend ainsi que le retour, lors de la rentrée, à la discipline d'Oldfield soit particulièrement pénible. De nouveau, les demoiselles entendent sonner la cloche à sept heures du matin et l'emploi du temps fait la part belle aux leçons et aux devoirs. Plus de « flirts », plus de « soirées ». Les visites, même celle d'un frère, sont peu encouragées. Les étudiantes ont droit à deux week-ends en ville par année scolaire à condition que leur application au travail n'ait donné lieu à aucune critique.

Elles doivent faire leurs lits (tâche particulièrement haïe par Wallis). Sortir par temps de pluie sans caoutchoucs ni imperméables est puni par un certain nombre de vers qu'il faut apprendre par cœur. L'éducation religieuse est spécialement soignée. Chaque jour, au réveil, cinq minutes sont réservées à la prière. A la table du petit déjeuner, Miss Nan dit les grâces ; le dimanche, immédiatement après le petit déjeuner, les jeunes filles se remettent en mémoire l'Evangile.

Mais le pire est que toute élève qui a reçu une lettre d'un jeune homme doit la remettre à Miss Nan. Correspondre avec de jeunes garçons est le plus impardonnable des plaisirs défendus. Or, en 1912, une lettre d'amour de Lloyd Tabb à Wallis est interceptée par la directrice en même temps que des billets doux à d'autres filles. Miss Nan McCulloch fait son entrée dans la salle d'études d'Oldfield. La crainte, le sentiment de la culpabilité font rougir les fronts, battre les cœurs... Terreur des punitions ! Cinquante-six jeunes filles écoutent Miss Nan qui continue : « Que celles d'entre vous qui ont enfreint cette règle viennent demain matin dans ma chambre. Elles me feront une confession complète. »

Plus tard, dans la journée, les élèves se réunissent en petits groupes et discutent de la question, les unes sous les grands arbres du parc, les autres dans leur chambre. Qu'arrivera-t-il ensuite ? Les coupables seront-elles expulsées ? Faudra-t-il faire ses malles, partir, affronter les reproches des parents ? Le lendemain matin, le jour des aveux, une à une elles se rendent chez Miss Nan. Les mots ne viennent pas ; les paroles sont embarrassées : « Je... je suis désolée. Je ne recommencerai plus... » Lorsque vient son tour, l'indomptable Wallis s'entend dire :

« Vous avez donc osé recevoir cette lettre insensée, qu'avez-vous à dire ? – J'ai à dire, répond Wallis d'un air triomphant, que j'ai deux pots de confiture dans ma chambre. Ils sont sous mon lit et, j'allais oublier, il y a aussi du fromage. »

Pas question pour elle de plier d'autant qu'elle supporte de moins en moins bien la stricte discipline de l'école. Une autre journée révélatrice met en scène Miss Nan. Après avoir réclamé le silence, elle s'adresse à ses élèves en ces termes :

« Mesdemoiselles... il paraît qu'une étrange épidémie s'est abattue sur l'école. Si j'ai bien compris, un certain nombre d'entre vous, hantées par le légitime désir d'avoir la taille fine, se sont mis dans la tête de maigrir. Dans ce but, elles prennent des doses d'huile de foie de morue. Je serais très reconnaissante à celles d'entre vous qui possèdent de cette huile de la remettre avant ce soir à l'infirmerie. » Wallis, qui affirmera un jour qu'« une femme n'est jamais assez mince », fait-elle partie des coupables ?

Déjà, la coquette veut plus que plaire. Après Lloyd Tabb, elle s'éprend de Philipp Noland. Mais il a trente-cinq ans et se montre indifférent au béguin de l'adolescente. Autre bel indifférent : Harvey Rowland, l'un des plus riches partis de Baltimore. Tom Shyrock lui succède bientôt. Plus tard, il se rappellera ses promenades à cheval en compagnie de la jeune femme : « Wallis abordait sans un battement de cils les obstacles les plus hauts. Il y avait quelque chose de royal dans sa façon de se tenir à cheval. J'étais, légitimement je crois, fier de moi sur un cheval, mais devant Wallis je tirais mon chapeau. »

Ses succès masculins développent chez elle un certain complexe de supériorité. Malgré le soin qu'elle prend de ses livres, Wallis note en marge d'une réplique d'un des personnages de *Beaucoup de bruit pour rien* : « Je m'étonne qu'après avoir constaté chez un autre le ridicule où tombe un amoureux, un homme accepte de devenir l'objet de son propre mépris en se livrant à la passion. » On ignore à qui, parmi ses prétendants, elle fait alors allusion. L'ironie teinte plus ou moins d'ailleurs toutes ses relations masculines.

Le jeune Lloyd Tabb vient un jour la voir chez elle après un bal où Wallis, à cause de sa jeunesse, n'a pas figuré.

« Ah ! s'écrie-t-elle en le voyant entrer, le plus brillant des danseurs vient me rendre hommage ! »

Le 14 avril 1913, le deuil vient à nouveau assombrir la jeune fille. Son beau-père, John Rasin, meurt d'une maladie des reins. Seul souvenir que Wallis gardera de lui : un chien – le premier d'une longue série –, un bouledogue français baptisé « Bully ».

De nouveau, la situation financière d'Alice devient précaire. Touchée par son deuil et vieillie, elle reporte toute son affection sur Wallis. Or, la jeune fille ne rêve que d'aisance, d'ascension sociale et de mondanités. Déjà, elle aime s'habiller à la dernière mode, porter des bottines à lacets. Elle est hypnotisée par la richesse. Chez tous ses parents et amis, elle a pris l'habitude d'un train de vie confortable et d'un décor agréable. Elle en vient à aimer les miroirs dorés, les tapis soyeux, les beaux lins d'Irlande, les napperons de dentelle, les cristaux de Waterford, la belle vaisselle, les orchidées, les tapisseries, les lustres, les pierres précieuses – les diamants, les émeraudes –, l'argent et l'aisance qu'il procure.

Il suffit de voir l'air satisfait qu'elle affiche lorsque son oncle Sol lui envoie sa voiture avec chauffeur pour venir prendre le thé avec lui et sa mère. La collégienne apprécie tout particulièrement la livrée du « driver ». De leur air le plus naturel, Wallis, Mary Kirk et autres intimes montent à l'intérieur, un peu impressionnées quand même, tandis que le chauffeur leur ouvre la portière. Et devant le regard extasié des camarades moins favorisées, le monstre vrombissant glisse magnifiquement à travers les rues vallonnées de Baltimore, à la plus grande satisfaction intérieure de Miss Warfield !

Pourtant, vis-à-vis de ses camarades, Wallis se montre toujours pleine d'égards. Différente en cela des autres, elle ne prend pas pour acquis ce qui n'est que probable. La pauvreté de sa mère a été une rude école. Elle doit être constamment en éveil, ne se fier qu'à son charme, alors que les autres se reposent sur leur fortune. Il lui arrive de rentrer dans le rang. « On ne la considérait pas comme un des partis fameux de Baltimore, déclara, des années plus tard, un des jeunes premiers les plus en vue de l'époque, et pas davantage comme une des plus fameuses danseuses, dans cette ville qui avait la réputation d'en compter beaucoup. Elle était séduisante, populaire et pleine d'ingéniosité ; mais elle n'était pas une vedette. Elle était toujours très soignée, mais ce n'était pas elle qui donnait le ton. »

Wallis ne donne pas le ton, parce que sa garde-robe n'est pas riche ; la même toilette sert en des occasions très différentes, mais comme dit un autre : « Wallis avait tellement d'allure qu'avec une chemisette et une jupe noire elle faisait encore plus d'effet que tant d'autres en décolleté. »

Ses années à Oldfield s'achèvent. A cette époque, on ne remet pas de diplôme de fin d'études et la volée de jeunes filles de 1914 va s'égailler dans le monde sans tambour ni trompette. Par une antique tradition, la seule cérémonie de l'année est celle du premier mai. La coutume veut que ce jour-là les élèves élisent une reine qui, à son tour, choisit ses demoiselles d'honneur. Wallis n'est pas choisie et n'en conçoit aucune amertume.

Désormais, son entrée dans le monde est la chose qui l'obsède. La pensée d'aller à l'université ne l'effleure même pas. Pas plus qu'elle n'envisage, à un moment pourtant si capital de son existence, de chercher du travail et de gagner sa vie. A Baltimore, avant 1914, les jeunes filles de sa génération ne vont pas au pensionnat pour se préparer à une carrière. Le sage et conformiste enseignement d'Oldfield ouvre à la course au mariage.

Wallis, même si son caractère est bien affirmé, n'échappe pas à ces règles sociales. C'est au mariage lui-même qu'elle aspire, avec comme obligation, pour être offerte sur le marché nuptial, de passer d'abord par la case « débuts dans le monde ». Même si Wallis se montre « autoritaire », « dominatrice », elle est aussi conformiste. Upton Sinclair a déclaré qu'il y avait à Baltimore trois sujets essentiels de conversation : d'abord les mariages possibles, ensuite les toilettes, enfin les bons restaurants que l'on pouvait s'offrir. Aucun d'eux ne fait grand appel à l'intelligence ; nombreux sont les jeunes qui s'en plaignent. Pour ceux-là, il n'y a d'autre solution que d'émigrer à New York, à Londres ou à Paris.

Jamais Wallis ne juge ennuyeux Baltimore ou les conversations qui s'y tiennent ; bien au contraire, elle en fait ses délices. C'est là qu'elle aiguise ses épigrammes, devenues plus tard fameuses. Jamais elle ne manque un déjeuner de jeunes filles où elle se montre à la fois spirituelle et gaie. « Je ne sais pas comment faisait Wallis, assure une de ses contemporaines, pour moi les déjeuners de jeunes filles étaient le point noir des mondanités. Mais Wallis n'en était jamais rassasiée. »

Wallis sait qu'elle peut compter sur sa famille. Car être débutante à Baltimore, à cette époque, ne demande pas une grosse fortune, mais exige des toilettes, des réceptions et d'innombrables dépenses. Oncle Sol vole donc à sa rescousse. Wallis raconte une scène révélatrice entre eux deux : « J'allai au bureau de mon oncle, à demi rassurée, et mourant de peur de lui déplaire. Mais oncle Sol se montra d'excellente humeur. Après m'avoir félicitée de ma bonne conduite au pensionnat, il ajouta : "Je pense que ta mère a l'intention de te faire faire, cet hiver, tes débuts dans le monde. – Oui, répondis-je faiblement. Ou du moins elle espère en avoir la possibilité. – Parfait, dit mon oncle. Je désire te voir mener la vie que tu aurais eue si ton père avait vécu. J'y participerai, bien entendu." »

Au moment où elle prend congé de lui, il l'embrasse sur le front et lui glisse dans la main un petit rouleau de papier froissé. Elle n'ose pas ouvrir la main avant d'être remontée en voiture. Elle découvre alors deux billets de dix dollars. C'est le début d'une coutume curieuse, intermittente, mais fort agréable. Oncle Sol adopte une fois pour toutes cette étrange manière de lui donner de l'argent... au moment du départ, il glisse dans sa main un petit rouleau de billets.

Les débuts de Wallis dans la société sont aussi en partie le fait de sa tante, Lelia Montague. Très jeune, celle-ci a épousé le riche Basil Gordon qui est mort peu après son mariage. Elle a partagé ensuite sa vie entre Baltimore et Washington et choisi un nouveau soupirant : George Barnett, officier de marine distingué. Quelques années plus tard, grâce à l'influence considérable de sa femme à Washington, celui-ci devient amiral, nettement avant son tour. Très droit, très militaire, Barnett commande avec distinction les *Marines* stationnés en France. Le père de Lelia est le frère du grand-père maternel de Wallis. L'écrivain Upton Sinclair est de son côté le cousin germain de Lelia.

Outre la limousine de son oncle, on voit souvent Wallis dans une autre automobile, une Packard, appartenant au jeune Carter G. Osborne. Il se montre assidu auprès d'elle pendant l'été de 1914 et la rencontre constamment au Country Club où les jeunes gens jouent au tennis, au golf et dansent. Osborne reconnaît volontiers qu'il en est très épris. Il a de beaux cheveux blonds, de larges épaules et de l'argent. Wallis multiplie les rendez-vous avec lui.

Son agenda de l'automne est éloquent :

– 5 novembre : Bal au Catonsville Country Club.

– 6 novembre : Déjeuner au Stafford Hotel, donné par Mrs William A. Eareckson pour les débuts de sa fille, Miss Augusta Eareckson.

– 13 novembre : Déjeuner offert par Albert G. Ober pour les débuts de sa nièce, Rebecca Ober, dans sa propriété de Green Spring Valley. Soirée chez Mr et Mrs Frederick B. Beacham donnée pour leur fille Priscilla, à Lehmann Hall. Wallis aide à recevoir les invités.

– 17 novembre : Déjeuner au Baltimore Country Club donné par Mrs Henry C. Kirk, pour sa fille Mary.

– 25 novembre : Déjeuner donné par Mrs Edwin H. Truist pour sa petite-fille, Miss Rena Alverda Sawyer.

– 28 novembre : Voyage à Philadelphie en compagnie de Miss Priscilla Beecham pour y passer le week-end chez des amis et assister à une partie de football.

– 2 décembre : Déjeuner offert pour Miss Eleanor C. Bosley par sa mère, Mrs John C. Bosley, au Baltimore Country Club.

– 3 décembre : Déjeuner offert par Mrs Hugh Lennox Bond pour sa fille, Jessie Rensselaer Bond.

Cependant, une date domine les autres dans cet automne de mondanités : celle du 7 décembre marquant le bal du Bachelor's Cotillion Club. Etre présentée au Bachelor's Cotillion, question de vie ou de mort pour les jeunes Baltimoriennes de cette époque ! Ce club, créé au milieu du XIXe siècle, est comparable par son but et ses traditions au « Philadelphia Assembly » et au « St Cecilia Ball » de Charleston. Son rôle aimable consiste à organiser des cotillons ou, comme on les appelle en ce temps-là, des « allemandes ». A cette époque de loisirs, ce cercle donne plusieurs cotillons par an, les deux premiers étant de tradition réservés aux « débutantes ». Toutes les jeunes filles rêvent d'assister à ces bals, le nombre des invités étant strictement limité. Chacune attend donc dans l'angoisse le verdict sans appel du comité.

Grâce à sa tante, Wallis obtient sans mal son invitation. Miss Warfield est donc une des quarante-neuf « débutantes » qui doivent faire leurs débuts officiels cette année-là au bal du Bachelor's Cotillion Club, exactement le 7 décembre 1914.

Rappelons qu'au mois d'août de la même année a éclaté en Europe la Première Guerre mondiale. Guillaume II ayant envahi la Belgique, la France et la Grande-Bretagne se sont portées aussitôt au secours de celle-ci. Les récits d'effroyables batailles emplissent les colonnes des journaux. Tout le monde, à Baltimore, est de cœur avec l'Angleterre. Certes, personne n'envisage pour les Etats-Unis la possibilité d'être entraînés dans la guerre ; le pays a sa part de soucis et tient pas à être pris dans l'engrenage européen. Mais tous sympathisent avec la Belgique dévastée et des collectes sont faites pour la Croix-Rouge ; des navires remplis de vivres, de vêtements et de médicaments partent pour la France. Les femmes préparent des pansements et souscrivent aux quêtes organisées un peu partout.

Mais, en décembre 1914, les champs de bataille, malgré les milliers de kilomètres qui les séparent du Nouveau Continent, jettent néanmoins une ombre tragique sur les festivités. Dans un journal, un chroniqueur mondain écrit même : « Les réceptions données pour et par les débutantes de cette année porteront probablement la marque d'une simplicité dont nous sommes déshabitués à Baltimore, depuis plus d'une génération. Trente-quatre jeunes filles se sont engagées par écrit à ne pas rivaliser d'élégance et à ne pas recevoir en déployant un faste qui serait déplacé. » Wallis Warfield figure parmi ces trente-quatre. Plus tard, son oncle, S. David Warfield, président de la Seabord Air Line Railway, déclarera « qu'il dément formellement le bruit selon lequel il donnera un grand bal à l'occasion des débuts de sa nièce, Miss Wallis Warfield ; qu'une telle fête serait déplacée étant donné les hécatombes qui ensanglantent l'Europe ».

A dix-huit ans, Wallis réussit sa grande entrée officielle dans le « monde », dans la bonne société de la côte Est. Incapable de dormir la veille, partagée entre l'hystérie et l'angoisse, elle arrive au cotillon, chaperonnée par la cousine de sa mère, Mrs George Barnett, de Washington, et accompagnée par deux cavaliers – le major général George Barnett, de l'infanterie de marine, et son cousin, Henry M. Warfield Jr. Wallis porte une robe de satin ivoire garnie de tulle et de perles ; elle arbore à la main un bouquet de roses « American Beauty ».

Quarante-neuf débutantes, vêtues d'une robe neuve, un bouquet à la main et s'efforçant de garder le contrôle de soi alors qu'elles sont au comble de l'énervement, entrent en piste. L'orchestre attaque la première danse, les danseurs s'affrontent : le bal a commencé ! Un bal... comme tant d'autres. Mais pour Wallis, aux yeux brillants, au cœur palpitant, c'est l'entrée dans une nouvelle vie.

Le Théâtre Lyrique de Baltimore a été transformé, s'il faut en croire la chronique d'un journal, en « un jardin enchanté où l'éclat des lumières et la beauté des toilettes donnent une impression presque tropicale de plénitude heureuse ». Les fauteuils ont été enlevés. Sur le pourtour, les loges ; sous le rebord de celles-ci, des filets artistiquement drapés retiennent les bouquets des débutantes. Des tables pour le souper sont dressées sur la scène ; on y accède de la piste réservée aux danseurs par des coussins formant marches, des coussins de satin.

Wallis ne manque pas une seule occasion de s'amuser. Elle danse pendant des heures, jusqu'à ne plus sentir ses pieds. A tout partenaire nouveau, elle accorde l'attention la plus absolue, la plus exclusive, sans jamais parler d'elle-même. Résultat : les jeunes gens reviennent à elle indéfiniment. Elle est brillante, ensorcelante, et elle le sait. A onze heures du soir, le maître des cérémonies annonce que la « présentation » des débutantes peut commencer. On évacue donc la piste et deux par deux, les filles de dix-huit ans et leurs cavaliers défilent autour de la salle, tandis que leurs noms sont annoncés. Bientôt, le bal s'achève aux accents de *Parfum d'Amour* et à minuit, Wallis, Henry et tous les autres quittent les lieux, pour rouler jusqu'au Baltimore Country Club où, jusqu'à l'aube, ils se grisent de one-step et de tango.

Désormais « lancée », Wallis se considère comme une femme à part entière. Elle est bien décidée à courir d'amourette en amourette et de séduire tous les hommes à portée de son regard. Mais son ambition donjuanesque est limitée, car elle doit constamment se soumettre au « chaperonnat ». Wallis ne peut sortir seule sans chaperon. Avec des amies de son âge, elle va à des bals, à l'université de Princeton ou à des soirées dansantes à l'Ecole Navale, mais à la condition absolue d'être accompagnée. Cette nécessité d'être constamment surveillée ne fait que donner plus d'importance au mariage et le rendre plus désirable.

Wallis multiplie les soupirants et les comptabilise avec satisfaction pendant la ronde des bals, des dîners, des thés dansants de l'hiver et du printemps 1915. Un de ses contemporains définira sa stratégie de séduction par un seul mot : rapide.

Dans les grandes occasions, elle va même à Broadway applaudir une pièce et le hasard lui fait assister au Princeton Triangle Club à une comédie musicale intitulée : *Fi ! Fi ! Fi-Fi*. Les couplets ont été écrits par un jeune étudiant de Princeton nommé Francis Scott Fitzgerald. Tous les deux font partie de ce que l'on nommera par la suite « la Génération perdue ». Ils mènent alors une vie facile, conventionnelle et préservée.

LA VÉRITABLE DUCHESSE DE WINDSOR

Le décor de l'époque est pourtant en trompe-l'œil. Woodrow Wilson est à la Maison-Blanche. Une loi anti-trust est votée. La grève des mines du Colorado donne lieu à une enquête. Mr et Mrs Vernon Castle, danseurs mondains, enchantent Broadway. Des suffragettes défilent à New York et Chicago. Eddie Pullen gagne les grandes courses automobiles. Mais les manchettes des journaux sont plus qu'inquiétantes : « Les Russes attaquent les forts de Breslau ; raid des Français sur Fribourg ; les alliés préparent une offensive de grande envergure – la canonnade est ininterrompue sur tout le front ; les Allemands envoient des renforts en Pologne ; une nouvelle armée allemande marche sur Piotrkow. »

Wallis aime passer la nuit chez une amie. Couchées, elles échangent des idées jusque tard, se confient leurs espoirs et surtout parlent des jeunes gens, des plus brillants aux plus ennuyeux, de ceux qui leur paraissent redoutables et de ceux qui ne méritent même pas qu'on s'en occupe.

Séduire obsède Wallis. Or, d'après une curieuse tradition de Baltimore, la carrière d'une débutante atteint son apogée le dimanche de Pâques. Le Tout-Baltimore se promène dans Charles Street après l'office religieux et l'on peut mesurer le succès d'une jeune fille au nombre de bouquets de corsage qu'elle arbore ce jour-là et qu'elle obtient de gré ou de force de ses admirateurs. Elle agrafe ces trophées – et plus il y en a, mieux cela vaut – au revers de sa veste comme des décorations. Un rapide coup d'œil au corsage d'une rivale permet de mesurer son degré de popularité. Les jeunes filles les plus timides n'hésitent pas à se livrer à la campagne la plus acharnée. On relance jusqu'au flirt le plus ennuyeux pour se voir offrir une de ces précieuses boutonnières. La touffe de violettes de Parme est honorable, mais y ajouter un gardénia, plus coûteux, est la preuve d'un sentiment plus vif.

C'est dire si Wallis se doit de prendre cette coutume au sérieux. Escortée de deux de ses cavaliers, Bryan Dancy et Harvey Rowland, elle arbore vite trois boutonnières comptant chacune un gardénia. Redoutant le pire, elle arrache à ses cousins Henry et Basil la promesse, au cas où l'honneur de la famille serait compromis, qu'ils lui offriraient chacun un bouquet, et ceci en dépit de leurs propres engagements. Mais, très vite, rassurée, elle envoie un émissaire à ses cousins pour qu'ils n'en fassent rien.

En avril 1915, sa cousine Lelia Barnett donne pour Wallis un bal au quartier des fusiliers marins à Washington, avec les soixante musiciens de l'orchestre de la Flotte. Une garde d'honneur (au sein de laquelle elle doit choisir celui avec qui elle va ouvrir le bal) s'aligne devant elle. Ayant passé cette garde en revue, elle choisit le plus beau, Wayne Chase, et l'entraîne prestement sur la piste, tandis que l'orchestre des *Marines* attaque la première valse.

L'année de ses débuts dans le monde s'achève dans la tristesse. Sa grand-mère fait une chute et se brise la hanche. De plus, à la suite de cet accident, elle contracte une pneumonie. Sur son lit de mort, Anna Emory Warfield fait signe à Wallis de s'approcher et lui murmure à l'oreille : « La conscience est un miroir. Consulte-le tous les jours. » « Je n'ai jamais oublié cet entretien », confiera sa petite-fille.

Après la mort d'Anna et ses funérailles solennelles, Wallis se trouve légataire d'une somme de quatre mille dollars. Une bonne nouvelle, mais la famille prend un deuil sévère, strict et de longue durée. Il faut se vêtir en noir et se retirer de la vie mondaine.

Telle une Scarlett O'Hara impatiente de valser dans sa robe noire, Wallis est bien décidée à ne pas porter ce deuil pendant des mois. D'autant que le riche Carter Osborne est presque résolu à l'épouser. Comble de malchance, pendant ce sinistre hiver, il est bientôt envoyé au Mexique dans l'armée du général Pershing, pour combattre Pancho Villa. Wallis pousse le dévouement jusqu'à lui écrire des lettres enflammées. Mais porter le deuil de sa grand-mère et affronter le départ d'un soupirant est trop pour sa vitalité de jeune fille.

A la fin de l'hiver, en mars 1916, sa cousine, Corinne Muslin et sa sœur, Lelia Barnett, décident que Wallis, alors âgée de dix-neuf ans, a besoin d'un changement. Corinne l'invite donc à séjourner chez elle en Floride, à Pensacola. Son mari, le capitaine Henry Muslin, de la marine américaine, vient d'être nommé commandant de la nouvelle base aérienne de Pensacola. Tante Bessie arrive de Washington pour assister à Baltimore à un véritable conseil de famille. La famille penche d'abord pour une réponse négative. Ce serait montrer peu de respect pour la mémoire de la grand-mère que de laisser aller Wallis dans le monde. Peut-on faire des accrocs aux conventions ?

A la réflexion, tante Bessie déclare que ce ne serait pas, malgré tout, une mauvaise idée que de l'envoyer à Pensacola. On ressort donc les robes de bal et, accompagnée d'une amie de la famille, Wallis monte dans le train qui doit la mener – mais cela, elle ne le sait pas encore – vers une nouvelle vie.

III

MME SPENCER

FACE aux eaux paisibles de l'immense baie bordée de palmiers de Pensacola, Corinne et Henry Muslin l'accueillent à bras ouverts. Wallis est fascinée par ce paysage enrobé de soleil. L'endroit n'est encore à l'époque qu'un petit port de mer un peu endormi des Etats du Sud. Wallis habite chez les Muslin une maison de bois peinte en blanc, et s'entend à merveille avec sa cousine et son mari. Corinne est typiquement sudiste. Elle coiffe en hauteur ses beaux cheveux blonds ; et ses immenses yeux bleus, sa voix douce, paresseuse et caressante, évoquent de gracieuses demeures coloniales aux blancs portiques, de nonchalants après-midi et des beautés nostalgiques de la crinoline. Son mari, de dix ans son aîné, est sa vivante antithèse. Calme, grave, silencieux, il rit volontiers des plaisanteries de son épouse, mais n'y répond guère.

Avec eux, Wallis découvre la vie d'une base aéronavale entre ses hangars, ses chantiers de carénage, ses grues et ses ateliers. Elle découvre les aéroplanes et les

51

pilotes téméraires qui, chaque matin, s'élancent au-dessus de la baie, sans trop savoir s'ils reviendront.

De bonne heure, Wallis descend vers la plage et assiste de loin aux préparatifs des vols de la journée. Si tôt, la baie offre au regard une eau verte, lisse et calme comme un miroir. La jeune femme est fascinée. Parfois Corinne l'accompagne. Elles regardent le décor. Un ciel bleu, pommelé de nuages qui flottent paresseusement dans l'atmosphère. Près des hangars, le bruit d'une hélice d'aéroplane que des mécaniciens viennent de mettre en marche. Sur l'eau, des hydravions tout blancs se balancent sur les vagues.

Les deux jeunes femmes suivent des yeux les évolutions d'un avion qui tournoie dans l'azur ; il s'élève toujours plus haut et semble décidé à disparaître définitivement.

« Corinne... regardez ! »

L'avion, tout à coup, vient de faire le saut périlleux et pique du nez vers la terre... puis il se redresse et décrit des courbes plus rassurantes.

« Voyez-vous, explique le capitaine Muslin aux jeunes femmes, cela vous paraît dangereux, mais cela ne l'est pas en réalité. Le public n'est pas habitué à l'idée de voler, voilà tout. Il est moins dangereux de faire ses acrobaties là-haut que de traverser une rue dans une grande ville. La guerre nous démontre tous les jours l'importance de l'aviation, importance qui ne fera que croître. Dans quelques années, tout le monde volera [1]... »

Henry Muslin dirige l'école de pilotage, fondée par la Marine à Pensacola, et initie de jeunes officiers pleins de flamme aux mystères des biplans. Le charme de Wallis agit sur cette ardente jeunesse, comme il a agi sur

---

1. A l'époque, l'aviation en est encore à ses débuts et la marine des Etats-Unis ne possède alors qu'une seule base aérienne, Pensacola, et quelque vingt-cinq pilotes.

Osborne, Tabb, Shyrock et compagnie à Baltimore. Elle est invitée tous les soirs et souvent plusieurs jours à l'avance. Le samedi soir, Wallis et ses hôtes vont danser au San Carlos Hotel. Bronzée, mince, la jeune femme s'attire de nombreux cavaliers.

Au mois de mai, Corinne prévient Wallis de la venue de trois jeunes aviateurs pour déjeuner. Wallis les voit arriver de loin, jeunes, beaux, élégants dans leurs uniformes blancs. L'un d'eux a fière allure. Il s'arrête sur le seuil de la porte. Grand, brun, bien découplé, il porte avec prestance l'uniforme de lieutenant aviateur de la marine. Une légère moustache ombre sa lèvre supérieure. Earl Winfield Spencer est irrésistible. Elle découvre un homme « plein d'humour et de gaieté », doté d'un « regard ardent et vif » et donnant « une impression d'énergie et de courage ».

Pendant le déjeuner, Wallis ne peut détacher les yeux d'Earl Winfield Spencer. Comme elle considère ses épaules galonnées d'or, il lui fait comprendre, par un simple mouvement des yeux, qu'il sait parfaitement ce qu'elle ressent pour lui ; elle boit ses paroles, il le remarque aussi.

Spencer est un solide mâle de vingt-sept ans, bâti à coups de serpe, brun et rieur, l'aîné d'une famille très unie. Sa mère est une Anglaise de Jersey ; son père a une grosse situation à la Bourse de Chicago ; ils habitent Highland Park, dans l'Illinois. La carrière de Spencer promet d'être brillante dans la marine [1].

---

1. Seul bémol : à l'école navale d'Annapolis, en 1905, il encourut de nombreux blâmes pour mauvaise conduite et les motifs suivants : uniforme et souliers sales, chambre sale et mal balayée, perte de son costume de bain lors d'une rencontre de natation, retards aux repas, à l'exercice, aux séances de chant choral, chahut dans les corridors, tapage, déménagement du mobilier sans autorisation. Pourtant, il était populaire, remportant surtout de grands succès dans les vaudevilles que montaient les élèves de l'école où il excellait dans les rôles de travestis. D'où sa réputation de bisexualité !

LA VÉRITABLE DUCHESSE DE WINDSOR

Wallis est sous le charme, mais en bonne tacticienne ne cède pas tout de suite. Earl Winfield Spencer, qui désire l'inviter en même temps que les Muslin, lui demande si elle peut lui réserver la soirée du lendemain. Non, elle est engagée. Le surlendemain alors ? Non plus. Trois jours plus tard ? Elle accepte, charmée, et le jeune homme, ébloui de cette heureuse fortune, fait appel à toute sa patience pour vivre jusque-là, avant de revoir l'objet de ses attentions.

Le soir même, Wallis adresse à Alice une lettre qui commence par ces mots : « Je viens de faire la connaissance du plus séduisant des aviateurs. » Après avoir ainsi passé quelques soirées en compagnie de Wallis, il veut pouvoir les passer toutes, mais elle n'est pas nécessairement libre. Ces jours-là, Spencer ronge seul son frein. Cependant, les Muslin notent que les autres cavaliers baissent dans l'estime de Wallis [1]. Elle continue à se montrer pleine de gentillesse, d'entrain, mais réserve sa verve à Spencer.

L'aventure devient sérieuse. Wallis ne voit certainement pas Spencer tel qu'il est [2], mais tel qu'il se détache sur le fond de sa carrière périlleuse. Elle est impressionnée par cette ambiance de guerre qui règne à Pensacola et tremble quand Spencer est en l'air.

---

1. Wallis rencontre de nombreux officiers de la base dont le courage la subjugue. Elle a parmi eux de nombreux flirts, mais il est douteux qu'elle ait été jusqu'au bout avec aucun d'eux. Ni avec John Towers, commandant de la base. Ni avec George D. Murray ou Chevv Chevalier, Jim Rockwell et Dick Saufley.

2. Avec son meilleur ami, l'enseigne Godfred de C. Chevalier, Spencer a été impliqué dans un horrible accident. Dans la nuit du 4 octobre 1913, ivre, il roule à toute allure dans une rue de Baltimore, tous feux éteints, et heurte deux enfants qui sont tués sur le coup. C'est Chevalier qui est au volant, mais Spencer et lui vont tenter de fuir. L'affaire sera classée, la Marine préférant couvrir cette « bavure ».

L'enthousiasme des officiers pour cette nouvelle arme l'attire et la fait trembler. Les Etats-Unis ne sont certes pas encore entrés dans la guerre, mais beaucoup d'Américains savent qu'ils ne l'éviteront pas. A Pensacola, on s'y prépare avec ardeur. Cette inévitable perspective et le danger quotidien latent créent un climat tendu, propice aux idylles précipitées.

Son service terminé, « Win » Spencer profite de chaque occasion pour rencontrer Wallis. En fin d'après-midi, il tente de lui apprendre à jouer au golf sur le terrain grillé par le soleil situé entre la base aérienne et la ville. Elle feint de se passionner pour ce sport qui ne l'attire pas spécialement. Mais il leur offre l'occasion de se voir seuls. D'autres fois, ils descendent sur la plage à la recherche de coquillages rares. Le soir, ils se rendent souvent en bande au cinéma, et Win et Wallis s'isolent au fond de la salle pour pouvoir mieux se tenir la main et s'embrasser. Parfois, ils s'échappent incognito et filent dans la Ford de Win jusqu'au Country Club. Ils s'installent sur la véranda obscure, généralement déserte, et Win la prend dans ses bras et la couvre de baisers.

Wallis se sent prête à succomber mais, compte tenu des mœurs de l'époque, résiste. Pourtant, à dix-neuf ans, elle a envie de vivre sa vie et ne supporte plus la contrainte d'un chaperon. Enfin, vient la demande en mariage. Win et Wallis sont allés au cinéma et il finit par l'entraîner hors de la salle. Sur la véranda du Country Club, il lui demande de devenir sa femme. Wallis est plus émue qu'elle ne voudrait le dire. Elle lui répond qu'elle l'aime, qu'elle désire certes l'épouser, mais qu'elle doit consulter sa mère et son oncle Sol, car elle ne peut se marier sans leur autorisation. Win Spencer s'incline, mais lui demande avec un charmant sourire de ne pas le faire languir trop longtemps. Le séjour prévu pour quatre semaines se prolonge jusqu'à huit. Wallis en profite pour apprendre à mieux connaître son soupirant. Elle n'a aucun soupçon du Mister Hyde qui se cache sous le charmant Jekyll.

Car Win cache bien son jeu. Outre ses ambiguïtés sexuelles, c'est déjà un alcoolique mondain. Sa gaieté désinvolte, toute en surface, dissimule en réalité une humeur morose, une amertume proche du cynisme. Sur un mot, un geste, son humeur change. Le rire qui plisse ses yeux bruns s'efface comme derrière un rideau brutalement tiré. Il devient alors silencieux et maussade. Et, pour un homme en apparence si sûr de lui, il peut se montrer terriblement jaloux. Ainsi, si Wallis danse trop longtemps à son gré avec un de ses camarades, il boude ou l'accueille avec un air faussement détaché.

Ce beau garçon attire Wallis plus encore par ses étranges, ses déroutants changements d'humeur que par ses qualités physiques. Elle n'a jamais connu d'être aussi subtil, aussi compliqué et aussi insaisissable que lui. Grisée par le parfum des lauriers-roses et des azalées, Wallis est trop inexpérimentée pour se rendre compte que le côté amer et renfermé de Win Spencer domine chez lui, bien qu'il s'efforce de le refouler. Avec les années, cet aspect de sa nature va prendre le dessus, le miner et briser leur vie commune. Mais ils n'en sont pas encore là.

Il est temps de rentrer à Baltimore. Win Spencer l'accompagne à la gare, l'installe dans son compartiment, y place ses valises, puis, à la consternation de Wallis, au moment où elle lui tend la main pour lui dire au revoir, il l'attire à lui et l'embrasse en plein sur la bouche, indifférent à la présence de sa cousine.

« Je viendrai passer à Baltimore ma prochaine permission, lui dit-il, et j'espère alors recevoir de vous une réponse définitive. – Je vous le promets », répond-elle, en s'engouffrant rougissante dans son compartiment.

Une fois rentrée à Baltimore, très vite, des lettres arrivent, des lettres qui portent le cachet « Pensacola » ;

des lettres dont la suscription est tracée d'une mâle écriture. Wallis répond avec ardeur, s'intéresse de moins en moins à ses camarades d'antan ; elle est généralement chez elle au moment de l'arrivée du facteur... De l'amour ? Du romanesque de jeune fille ?

Elle avoue tout à sa mère, qui ne montre guère d'enthousiasme. Wallis subit même les mises en garde d'Alice. Elle souligne que la solde d'un officier de marine représente peu de chose. Ce Win bénéficie-t-il d'une fortune personnelle ? Non, aucune. Et s'il se tuait en vol ? Alice sait trop, hélas, le sort qui attend une jeune veuve sans argent ! Wallis balaie les objections. En mère avisée, elle tente un ultime argument : « N'oublie pas que la marine a un code, et qu'il faut s'y conformer. Je crains que tu n'aies trop de personnalité, que tu ne sois trop indépendante pour te plier aisément à une vie à ce point réglée d'avance. »

Mais Wallis est amoureuse, un point c'est tout. Alice soupire et consent : si sa fille a pris une décision, il serait vain de tenter d'y faire obstacle. Win Spencer vient finalement en permission une fois en juillet et une seconde fois en août. La famille remarque que le couple est bien assorti. Le « fiancé » a indiscutablement du charme. Alice, tante Bessie et le reste de la famille n'y sont pas insensibles. Oncle Sol lui-même donne à sa manière sa bénédiction, et déclare qu'à son avis le soupirant a les pieds bien sur la terre.

A son tour, au mois d'août, Win emmène Wallis en chemin de fer dans l'Illinois pour la présenter à sa famille : les Spencer habitent alors à Highland Park, banlieue très agréable à quelques milles au nord de Chicago, une grande maison aux poutres apparentes, entourée de profondes vérandas donnant sur une vaste pelouse. Le père de Win est agent de change. Ils se montrent tous extrêmement gentils à l'égard de Wallis, bien qu'un peu déroutés par elle. La « fiancée » est elle-même assez déconcertée, ne s'attendant pas à une telle brochette de futurs beaux-frères et belles-sœurs (Win est l'aîné de quatre frères et de deux sœurs). Son cadet est blond et gai ; le plus jeune, brun et calme. Une des sœurs est jolie ; l'autre pas. Il y en a pour tous les goûts. Win finit par offrir un diamant à Wallis et les fiançailles sont annoncées dans la presse de Baltimore le 25 septembre 1916.

Les journaux de Baltimore relatent l'événement en ces termes : « Des fiançailles qui intéresseront tout particulièrement la société du Maryland et de la Virginie viennent d'être annoncées : celles de Miss Wallis Warfield, fille de Mrs John Freeman Rasin et de feu Teackle Wallis Warfield, avec le lieutenant E. Winfield Spencer, Junior, de l'aviation de la marine, fils de Mr et de Mrs E. Winfield Spencer, de Highland Park, Chicago. Le mariage aura lieu au début de novembre et marquera parmi les événements mondains du mois. Miss Warfield a été une des jeunes filles les plus remarquées depuis ses débuts dans le monde, aussi bien à Baltimore qu'à Washington, où elle a fait plusieurs séjours chez sa tante, Mrs D. Buchanan Merryman. Miss Warfield, dont la mère est née Montague, est alliée aux meilleures familles du Maryland et de la Virginie. Elle est la petite-fille de Mr et Mrs Henry M. Warfield, aujourd'hui décédés, et la nièce de Mr S. David Warfield, de Baltimore. Diplômé de l'Académie Navale, le lieutenant Spencer est actuellement en garnison à Pensacola, en Floride ; il est instructeur d'aviation. »

La date du mariage est retenue : la cérémonie sera célébrée en l'église épiscopalienne de Baltimore, le 8 novembre 1916, à 6 heures et demie du soir. Parmi les demoiselles d'honneur figure la meilleure amie de pension de Wallis, Mary Kirk. Wallis et sa mère s'occupent du trousseau, font des courses ensemble, veillent aux préparatifs de la cérémonie. Il y a tant à faire et elles disposent de si peu de temps ! Les essayages pour la mariée et ses six demoiselles d'honneur, les amis qui organisent des réceptions, les cadeaux qui affluent. Les coups de téléphone, le courrier...

Wallis ne trouve plus le sommeil et les mondanités prénuptiales se multiplient [1]. Pour mieux faire oublier les piteuses noces de sa mère, Wallis veut que son mariage soit un événement à Baltimore. Rien n'est trop beau à ses yeux et oncle Sol est évidemment mis à contribution.

Romantiquement, Wallis a choisi de se marier à la nuit tombée. La cérémonie a donc lieu à l'église épisco-pale protestante, à 6 h 30 du soir. De grands cierges blancs brûlent sur l'autel qui disparaît sous les lis. La nef est décorée de cierges et de chrysanthèmes blancs.

Alors, au son de l'orgue, le cortège nuptial se met en marche. D'abord, les demoiselles d'honneur vêtues de robes de faille garnies de velours bleu, coiffées de cha-peaux également en velours bleu ; elles portent à la main des gerbes de roses thé [2]. Ensuite, la dame d'honneur, Mrs William B. Sturgis, en robe bleue et argent. Elle porte un chapeau de satin bleu orné d'une plume. Puis, au bras de son oncle Sol toujours aussi droit, Wallis tra-verse la nef dans sa toilette de panne blanche à traîne, ornée de perles au corsage. C'est la première du genre à Baltimore. Sous la jupe, elle porte un jupon de vieille

---

1. Emily Mc Lane Merryman donne un déjeuner dans sa pro-priété, près de Cockeysville. Mrs Aubrey Edmunds King en offre un autre au Baltimore Country Club. Mrs Barnett et sa fille, Leila Gordon, donnent un thé dansant dans leur demeure de Washing-ton. Mrs Henry C. Kirk, Junior, et sa fille, Mary Kirk, donnent un goûter au Baltimore Country Club. Le lieutenant Spencer les remercie tous en offrant un dîner à l'Hôtel Belvédère.

2. Ce sont Leila Gordon et Mary Graham, de Washington ; Ethel Spencer, sœur du marié, de Chicago ; Emily McLane Mer-ryman, Mary Kirk et Mercer Taliaferro.

dentelle et sa tête est couronnée de fleurs d'oranger qui retiennent son voile de tulle. A la main, elle tient un printanier bouquet d'orchidées blanches et de muguet.

Le marié est rayonnant dans son uniforme bleu sombre ; malheureusement cette belle prestance va être éphémère ; il va bientôt prendre du ventre et des bajoues. Il a choisi ses garçons d'honneur parmi ses camarades, tous jeunes, éclatants de santé, les cheveux coupés à l'ordonnance, suivant la mode. Spencer se tient à côté de son frère et premier garçon d'honneur, Dumaresque Spencer. Les autres garçons d'honneur, tous officiers de marine en grande tenue, sont le lieutenant Godfrey de Courcelles Chevalier, le lieutenant Harold Perry Bartlett, le lieutenant George Martin Cook, le lieutenant John Homer Holt, le lieutenant De Witt Clinton Ramsey et Kenneth Whiting. Le mariage est célébré par le révérend Edwin Barnes Niver.

« Earl Winfield Spencer, acceptez-vous cette jeune fille pour femme ?... Bessie Wallis Warfield, acceptez-vous cet homme pour époux... »

Ils sont mariés.

Tout le monde se retrouve au Stafford Hotel (la réception est offerte par l'oncle Sol). L'atmosphère est joyeuse, mais il semble, avec le recul, que l'excellente famille Spencer ait joué un rôle sinon gêné, du moins très effacé, lors de cette fête qui est aussi bien la sienne que celle des Warfield et des Montague. Toujours est-il qu'arrivés directement de l'Illinois pour la cérémonie, ils repartent aussitôt après et ne reparurent jamais.

Du mariage reste une photo. Wallis, mince et de blanc vêtue, ses cheveux noirs enveloppés dans le tulle blanc de rigueur, se tient debout. Elle regarde le photographe avec cette fixité inquiète qu'on reverra souvent sur les clichés. Autour d'elle, la dame d'honneur et les six demoiselles d'honneur (cinq debout et deux assises) uniformément coiffées du même chapeau cloche à larges bords et littéralement étouffées sous d'énormes buissons de fleurs, considèrent l'objectif avec le même air d'anxiété que la mariée.

Au moment du départ, ces amies déversent une pluie de pétales de roses et le jeune couple s'engouffre dans une limousine. Direction : la gare de Baltimore. Cette nuit-là, un bel officier de marine et sa jeune épousée en tenue de voyage arrivent à White Sulphur Springs en Virginie, une des stations les plus élégantes qui soient. C'est un choix heureux pour la lune de miel d'une Wallis Warfield. Petite fille, elle y était venue en vacances avec sa grand-mère, Mrs Henry Mactier Warfield. Plus tard, devenue duchesse de Windsor, elle y reviendra et en fera un des relais de son existence nomade.

Pendant leur lune de miel, Wallis et son mari descendent d'abord dans un des charmants cottages du pays. Après quelques jours, ils passent une semaine à Atlantic City, moins compassé, moins rigide que Springs. Il ne fait aucun doute que, pendant ces quinze jours de voyage de noces, Win Spencer boit énormément. Wallis, elle-même, évoque ce fait dans ses *Mémoires* dans des termes sans ambiguïté : « Je ne mis pas longtemps à m'apercevoir, au cours de notre brève lune de miel, qu'une des principales préoccupations de mon mari était de se procurer de l'alcool et qu'il en avait presque toujours une bouteille à portée de la main. Un jour que j'y faisais une discrète allusion, Win me répondit en riant :

"Ne jouez pas les puritaines, Wallis. Si vous vous méfiez même d'une tasse de café, ce n'est pas une raison pour priver les autres de leur plaisir." »

Au fond, un charmant garçon, ce Win ! Quand elle le voit ivre, Wallis le déteste. Le lendemain, il jure de ne plus recommencer et Wallis retrouve avec joie le Win qu'elle croit connaître : gai et spirituel.

Après un détour par New York, le couple regagne la garnison de Pensacola au début du mois de décembre.

Comme dans la plupart des anciens arsenaux de la base, les cottages des officiers s'alignent le long d'une rue partant d'un grand portail et allant jusqu'à la mer. La résidence du commandant, imposante demeure entourée de profondes vérandas et de jardins bien dessinés, s'élève sur une hauteur qui domine la baie. Elle jouit d'une très belle vue et d'un air excellent. Quelques pavillons à deux étages sont réservés aux officiers supérieurs. Les autres se contentent de bungalows tous pareils, alignés les uns à côté des autres, avec leurs poutres blanches apparentes, leurs vérandas identiques, s'éloignant de la résidence du commandant et se rapprochant du portail dans une progression hiérarchique rigide, le plus jeune lieutenant se trouvant le plus à l'intérieur des terres. Sur la plage s'étendent les hangars, les ateliers de réparations, les rampes et diverses autres installations. L'endroit lui-même, en dépit de ses rangées de cottages, ne manque pas de charme. Les lauriers-roses, les azalées sont en pleine floraison et la vue sur la baie est splendide.

Win Spencer venant en sixième après le commandant, leur cottage se trouve donc être le cinquième de la rangée. Ce n'est, comme tous les autres, qu'un très simple bungalow. De la véranda, on passe directement dans le living-room qui donne lui-même sur trois chambres à coucher séparées par deux salles de bain. Au fond du living-room, sur la droite, on descend par quelques marches à la salle à manger, communiquant avec la cuisine.

Comme toute femme d'officier de marine, Wallis mène une vie un peu confinée, mais facile. A cette époque, avoir des domestiques ne coûte presque rien et elle peut dès le début engager une cuisinière et une femme de chambre pour une trentaine de dollars par mois. « Ce fut pour moi d'un grand secours, car Win prenait tous ses repas à la maison », avouera-t-elle.

La base aérienne et la petite ville de Pensacola bornent

alors son horizon et, en vraie femme de marin, son existence dépend des occupations de son époux. Ses distractions se limitent, le soir, à rendre visite aux camarades de Win ou à les recevoir avec leur femme. Ils organisent ensuite une partie de bridge ou de poker aux enjeux modestes.

Wallis apprécie cependant le climat de Floride. Au début, la vie semble suivre son cours normal : réceptions, dîners, surprises-parties... arrivée de nouveaux officiers et de leurs femmes... Départ des autres pour de lointaines destinations. Mrs Spencer danse avec d'innombrables jeunes gens en uniforme ; elle rencontre de jolies femmes inconnues. Un profond changement se produit cependant. On le sent dans les réunions mondaines nombreuses ou intimes, dans les magasins, dans la rue... partout, en un mot. La guerre européenne se rapproche. Les hommes et les femmes qui ont hoché la tête avec optimisme, certains d'être épargnés par les horreurs du conflit, se demandent maintenant avec angoisse : « Dans combien de temps ? Quand l'Amérique entrera-t-elle en guerre ? »

A Pensacola, le lieutenant Win Spencer et ses amis parlent de l'as français Guynemer et de son rival ennemi, le lieutenant von Richthofen, qui ont abattu l'un et l'autre un nombre incroyable d'appareils. On parle aussi de la fameuse « escadrille La Fayette », composée d'Américains combattant aux côtés de l'aviation française ; et ils envient leurs compatriotes d'être dans le feu de l'action. Il n'est question que du projet anglais de construction de cent avions capables de tenir l'air sans interruption pendant dix heures et du nouvel avion géant construit en Angleterre qui s'est élevé à 7 000 pieds avec vingt passagers à bord.

L'Amérique prend conscience de l'importance de l'air. Une commission spéciale demande la création de six bases aériennes sur la côte du Pacifique. Une telle activité guerrière est troublante, inquiétante, pour tous, et principalement pour une jeune femme qui vient de s'unir à un aviateur. Dans les réunions mondaines, les conversations demeurent gaies et on y rit beaucoup... Mais sous cette gaieté factice perce une angoisse croissante face à l'imminence de la guerre.

Pour Wallis, l'inquiétude est plus intime. Le comportement de son mari face à l'alcool la désarçonne. Il n'arrête pas de boire. Quand ses amis sermonnent Win, il explique que, s'il boit, c'est parce qu'il ne supporte pas de voir sa femme si coquette. L'est-elle ? Elle recherche la compagnie des hommes, elle aime les longues soirées où, après avoir dansé et bu, on en vient aux confidences. Elle n'apprécie rien tant que la compagnie de ceux qui la font rire. Cela suffit à exaspérer la jalousie d'un mari amoureux et peu enclin à l'humour.

Win Spencer, parfois éméché, se donne en spectacle, dansant et chantant devant l'orchestre, aux soirées dansantes du San Carlos, le samedi, équipé d'une canne et d'un canotier. Hors service, il aime s'affubler de culottes de golf à carreaux et de chandails voyants. Il n'arrête pas de boire de la bière et tous les prétextes sont alors bons pour porter un toast au drapeau avant un vol, avaler un autre verre pour affermir son courage, puis un troisième pour se « remettre les idées en place ».

Mais Wallis se fait une raison, voyant que d'autres aviateurs ont le même comportement face à l'alcool. « A la base, une règle très stricte interdisait aux pilotes d'absorber la moindre goutte d'alcool au cours des vingt-quatre heures précédant un vol. La majorité des officiers volant chaque jour, ils étaient donc supposés s'abstenir de boire du dimanche au vendredi soir. Mais ils trouvaient moyen de contourner cette règle. Avant le dîner, chez les officiers les plus gais se déroulait une petite cérémonie, "la préparation du consommé", strictement réservée à la gent masculine. Nos maris faisaient de mystérieuses disparitions dans l'office d'où nous parvenaient des rires étouffés, des bruits de bouteilles qu'on débouche, de glaçons que l'on agite, et, finalement, un plateau de "consommé froid en tasse" faisait son apparition. Ce consommé – en réalité une sorte de Martini – se buvait gravement, accompagné de commentaires flatteurs sur l'excellence de son arôme et sur la nécessité d'une seconde tournée », racontera-t-elle.

Autre souci : la crainte d'un accident d'avion. « Devenue la femme de Win, expliquera-t-elle, j'appris à redouter par-dessus tout cette cloche d'alarme qui déjà auparavant m'effrayait. Quelles que fussent nos occupations, nous autres femmes d'aviateurs, nous redoutions inconsciemment d'entendre ce son lugubre. Et, lorsqu'il retentissait, cette pensée aussitôt nous assaillait : "Est-ce mon tour ?" Nous connaissions toutes l'horrible attente pendant laquelle chacune de nous se demandait : "Est-ce le mien qui s'est écrasé ?" » Rentrant chez elle un après-midi, Wallis apprend ainsi que l'avion de son mari est tombé dans la baie, mais que Win Spencer est sain et sauf. On l'a repêché indemne.

L'entraînement des pilotes se fait plus intensif ; entre les vols, on sent l'attente et l'agitation. Après quelques mois, au cours desquels la nervosité va grandissant, la guerre éclate. Le 6 avril 1917, les Etats-Unis déclarent la guerre à l'Allemagne. La mobilisation fait de Win Spencer un pilote instructeur et à son grand dam, au lieu d'être envoyé en Europe, il est nommé à San Diego, en Californie. Car quand les Etats-Unis entrent en guerre, Win souhaite passionnément être envoyé en France. C'est un choc pour Wallis qu'il puisse vouloir déjà la quitter ! Le besoin d'instructeurs pour les nouveaux aviateurs partout aux Etats-Unis est réel. Win est devenu un pilote expérimenté, on préfère le garder sur place [1].

Ils partent d'abord à San Diego, puis à Boston, ensuite en Virginie et finissent par revenir en Californie. San Diego, en 1917, est un lieu bien tranquille, presque retiré. Seule l'école de pilotage, la *North Island Aviation School*, dont Spencer a la charge, y est une institution récente. En rade sont seulement basés un vieux croiseur, l'*Oregon*, vétéran de la guerre hispano-américaine, quelques chasseurs de sous-marins et une canonnière, le *Vicksburg*.

Win Spencer possède une petite fortune personnelle qui complète sa solde, mais ce n'est pas suffisant pour mettre à l'aise le jeune ménage. Wallis ne possède rien. Ils dénichent une petite maison dans le Coronado élégant et y installent leur premier home. Wallis fait la cuisine, tient la maison avec l'aide d'une femme de ménage. Spencer rentre le soir, son service terminé.

Les Etats-Unis manquent d'aviateurs pour piloter les appareils en construction. Les volontaires affluent aux bureaux de recrutement de l'armée et de la marine ; partout, des drapeaux, des musiques militaires, des hommes prêts à offrir leur vie à la patrie... Mais ces volontaires n'ont guère l'entraînement indispensable à la constitution d'une armée forte. Finis désormais pour le lieutenant Spencer les réunions mondaines, les bals et les bridges. On vit dans une atmosphère fiévreuse au camp d'aviation ; tout est à improviser car on manque d'officiers de métier.

Laissée à elle-même, Wallis se crée rapidement des relations... (les amis sont toujours venus à elle). Le contre-amiral Fullam séjourne alors à San Diego ; ses

---

1. « L'ivrognerie » de Win n'est peut-être pas étrangère au refus des autorités de l'envoyer. La marine américaine a tenu à donner une bonne image et à choisir ses meilleurs éléments.

filles, Rhoda Fullam et Mrs Austin Sands, la rencontrent et les trois jeunes femmes forment bientôt un trio inséparable.

Hélas, même en Californie, elle a des accès de nostalgie et entretient une affectueuse et régulière correspondance avec ses amis et sa famille de l'Est. Une des lettres qui dut le plus aviver ses regrets fut celle de sa demoiselle d'honneur et amie, Mary Kirk, lui annonçant ses fiançailles dans un débordement de joie. L'histoire de Mary était une de celles qui se répétaient fréquemment à Baltimore. Les cœurs des jeunes filles y battaient souvent au même rythme. Venus d'Europe, nombre de jeunes officiers français avaient débarqué dans le Maryland : service de liaison, de coordination avec l'armée américaine. Baltimore était devenu un de leurs quartiers généraux. A l'heure du thé, le Belvedere, à celle du dîner, le restaurant des Miller Brothers, connaissaient un éclat qu'ils n'avaient pas eu avant l'arrivée des dolmans bleus, des culottes de cheval rouges et des grandes bottes. Mary était tombée follement amoureuse du capitaine Jacques Raffray, officier de réserve, joaillier dans le civil. Ils se marièrent en 1918. Wallis aurait vivement désiré assister à la noce, mais la distance était trop grande et son mari paraissait ne devoir jamais quitter San Diego.

De là, Wallis Spencer écrit à ses amis de Baltimore des lettres enthousiastes sur le climat enchanteur dont elle jouit ; elle leur parle de ses nouvelles relations, de ses voyages passés et futurs... mais elle se garde d'effleurer certains sujets. Discrète comme toujours sur sa vie intime, la jeune Mrs Spencer ne fait aucune allusion à la discorde de son ménage. Glissons sur les scènes fréquentes qui éclatent entre les époux à cette époque. L'un et l'autre durent néanmoins s'ouvrir les yeux à la réalité : leur union est fondée sur un entraînement de jeunesse, ardent et sincère, certes, mais qu'ils ont eu tort de prendre pour un amour profond. Ils se sont laissé influencer par des circonstances romanesques ; le tourbillon de l'avant-guerre les a emportés... Leur mariage est une erreur. Comme le résume Wallis dans ses *Mémoires* : « Notre union allait à vau-l'eau. » Ce n'est pas sans déchirement qu'ils acquièrent cette certitude. Mais ils ne doutent plus de leur méprise quand se lève le jour de l'armistice ; ce 11 novembre 1918, où tous les Américains dansent dans les rues en poussant des cris d'allégresse, en embrassant des étrangers, en chantant de joie...

Au lendemain de ce jour mémorable, Win retombe dans une dépression plus profonde que jamais. Il est rongé par la boisson ; la guerre est finie, son activité a perdu sa raison d'être. Avec sadisme et un certain sens de l'autodestruction, il s'adonne de plus en plus à l'ivrognerie, ce qui attise sa nature jalouse et cruelle. Et, chose fréquente, il se retourne contre Wallis et fait d'elle la victime de ses conflits intérieurs. Dans le monde, il lui adresse des paroles mordantes accompagnées d'insinuations malveillantes. Ces pointes perfides échappent peut-être à ses amis, mais elle, n'en perd rien et ses soirées en sont gâchées.

Si Win donne à ceux qui le rencontrent pour la première fois l'impression de s'intéresser à eux et de savoir admirablement s'extérioriser, il montre dans l'intimité un caractère tout différent. Il lui arrive, lorsqu'ils sont seuls, de ne pas lui adresser la parole pendant une journée entière. Ou s'il lui parle, c'est pour lui reprocher de flirter dehors et de le négliger. Son goût de la plaisanterie se nuance de cruauté. Il prend plaisir à l'enfermer dans une pièce lorsqu'il sort et à l'y laisser parfois pendant des heures. Leur vie commune devient un enfer ; ils ne cessent de se quereller et d'échanger d'amers propos sur des sujets sans importance.

Les choses ne font qu'empirer entre eux d'autant que Win va devoir attendre une nouvelle affectation pendant un an et demi. Alice, inquiète pour sa fille, vient à San Diego en mai 1920. Elle la trouve en larmes ; Win passe souvent la nuit dehors et à son retour casse le mobilier. Alice voit même Win en train de brutaliser sa femme ; ils se sont disputés parce que Wallis n'a pas envie de jouer au golf avec lui. Au printemps de 1921, il est nommé à Washington, au ministère de la Marine, sous les ordres du contre-amiral William A. Moffett. Il demande alors à sa femme de le rejoindre, ce qu'elle accepte.

Ils emménagent au Brighton Apartment Hotel à Washington, mais les hurlements de Win sont insupportables la nuit et réveillent l'hôtel ; il s'enferme des heures dans la salle de bains, ivre mort, a des maîtresses.

Wallis a bientôt l'humiliation de savoir ses amis au courant de ses difficultés intimes. Elevée dans une famille à la morale épiscopalienne stricte, elle a le scandale en horreur. Elle a surtout peur de voir la dégradation de la personnalité de son mari éthylique. Mais le pire est à venir.

Un dimanche après-midi, Win l'enferme dans la salle de bains. Elle reste là pendant des heures, n'entendant aucun bruit. Win est-il sorti ou bien se contente-t-il de lui jouer un tour à sa façon ? Elle tente de dévisser la serrure à l'aide d'une lime à ongles, mais doit y renoncer car les vis tiennent bien. Comme la nuit tombe, elle est saisie de panique à la pensée que Win a peut-être l'intention de la retenir prisonnière toute la nuit. Elle meurt d'envie d'appeler à l'aide, mais s'en abstient. Après des heures d'une attente interminable, elle entend la clé tourner dans la serrure. Mais la porte ne s'ouvre pas et elle n'a pas le courage de la pousser elle-même. Lorsque enfin elle s'y décide, elle trouve la chambre plongée dans l'obscurité et elle perçoit la respiration de Win étendu sur son lit. Wallis passe le reste de la nuit sur le divan du living-room, évoquant l'enchaînement de circonstances qui les ont conduits à une telle catastrophe. Elle en vient à la conclusion qu'elle est devenue en quelque sorte pour Win le symbole de ses échecs. Laisser les choses continuer ainsi ne peut aboutir qu'à l'anéantissement de sa carrière et de sa vie, aussi bien que de la sienne. « Il ne me restait qu'une solution, le quitter », admet-elle enfin.

Ni les Warfield ni les Montague n'ont jamais connu pareil scandale. Alice et tante Bessie sont choquées par sa décision, car l'Eglise épiscopalienne n'admet pas le divorce. Mais rien ne peut fléchir Wallis. Ce n'est pas parce que personne n'a divorcé dans la famille qu'elle doit demeurer liée à un homme haïssable toute sa vie. Sur la requête d'oncle Sol, elle accepte de tenter un ultime essai de vie commune. Mais Win s'y dérobe et lorsqu'au printemps 1922, il est muté au commandement d'un patrouilleur en mer de Chine, le couple s'accommode de cette séparation forcée.

Win part donc seul pour rejoindre son nouveau poste. Wallis reste à Washington ; les époux se disent au revoir avec la solennité qui accompagne les décisions importantes de l'existence, persuadés qu'ils sont, l'un et l'autre, qu'il s'agit d'un adieu définitif. Alors que Win est en route pour la Chine, Wallis se retrouve seule à Washington, libre et forte de sa confiance en soi retrouvée. Elle a presque vingt-six ans, est petite, mais attirante avec ses pommettes saillantes, ses yeux bleu vif et sa finesse de traits. Seules les mains, grandes et fortes, détonnent un peu. La voix est l'un de ses charmes. L'écrivain Janet Flanner la décrit avec justesse en disant : « Elle a deux tonalités, grave et très grave, ce qui va bien avec son style "brune piquante". Sa bouche est très rouge ; elle porte souvent des gants blancs. Elle a déjà un style. »

Avec la fuite des jours, Wallis Spencer reprend peu à peu la vie qu'elle a menée avant son mariage. Sa mère habite à Chevy Chase, où elle dirige The Chavy Chase Club. Wallis voit souvent sa tante et elle fait de fréquents séjours à Wakefield Manor, la propriété de campagne de ses amis Barnett. Rhoda Fullam et sa sœur Marianna Sands sont revenues à Washington où elles reçoivent de jeunes officiers des armées de terre et de mer, des diplomates et les personnalités les plus en vue de l'après-guerre ; dans ce salon ami, Wallis Spencer étend considérablement le cercle de ses relations. On commence à la voir aux dîners et aux réceptions des ambassades et des légations.

C'est l'époque où le Club des Soixante Gourmets occupe une situation prépondérante dans la vie mondaine de Washington. Ce club, composé de soixante jeunes diplomates – chargés d'affaires et secrétaires des légations étrangères –, a établi son siège à l'hôtel Hamilton où, chaque jour, se tient un grand déjeuner. Chacun de ses membres vient avec une invitée. Une immense table prenant toute la longueur de la salle à manger est réservée au fameux club. Une femme élégante assez privilégiée pour prendre part à ces agapes risque d'être assise entre le baron von Plessen et Don Gelasio Gaetani, l'ambassadeur d'Italie. En face d'elle, se trouveront peut-être Pete de Sibour, un des fondateurs du club, et Jules Henry, du ministère français des Affaires étrangères. Harold Sims, de l'ambassade de Grande-Bretagne et Felipe A. Espil, l'ambassadeur d'Argentine, sont parmi les convives les plus assidus.

Wallis Spencer assiste souvent aux déjeuners des Soixante Gourmets ; elle sort également beaucoup avec Mr et Mrs Frederick Neilson. Quand les Neilson quittent Washington pour retourner à New York, Wallis s'installe dans leur appartement. Les amis des Neilson s'amusent des commentaires faits sur la ressemblance existant entre « Freddy » et le prince de Galles. En fait, la similitude de traits est frappante.

A la même époque, Wallis Spencer se lie avec Ethel Noyes, fille du président de *The Associated Press*. Wallis

71

et ses amis sont souvent reçus chez Harold Sims, riche célibataire qui donne de splendides fêtes dans un hôtel particulier. On n'y sert jamais de boisson forte aux invitées du beau sexe, Harold Sims estimant que cocktails et whisky ne sont pas faits pour les femmes qui doivent se contenter d'un vieux Barsac allongé d'eau alors que les hommes boivent des grogs. Pendant un certain temps, Wallis partage une maison de Georgetown avec Mrs Luke McNamee dont le mari, absent pour des raisons de service, est directeur du *Naval Intelligence Office*. Vue de la rue, la petite maison où vivent Wallis Spencer et Dorothy McNamee n'a rien de remarquable, mais l'intérieur en est charmant. Il devient le rendez-vous de toutes les personnalités de marque de Washington ; le salon où l'on discute les nouvelles du jour du monde entier dans le domaine politique et littéraire.

On le voit, Wallis a désormais accès à tous les niveaux de société de Washington. Certains lui prêtent alors une brève liaison avec l'ambassadeur d'Italie, le séduisant prince Gaetani, mais rien ne permet de l'affirmer. Par contre, une brève romance avec Felipe A. Espil, premier secrétaire de l'ambassade d'Argentine est, elle, certaine. Dans ses *Mémoires*, Wallis reste évasive, mais on lit entre les lignes : « A Washington, je me laissai émouvoir par un jeune diplomate, attaché d'ambassade d'une république d'Amérique latine. Plus âgé que moi, il semblait promis à une belle carrière. Intelligent, ambitieux, fin, c'était sous bien des rapports l'homme le plus attirant que j'eusse jamais rencontré, et il unissait à un esprit pétillant une volonté de fer. Au début, il ne fut pour moi qu'un charmant cavalier qui m'emmenait à de nombreuses réceptions. Puis il prit dans ma vie une place plus grande. Il était devenu pour moi un professeur et un modèle dans l'art de vivre, m'arrachant à un cercle étroit pour me faire pénétrer dans le vaste domaine de la politique et de la diplomatie. »

LA VÉRITABLE DUCHESSE DE WINDSOR

Agé de trente-cinq ans, riche, Espil est le type même du séducteur latin ; la chevelure noire plaquée par de la brillantine, les yeux étincelants à la Rudolph Valentino, le visage ovale, olivâtre, avec des lèvres pleines, le cou mince et musclé, ainsi se présente-t-il au physique. Il porte monocle et c'est le meilleur parti de la capitale. Leur liaison est brève mais rapidement connue du Tout-Washington. Cela ne leur nuit pas. Lui, sera nommé en 1931 ambassadeur à Washington. Car ce diplomate habile, au sourire impassible [1], est un gentleman.

Entre Espil et Wallis s'établit une tendre amitié sincère et durable. Peut-être se seraient-ils mariés si Wallis avait été libre. Mais, en 1923, Wallis entreprend son premier voyage en Europe et Espil commence le siège d'une beauté de Chicago, Courtney Letts. Celui-ci va durer dix ans [2]. Donc, comme on le comprend aisément, à partir de 1924, les relations de Wallis et d'Espil s'espacent brusquement.

Wallis décide soudain de quitter Washington et de voyager en Europe avec sa cousine Corinne, puis de rejoindre la Chine. Nous sommes en 1924 et l'annonce brutale de ce départ inquiète ses proches. Mais l'éducation de Wallis lui a appris à n'écouter que les membres fortunés de la famille. A vingt-sept ans, bien qu'attachée à sa mère, ne l'ayant jamais considérée comme un mentor ou une autorité, elle fait bon marché des allégations d'Alice et s'en va. Bonjour, Paris !

---

1. « La Mona Lisa des Pampas », l'appelait un de ses amis, pour l'élégance imbattable de ses complets et pour l'art proprement hallucinant avec lequel il dansait le tango.

2. Courtney retint d'abord dans ses filets et finalement repoussa deux maris millionnaires avant de s'abandonner à Espil. Ils se marièrent finalement en 1933. Señora Espil parut ensuite, de temps à autre, sur la liste des dix femmes les plus élégantes, aux côtés de la duchesse de Windsor.

Très « Génération perdue », Wallis découvre la capitale française. Toute une coterie qui semble sortie d'un roman de Scott Fitzgerald adopte Wallis et Corinne. En cette compagnie pleine de verve et d'éclats de rire, elles explorent Montparnasse et le Quartier latin, les petits bistrots et les châteaux de la Loire.

Lorsque Corinne repart pour les Etats-Unis, Wallis reste indécise. Elle prolonge son séjour parisien, mais semble déchirée entre l'envie de divorcer de son époux et celle de le rejoindre en Chine. Car Win envoie ponctuellement une partie de sa solde à Wallis – 225 dollars par mois – et jure qu'il est toujours amoureux. Ses lettres écrites de Hong Kong témoignent de son attachement persistant pour Wallis. Bientôt, il la supplie de le rejoindre en Chine.

Voilà qui finit par l'émouvoir. Dans ses *Mémoires*, elle traduit sa valse-hésitation en précisant : « Le divorce est toujours la preuve d'un échec, sous quelque angle qu'on le considère, et je souffrais d'avoir échoué, aussi bien à mon égard qu'à celui de Win, dans l'aventure la plus importante de notre vie. » Et Wallis d'expliciter sa décision de rejoindre Win en Chine par : « Je me refusais à l'admettre : le désir longtemps refoulé de retrouver un amour perdu et la chaude présence d'un être aimé. Le sort en est jeté, me dis-je. En Occident, nous avions échoué. Peut-être l'Orient nous serait-il plus favorable et pourrions-nous reprendre la vie commune ? »

Brusquement, elle se décide. Le 2 avril 1924, de Paris, elle expédie un câble à Win, lui annonçant qu'elle s'embarque pour les Etats-Unis et que, de là, elle le rejoindra. Elle part pour la Chine le 17 juillet 1924, ne sachant trop quel scénario l'attend vraiment là-bas !

IV

UNE ANNÉE EN CHINE

WALLIS partie pour la terre des Mandarins, sa mère confie dans une lettre à une amie les craintes que lui inspire ce voyage : « Shanghai est si loin, et c'est une ville si dangereuse ! Mais j'ai toujours laissé à Wallis l'entière liberté de ses décisions et ce n'est pas maintenant que je chercherais à l'influencer. Je ne voudrais pour rien au monde la voir rester pour me faire plaisir. Je veux lui laisser ignorer mes appréhensions... Mais je redoute ce voyage pour elle. Il n'en sortira rien de bon, je le crains ; puissé-je me tromper ! »

A bord du *Chaumont*, Wallis, qui partage sa cabine avec deux autres passagères (deux femmes d'officiers de marine), supporte les longues semaines de navigation. Arrivée aux Philippines, elle réembarque le 13 août sur l'*Empress of Canada* qui la débarque deux jours plus tard à Hong Kong.

Win l'attend sur le quai et Wallis le retrouve tel qu'elle l'a vu pour la première fois à Pensacola, « si charmant avec ses yeux clairs dans son visage bronzé ». Comme elle le complimente sur son apparente bonne mine, le sage élève prend soin d'annoncer qu'il n'a plus avalé une goutte d'alcool depuis la réception de la lettre annonçant son arrivée.

Débutent dès lors, du propre aveu de Wallis, « quinze jours enchanteurs, une seconde lune de miel ! ». Ses appréhensions commencent à se dissiper. Win commande alors le *Pampanga,* une des trois canonnières qui patrouillent autour des bases américaines de Chine. Lorsqu'il n'est pas en mer, il rentre tous les soirs et le couple dîne souvent dans le restaurant de leur immeuble.

Puis, un soir, tout se gâte. Ils doivent souper avec un ami, mais à l'heure fixée par lui, Win n'est pas de retour. Wallis attend et ne voit rien venir. Bien après l'heure du rendez-vous, elle envoie un des boys avertir l'ami que Win est retenu par son travail et qu'on ne doit pas compter sur eux. Minuit a sonné depuis longtemps lorsque Win fait dans l'appartement une entrée de soûlard. Wallis contemple à nouveau le triste spectacle de son mari ivre. Aucune explication n'éclate alors, d'autant que Win doit rejoindre Canton dès la fin de sa patrouille dans le Delta. Mais les semaines qui suivent mettent Wallis à l'épreuve.

Win se remet à boire. Sa jalousie s'exaspère de nouveau, « sans raison », jugera Wallis. Il accuse sa femme de flirter avec ses collègues officiers de marine et guette les lettres qu'elle reçoit pour les ouvrir avant elle. A une liste déjà trop longue d'offenses et d'humiliations, s'ajoutent des variantes dans le goût oriental. Wallis en vient à le soupçonner, au cours de leur longue séparation, d'avoir passé de nombreuses heures à terre dans les maisons de thé. Il l'oblige désormais à l'accompagner dans ses boîtes favorites, où il prodigue devant elle ses faveurs aux filles.

C'est déjà plus qu'elle n'en peut supporter, mais lorsqu'il se remet à boire dès son lever, elle comprend qu'il n'y aura plus jamais entre eux ni amour ni estime.

Wallis se résout à faire comprendre à Win que leur tentative de réconciliation est un échec. Win lui-même en convient et, en gentleman, l'escorte jusqu'au bateau, l'*Empress of Russia*, sur lequel elle s'embarque.

Tristesse, goût âcre d'une vie peut-être sans issue. Wallis ne reverra Win qu'une seule fois après cet adieu sur un quai de Hong Kong. Ils ne divorcèrent qu'en 1927. Mais ce divorce coïncida chez lui avec une sorte d'effondrement. Jamais il ne dépassa le grade de capitaine de corvette et il se maria trois autres fois. En 1936, second du porte-avions *Ranger*, il se cassa la jambe à la chasse, en Californie, et fut relevé de ses fonctions. La vieille amie qui le soigna l'année suivante devint sa troisième femme. Mais ce mariage ne fut pas plus durable que ne l'avaient été les deux précédents. L'action que l'épouse intenta en divorce en 1940 est assez déplaisante. Malade, Win avait pris sa retraite depuis deux ans, et sa femme allégua qu'il partait en « bombes pendant des semaines entières », ajoutant qu'elle craignait pour sa sécurité personnelle. Elle l'accusa de déséquilibre mental et ses filles assurèrent qu'il s'enivrait et qu'en de telles occasions, il parlait chinois. Spencer nia. Mais sa femme obtint le divorce. En 1941, Spencer convola pour la quatrième fois. Il trouva enfin le bonheur qu'il avait cherché toute sa vie, bonheur qui devait être ponctué par un incident resté inexplicable : en 1943, on le trouva étendu sur le sol de sa demeure à Ventura en Californie, frappé d'un coup de poignard dans la poitrine et nageant dans son sang. Il déclara plus ou moins confusément s'être blessé en ouvrant une boîte de conserve et l'affaire ne fut pas éclaircie. Spencer avait laissé passer les deux guerres sans y prendre une part active. Pendant la première, il avait été instructeur-moniteur, et il avait quitté le service lorsque la seconde éclata. Il mourut en 1950, âgé de soixante et un ans. Il laissait à sa femme vingt-cinq mille dollars, mais dans son testament ne faisait aucune allusion à sa première femme.

En Chine, la vie est si peu chère que Wallis décide d'en profiter. Elle veut surtout séjourner à Shanghai où existe un tribunal pour les Américains de Chine afin d'obtenir le divorce.

Elle arrive donc à Shanghai le 22 novembre et s'installe au célèbre Palace Hotel, résidence de prédilection des femmes d'officiers dont les maris sont en mer. Dans ces années-là, Shanghai, le grand port de la Chine, avec ses cent cinquante mille habitants, ses rues grouillantes, son invraisemblable mélange d'opulence et de misère, de civilisation antique et de commerce moderne, ses temples consacrés à Bouddha et ses cinémas, est la ville la plus cosmopolite du monde.

Shanghai est alors une plaque tournante : on l'appelle le Charnier de l'Orient. On l'appelle aussi la Putain dorée de l'Orient, car la ville offre un surréaliste mélange de fumeries d'opium, de bordels, de sinistres passages dérobés, mais aussi de somptueuses maisons. Derrière les murs de la concession (entourés d'un cordon de troupes de fusiliers marins américains et britanniques), les négociants anglais et américains et les administrateurs coloniaux vivent dans le luxe alors même que la guerre civile fait rage aux portes de la ville. Les colonies étrangères poursuivent vaille que vaille une vraie vie mondaine sans se soucier des coulisses.

Des bateaux et des trains déversent quotidiennement des hordes d'étrangers : Sud-Américains, Russes, Européens, Mexicains, Américains. Beaucoup fuient des guerres et des révolutions ; quelques-uns veulent simplement échapper à leur passé : Wallis est de ceux-là. Un témoin de l'époque note dans ses *Mémoires* cet instantané : « Elle était assise dans le hall et attendait, tout comme moi, quelqu'un qui était en retard. Au milieu de la cohue, j'apercevais sa silhouette complètement immobile juchée sur le bord d'un fauteuil placé contre le mur. Le fauteuil laqué sur lequel elle avait pris place était incrusté de chrysanthèmes de nacre. Dehors, derrière les portes à tambour, le soleil brillait et il devait être quatre ou cinq heures de l'après-midi, le moment du thé. Wallis était tellement calme au milieu de toute cette agitation que je ne pouvais m'empêcher de la regarder. Elle ressemblait à une enfant qui s'était enfuie et avait été surprise dans le monde des adultes au moment où le couvre-feu retentissait. Elle n'avait pas encore commencé à affectionner les vêtements chinois, comme elle allait le faire par la suite, et elle portait un ensemble de coton très "américain". Sa coiffure, avec ses cheveux tirés en arrière vers le haut, était austère mais élégante, semblable aux ailes d'un ange. Une voilette bleu pâle lui descendait jusqu'au menton. Sa bouche était très rouge ; ses yeux bleus s'étaient assombris face à toute cette lumière et, même à travers la voilette et à environ quinze mètres de distance, son visage semblait un masque. Il était complètement inexpressif. »

Ce séjour en Chine marque Wallis d'un sceau ineffaçable. La preuve en est la fameuse photo de Man Ray, l'un de ses plus célèbres portraits. On la voit debout contre un écran noir ; elle porte une tunique de coupe orientale et son visage légèrement de profil a la dignité et la délicatesse de celui d'une princesse chinoise peinte sur une porcelaine. Tout au long de sa vie, Wallis vivra entourée de souvenirs de ce pays. Un paravent de toute beauté occupera son salon, deux admirables poissons de porcelaine trôneront dans ses boudoirs, entourés de bibelots de porcelaine et de laque et de fragments de brocart. C'est en Chine que Wallis Spencer commença sa collection d'éléphants « porte-bonheur » en ivoire, en jade, en turquoise et autres matières précieuses. Ses couleurs préférées sont les teintes propres à l'Orient :

bleus rares, verts jade, nuances ambrées allant jusqu'au brun clair, rose doux.

Avec son aisance coutumière pour lier connaissance, elle profite bientôt du carnet d'adresses du diplomate britannique Harold Robinson. Elle qui, la veille encore, ne connaissait personne, est bientôt entraînée dans un tourbillon : garden-parties, courses de chevaux, dîners dans le vieil et délicieux hôtel Majestic où, à la lumière de lanternes de couleur, l'on danse dans une cour inté-rieure sous un berceau de fleurs. C'est là, en compagnie du diplomate, qu'elle entend pour la première fois le célèbre *Tea for Two* et cette mélodie, le clair de lune, le parfum du jasmin, la cour fleurie doucement éclairée, tout lui fait comprendre qu'elle a réellement pénétré dans l'Empire céleste.

Il est certain que la vie à Shanghai, en 1924, est agréable, très agréable même, en fait presque trop pour une femme vivant dans l'illusion d'une indépendance presque totale. De plus, ce séjour devient pour elle inutile. En effet, l'avocat qu'elle consulte lui explique qu'étant donné la situation de Win, la procédure de divorce à Shanghai serait compliquée et coûteuse. Elle abandonne donc son plan. Une fois de plus, elle se trouve dans l'impossibilité de balayer le passé. A tort peut-être, elle ne voit d'ailleurs aucune raison de se presser.

Elle décide finalement de gagner Pékin où règne alors le général Feng Yu-Hsiang, l'un de ces féroces « seigneurs de la guerre » qui se partagent une Chine ravagée par la guerre civile. Feng fait décapiter chaque jour ses ennemis dans les jardins publics. La population se terre. Mais Wallis sait qu'au cœur de cette tragédie, les colonies étrangères poursuivent leur vie mondaine.

Faisant fi des brigands et des attaques de trains, l'indomptable jeune femme arrive à la gare de Pékin avec huit heures de retard et s'installe au Grand Hôtel. D'emblée, Wallis se retrouve conviée au bal se déroulant dans l'hôtel. Au milieu des couples qui dansent, elle avise soudain un visage connu : celui d'une jeune veuve, Katherine Moore Gibelow, avec qui elle a beaucoup sympathisé, en Californie, six ans auparavant. Surprise réciproque : elles se précipitent l'une vers l'autre. Katherine comprend aussitôt que Wallis est séparée de Win et Wallis que Katherine est remariée. D'ailleurs celle-ci présente son mari, Herman Rogers. Ce dernier va prendre une position clé dans les futures aventures matrimoniales de Wallis.

Rogers est new-yorkais, grand et bien bâti. Il a obtenu ses grades universitaires à Yale en 1914, complétés par ceux de l'Institut de Technologie du Massachusetts en 1917. A cause de la guerre, il n'a pu, comme il le souhaitait, se faire une situation d'ingénieur et se résout, puisqu'il a hérité d'une fortune substantielle, à voyager à l'étranger et de vivre là où il trouve des prix avantageux et des distractions. Au demeurant, il ne manque pas de hisser la bannière étoilée, quel que soit le lieu d'élection. Ils font partie de cette *Lost Generation* qui plante pour un temps sa tente sur le coin du globe qui séduit le mieux leur fantaisie du moment.

En fait, Herman Rogers a emmené sa femme jusqu'à Pékin, avec la sincère intention d'apprendre le chinois et d'écrire un livre. Il fait comme il l'a dit, mais par la suite, oublie presque tout ce qu'il sait de chinois et ne trouve pas d'éditeur pour son livre. Le sport et les réceptions lui prennent la majeure partie de son temps. Il est excellent joueur de polo, de tennis, se livre au yachting et à la chasse, et donne chez lui quelques soirées parmi les plus joyeuses de Pékin.

Wallis qui continue de recevoir de l'argent de Win joue les joyeux parasites. Car, grâce aux Rogers, son séjour devient délicieux. Elle est reçue dans des intérieurs dont les jardins ressemblent à des cartes postales coloriées ; aux fêtes des légations, elle rencontre des ministres japonais, allemands, scandinaves et italiens qui l'entourent d'hommages au cours de repas servis par des boys en sandales. Les Rogers lui font visiter des temples antiques et des palais ; ils l'emmènent au cinéma qui, à Pékin, va de pair avec l'Opéra et le théâtre ; ensemble, ils visitent les boutiques de la « rue de la Soie » et celles de la « rue du Jade ».

Rogers et sa femme se montrent pour Wallis des amis parfaits, et l'introduisent dans leur cercle. Elle passe chez eux plus de six mois, en relation constante avec une société des plus agitées. Elle joue au tennis (assez mal d'ailleurs), prend part à des expéditions dans l'intérieur du pays (on part à cheval, on continue à dos d'âne et on finit à pied, en se traînant comme on peut dans des terrains impossibles !). Wallis, que ses amis ont toujours considérée comme une créature fragile et délicate, à la surprise générale joue des mains et des pieds avec les plus hardis de la bande pour se frayer un chemin.

Comme l'ont souligné plusieurs historiens, dont Alain Decaux[1] et Greg King, l'épisode de Pékin inspire au biographe imaginatif Charles Higham les épisodes les plus fantaisistes sur Wallis. Cette plume délirante prétend que Wallis ne serait venue en Chine que pour tester ses talents d'espionne. Certes, elle a bien partagé une maison à Washington avec l'épouse du directeur du Naval Intelligence Office, mais on voit mal dans quel but elle aurait été recrutée et sur quels critères. Autre extravagance, c'est en Chine que Wallis, en fréquentant les maisons de prostitution, aurait appris les « caresses secrètes » qui, plus tard, devaient rendre le prince de Galles fou d'amour. Quelles caresses ? Les détails croustillants varient à l'infini.

Quant à l'origine de ces informations, l'historien renvoie ses lecteurs à un certain « dossier chinois » dont on

---

1. Lire Alain Decaux, *L'abdication*, Perrin, 1995.

ne nous dit jamais où il se trouve et qui l'a établi. Il est possible qu'elle ait, par curiosité, visité l'une de ces maisons, mais de là à en faire une habituée des lieux... Passe encore que l'on attribue quelques liaisons affichées à Wallis pendant son séjour à Pékin, mais le plus étonnant serait qu'elle aurait été impliquée dans « un vaste trafic de drogue » à Pékin. Charles Higham voit aussi en elle une protégée de la mafia chinoise qui l'aurait fait accéder aux secrets des jeux de hasard truqués. Elle aurait gagné, au baccarat, à la roulette et au vingt-et-un, des « sommes considérables ».

Aucune preuve, aucun témoin de première main n'attestent ces divagations. Le seul fait tout à fait plausible est la brève love-story de Wallis avec l'attaché naval de l'ambassade d'Italie : Alberto Da Zara [1]. Wallis et lui se croisent fréquemment sur les champs de courses. Alberto Da Zara note dans ses *Mémoires* : « L'une des plus passionnées parmi ces dernières était Mrs Wallis Spencer. A cette époque, elle portait une coiffure classique lui dégageant le visage, qui mettait en valeur son front et ses yeux et à laquelle elle était restée fidèle jusqu'à ce jour. Elle manifestait déjà un goût particulier pour la couleur qui serait connue comme le bleu Wallis et qui était assortie à ses yeux. »

Wallis est extrêmement séduite par Da Zara. Son adjoint à l'ambassade d'Italie, Giuseppe Pighini, confiera : « Mrs Spencer et Da Zara avaient des relations très intimes, et leur amour se transforma en une amitié durable. Da Zara disait que ce n'était pas une beauté, mais qu'elle était extrêmement séduisante et avait des goûts très raffinés. Sa conversation était brillante et elle avait le don d'amener le sujet de conversation approprié, quelle que soit la personne avec laquelle elle se trouvait, et

---

1. Dans ses *Mémoires*, Wallis se contente de dire : « Un galant officier de marine italien fit dans ma vie une brève incursion. »

de dire des choses intéressantes. Elle avait en commun avec Da Zara cet art de la conversation ainsi que la connaissance et l'amour des chevaux. Elle était assez fascinante. »

Wallis a, en effet, déjà ce sens du raffinement vestimentaire qu'elle poussera jusqu'à la perfection. Elle fait claquer son poudrier en le refermant comme personne, sait jouer avec ses gants, enserre ses cheveux dans de meurtrières pinces et barrettes, telle une déesse orientale. Wallis s'éprend en tout cas de la Chine.

Pékin est, en hiver, particulièrement beau ; le ciel y est parfois d'un bleu parfait ; d'autres jours, le vent qui a passé sur le désert de Gobi emplit l'air d'une fine poussière jaune et les rayons du soleil y passent comme à travers un filtre d'or. Wallis est charmée par les mille bruits de la cité : les appels nombreux et variés des marchands ambulants, le tintement des clochettes ; le grincement des crécelles ; le timbre si particulier des flûtes de roseau et des trompettes ; l'appel martelé des vendeurs de chaudrons ; l'étrange note flûtée des pigeons qui tournoient le matin au-dessus des jardins emplissant l'air de musique grâce aux sifflets de bambou ingénieusement fixés aux plumes de leurs queues ; le clic-clac rythmé des sandales de son boy la ramenant à la maison en pousse-pousse à travers les rues obscurcies. Oui, Pékin tout entier est une symphonie de bruits et de sons. L'élégante qu'elle est apprécie plus prosaïquement les marchands de jade ou de porcelaine et les talentueux tailleurs qui exécutent ses robes d'après des journaux de mode anglais ou américains, ou d'après des modèles de son invention.

Wallis se trouve en Chine dans une période charnière du pays. La révolution fomentée par Sun Yat-sen – il meurt tandis que Wallis est à Pékin – et poursuivie par Tchang Kaï-chek gagne du terrain dans les provinces du Sud. A Pékin, au début du printemps 1925, les événements prennent un tour inattendu et très sérieux. Le nouveau gouvernement révolutionnaire proclame le boy-cott contre les Anglais et les étudiants se livrent à de bruyantes manifestations devant les édifices britanniques de Pékin et d'ailleurs. Pour éviter d'être molestés, les étrangers d'autres nationalités arborent sur leurs pousse-pousse leurs couleurs nationales. Mais Katherine et Herman, ardemment anglophiles, refusent de tourner le dos à leurs amis anglais dans l'embarras. Aucun drapeau américain ne paraît sur leur pousse-pousse. Moins coura-geuse qu'eux et peu rassurée lorsqu'elle sort seule, Wallis suit malgré tout leur exemple. Elle va un jour faire des emplettes et, tandis qu'elle se trouve dans une échoppe, un groupe d'étudiants couvre son pousse-pousse d'ins-criptions à la craie, en dépit des protestations de son coolie affirmant qu'elle est une «'mélicaine lady». Lors-qu'elle sort du magasin, ils se contentent de lui lancer des regards furieux. L'incident lui sert d'avertissement. Il est peut-être temps de regagner les USA. Au printemps 1925, Wallis décide qu'elle en a assez de la Chine.

Elle fait ses adieux aux Rogers et s'embarque, via Shanghai, pour son pays natal. Elle a décidé de se fixer à Washington, en Virginie, où, d'après les lois en vigueur, elle doit résider une année avant de pouvoir demander le divorce. Dans ses *Mémoires*, la duchesse de Windsor pré-cise : « Après avoir fait des démarches sur les côtes loin-taines de l'Atlantique et du Pacifique, je découvris que je pouvais l'obtenir tout près de chez moi et à peu de frais. Un avocat, ami de ma famille, m'informa qu'après avoir résidé un an en Virginie, je pourrais demander le divorce et que, séparée de Win depuis trois ans, je l'obtiendrais pour abandon par lui du domicile conjugal. Il estimait que la procédure me coûterait environ 300 dollars. Mon conseiller me recommanda le comté de Fauquier et en particulier la petite ville de Warrenton. » Il est temps pour elle de tourner définitivement la page du chapitre Win Spencer.

V

MME SIMPSON

WALLIS arrive à Warrenton en Virginie le 10 juin 1926. Comme elle ne dispose toujours pour vivre que de la délégation de solde de Win, elle se résigne à s'installer dans un hôtel de la petite ville.

Vieux d'un demi-siècle, le Warren Green Hotel est une imitation de bâtiment colonial en brique rouge avec véranda à deux niveaux et marquise. L'hôtel a connu des jours meilleurs, mais il se dégage encore un charme victorien de ses sièges recouverts de peluche, des papiers à fleurs de ses corridors et de ses fougères en pots. Wallis prend possession de la chambre 212. La jeune femme y déballe ses paravents, ses brocarts et ses boîtes de laque. Elle a le talent de se créer un cadre personnel... Comme par enchantement, les deux pièces de son « appartement » se transforment en un petit home toujours orné d'une profusion de fleurs.

Wallis Spencer n'a pas de domestiques au Warren Green Hotel ; mais Jake, le vieux portier nègre, lui est tout dévoué. C'est lui qui lave son chien « Sandy », une bête empruntée que Wallis rendra à ses propriétaires en quittant la Virginie. Elle va y vivre de plaisante façon, consultant son avocat de temps en temps et se rendant le soir à de multiples invitations.

Warrenton est située dans une contrée où la chasse et les courses de chevaux constituent le grand intérêt des propriétaires terriens ; plusieurs familles possèdent un équipage de chasse. Chaque année, la grande épreuve hippique, « The Warrenton Gold Cup Race », attire dans ce coin de Virginie les meilleures cravaches des Etats-Unis.

La journée débute par un grand déjeuner offert par un châtelain des environs ; les invités envahissent la demeure et le parc ; puis la fameuse course a lieu dans un champ privé, dépendant du domaine de Clovelly. Le soir, au bal donné au Warrenton Country Club, les habits rouges des gentlemen se mêlent aux robes décolletées des femmes.

En choisissant cette petite ville de Virginie lors de son retour en Amérique, Wallis Spencer n'avait nullement l'intention de s'y fixer définitivement ; mais plus le temps passe, plus elle s'y plaît et moins elle a envie de changer de résidence ; elle voit d'ailleurs souvent ses vieux amis de Baltimore et de Washington. Mais rarement sa famille. Car les lieux de son enfance et de sa jeunesse sont assez proches pour qu'elle y retrouve des amis.

Cette année-là, Alice Montague Warfield Rasin se marie pour la troisième fois, omettant d'en prévenir sa fille. Ce nouveau conjoint, Charles Gordon Allen, a un tempérament identique à celui de ses prédécesseurs : paresseux, faible et gentil. Il occupe à Washington un emploi médiocre dans l'administration des anciens combattants. Wallis plaindra sa mère de ne se plaire qu'avec des faibles.

Cette même année, Wallis va faire un séjour à New York qui n'est marqué que par un seul événement : un dîner chez son amie d'enfance, Mrs Jacques Raffray qui, lorsqu'elle s'appelait encore Mary Kirk, avait été demoiselle d'honneur au mariage des Spencer. Deux des autres invités sont Mr et Mrs Ernest Simpson.

Ernest Simpson, un grand et bel homme aux yeux bleus, aux cheveux et à la moustache châtain clair, est employé dans une compagnie de navigation dont son père est membre du conseil d'administration. Les Simpson se sont mariés en 1923 et ont une petite fille. Wallis les rencontre une ou deux fois à la suite de ce dîner. Elle revoit ses amis de New York, fait des courses, assiste à des représentations théâtrales et, enfin, elle regagne Warrenton.

Wallis Spencer a alors trente ans. Quels sont ses rêves d'avenir ? « Pourquoi s'en faire ? Cela n'arrivera peut-être jamais ? » C'est une phrase qu'elle répète volontiers. Il est vraisemblable que, n'ayant jamais eu de foyer, elle désire surtout devenir une maîtresse de maison dont on parle, tenir un salon, une table réputés. Honnête ambition. Elle vit dans un cercle frivole et désœuvré, mais manque d'argent pour bénéficier d'un train de vie décent. Elle pense de plus en plus sérieusement à se chercher une situation et à faire une carrière. Elle ne manque pas d'atouts. Et nul ne conteste l'impression qu'elle fait immanquablement sur les hommes, ni son extrême popularité. Intelligente, spirituelle, elle est gaie, de bonne humeur et bienveillante. Autant de qualités qui peuvent séduire un nouveau mari. Mais comme son divorce approche, Wallis est bien décidée à ne pas se laisser entraîner dans une aventure sentimentale avant d'avoir réorganisé sa vie.

Ernest Simpson l'attire pourtant au fur et à mesure qu'elle le revoit à plusieurs occasions. Comme elle l'avouera elle-même : « Ernest me donna l'impression d'un homme spécialement bien équilibré. J'aimais retrouver en lui cette tournure d'esprit cosmopolite à laquelle j'étais habituée. »

LA VÉRITABLE DUCHESSE DE WINDSOR

Heureusement pour Wallis, les Simpson songent dès ce moment à divorcer. La première Mme Simpson est une Américaine, Dorothea Parsons Dechert (fille d'un magistrat du Massachusetts). Ernest est mi-américain, mi-anglais. De cette double origine, il ne reste que l'Anglais. Il est pourtant né en Amérique, y a fait ses études, commencées à Pottstown en Pennsylvanie. Sa mère est américaine et son père, tout en gardant sa nationalité britannique, a vécu de longues années en Amérique. Mais Ernest se sent malgré tout si fort attaché à l'Angleterre qu'à vingt et un ans il refuse d'opter pour la citoyenneté américaine. Il s'inscrit à Harvard, mais la guerre éclate et il rejoint les Coldstream Guards avant d'avoir obtenu ses diplômes. A la fin de la guerre, il est sous-lieutenant et plus anglais que jamais. Il revient pourtant en Amérique achever ses études et entre dans l'affaire de son père, courtier maritime : la Compagnie Simpson, Spence and Young, une florissante maison qui possède des bureaux à Hambourg et Londres.

Simpson est un garçon aimable, facile, habile, un peu dandy, sensible et délicat dans ses goûts. Wallis ne tarde pas à s'en émouvoir. Il parle peu, mais Wallis juge qu'il ne manque pas d'humour. Il danse à ravir, connaît tous les théâtres et mérite sa réputation d'excellent joueur de bridge. A l'évidence, Ernest recherche la présence de Wallis et cette dernière ne déteste pas les attentions d'Ernest. Le délicat de l'affaire, c'est qu'elle et lui sont mariés.

Mais la jeune femme n'est pas encore prête à tomber dans ses bras. Elle a alors d'autres préoccupations : son divorce va être prononcé à Warrenton, et son oncle Sol, source principale de ses revenus, est gravement malade. Et puis, elle a promis à sa tante Bessie de l'accompagner en Europe : séjour à Paris et croisière en Méditerranée. Mais le projet tourne court. L'oncle meurt le 25 octobre 1927 et Wallis n'arrivera pas à temps à l'enterrement dans l'église protestante Emmanuel Church de Baltimore. Warfield laisse une fortune estimée à un million de dollars, mais n'en donne que 15 000 à Wallis, à la grande surprise de ses amis qui connaissaient son affection pour sa nièce. Etant donné ses goûts de luxe, comment pourrait-elle s'en tirer, avec quelques dollars par semaine ? Homme d'affaires, Sol considérait peut-être qu'il avait fait suffisamment pour elle dans le passé ; puritain, il n'avait peut-être pas admis son divorce, non plus que ses déplacements en Chine ou à Washington, alors qu'elle était encore en puissance de mari. Le legs qu'il lui consent est accompagné, dans son testament, d'une sorte d'excuse explicative : « Ma nièce a été élevée par moi, et je lui ai donné bien autre chose... que ce qui est marqué ici. » Wallis attaquera en vain ce testament et annonce à ses amies que, pour la première fois de sa vie, elle va vraiment être obligée de se résoudre à travailler. Mais avant d'en arriver là, elle doit liquider son divorce avec Spencer. C'est bientôt chose faite.

Le 6 décembre 1927, au tribunal de Warrenton, sous la présidence du juge George Latham Fletcher, s'ouvre le procès en divorce de Wallis Spencer. Abandon de domicile conjugal... Le jugement est rendu le 10 décembre. Wallis Spencer quitte le tribunal libre de tout lien matrimonial. C'est la fin d'un des chapitres de sa vie... un chapitre qu'elle a vécu à Baltimore, en Floride, en Californie, à Washington, à Paris et à Shanghai...

A ce moment précis, Ernest Simpson annonce à la jeune femme son départ pour Londres : il va prendre la direction de l'agence anglaise de la firme familiale. Il a entrepris une procédure de divorce, il sera libre bientôt. Plus rien ne l'arrête désormais dans sa cour à Wallis, et pour Wallis il représente l'aisance, la stabilité tout d'un coup, un avenir évident.

LA VÉRITABLE DUCHESSE DE WINDSOR

Tous ceux qui connaissent alors Ernest Simpson parlent tout d'abord de son physique. Il est grand, presque blond, au teint clair. Il est large d'épaules, d'allure distinguée et possède un goût très sûr dans le choix de ses costumes. La bibliophilie est un de ses faibles et il est fier de ses trésors. Les biographies et l'histoire le passionnent. Il aime aussi voyager et il a rapporté d'intéressants souvenirs de ses randonnées. Sa conversation et sa société sont fort agréables. Wallis se sent au diapason.

Ils ont beaucoup en commun. Ils aiment tous deux les bons livres, collectionnent les statuettes et les bibelots, et s'y connaissent en argenterie et en porcelaine. Ernest aime aussi la peinture, la poésie et la musique. Il est le parfait représentant d'une espèce menacée, l'homme d'affaires cultivé. Il emmène Wallis dans les musées, les galeries, les librairies, les bibliothèques ; elle apprend de lui tout ce qu'il peut lui enseigner. Il semble surtout vivre dans l'aisance.

Nul doute que leur liaison commence avant son départ pour Londres. Ernest est un amant délicat. Il lui présente ses amis, lui fait porter des fleurs ; enfin, par mille attentions délicates, il montre à Wallis combien il l'admire. La cour dont elle est l'objet est différente de celles que la jeune femme a connues jusqu'alors. Elle estime Ernest Simpson et se plaît en sa compagnie. Avec lui, elle se sent en sécurité, cet élément dont sa vie a été dépourvue. Elle a connu la gaîté, la joie, mais celles-ci n'ont qu'un temps. Solide, loyal, empressé, Simpson a tout pour plaire...

On comprend facilement ce qui l'attire en lui : il est stable, raisonnablement beau, et il peut lui offrir richesse et respectabilité. C'est la combinaison idéale qui doit l'élever dans l'échelle sociale internationale. Mais, pour l'ambitieux Simpson, Wallis est aussi la compagne idéale. Elle n'est pas très belle, mais elle a du caractère et de la présence. C'est une hôtesse parfaite, d'une excellente conversation, dont le badinage un peu guindé plaît aux personnages influents qu'Ernest essaie de se ménager pour le bien de ses affaires. Elle s'efforce d'être au courant de tout – pour pouvoir parler de tout. Pour ce faire, elle lit les titres des journaux, survole les derniers livres à la mode et prête l'oreille aux potins mondains. Elle est assez prudente pour ne pas feindre l'accent anglais, la plupart trouvant pittoresque son accent aristocratique de Baltimore.

Elle finit par céder, même si elle se demande si elle est la femme rêvée pour lui. Après un séjour sur la Côte d'Azur chez ses amis, Katherine et Herman Rogers, Wallis décide d'épouser Ernest en mai 1928. Ce n'est que le 15 juillet qu'elle en informe sa mère, dans une longue lettre qui révèle bien son état d'esprit :

« Maman chérie,

J'ai définitivement décidé que ce que j'avais de mieux et de plus raisonnable à faire était d'épouser Ernest. Je l'aime bien et il est bon : ce qui me changera. Il m'a promis que je pourrais revenir à la maison pour vous voir trois mois chaque année.

J'ai finalement pris ma décision vendredi et nous avons tout organisé hier. Nous espérons donc que tout sera prêt pour que nous puissions nous marier samedi prochain. Ici, il n'y a qu'à se rendre au bureau d'état civil et la chose est réglée en quinze minutes. Ensuite, nous déjeunerons avec son père et un jeune neveu de vingt-deux ans... Nous partirons pour la France en voiture pour rejoindre Paris et y rencontrer tante Bessie.

Maman, je regrette tellement que vous ne soyez pas avec moi ce jour-là, mais un second mariage ne semble pas aussi important qu'un premier et je vous rejoindrai après les fêtes de Noël. Croyez-vous que je puisse persuader tante Bessie de venir à Londres et rentrer ensuite avec elle ? Londres est plutôt triste. Je suis sûre que je me sentirai très seule l'hiver prochain et que j'aurai le mal du pays. Cependant, je ne peux pas continuer à errer le reste de ma vie, et je suis réellement lasse d'avoir à me battre, toute seule et sans argent. Et puis, trente-deux ans, ce n'est pas si jeune, surtout quand on voit tous ces jeunes et frais visages avec lesquels il faut entrer en compétition. Aussi je vais m'installer en prévision d'une vieillesse paisible...

Je voudrais que vous annonciez simplement mon mariage à Londres avec Ernest Simpson, de New York. Croyez-vous que je doive envoyer des cartes ? Moi pas. J'espère que tout ceci ne vous troublera pas, ma chérie, et que vous serez heureuse que j'aie trouvé quelqu'un qui s'occupe de moi. Ici, la chaleur est accablante pour le moment, à ce point qu'il est difficile de penser.

Toute ma tendresse pour vous. Envoyez-moi vos vœux pour que cette fois ce soit une réussite.

Wallis. »

Le 21 juillet 1928, le mariage civil est célébré au *Chelsea Registry Office*, au cœur de Londres. Il est onze heures du matin, la journée est ensoleillée et le couple est uni dans ce bureau sinistre par un fonctionnaire. Wallis porte une robe jaune et un manteau bleu made in Paris et une petite réception suit au Grosvenor Hotel. Après un départ en train de Victoria Station, les jeunes mariés gagnent Paris puis l'Espagne et les Baléares. Voyage de noces réussi. Wallis a trente-deux ans et son mari un an de moins.

A leur retour, Mr et Mrs Simpson s'installent d'abord à Grosvenor House, puis au 12, Upper Berkeley Street, propriété de Lady Chatham. La demeure n'est pas vaste, mais elle est meublée d'une façon charmante ; de belles boiseries ornent les murs, des rideaux de satin décorent les fenêtres et la lumière joue sur l'argenterie ancienne. Wallis rend encore sa demeure plus intime en y répandant des fleurs à profusion et en toute saison.

LA VÉRITABLE DUCHESSE DE WINDSOR

Servie par une femme de chambre, une cuisinière, un maître d'hôtel et un chauffeur, Wallis devrait être aux anges. Mais la jeune mariée prend vite en grippe le climat londonien. Peut-être sa vie de couple la déçoit-elle rapidement. Ernest semble casanier. Au début, Wallis paraît heureuse de mener en ménage une vie assez tranquille. A l'occasion, elle passe une soirée au théâtre, au club ; le reste du temps, ils sont en tête-à-tête ; son mari adore lire, spécialement de vieux récits maritimes. On a l'impression que dès le départ ce mariage est dénué de passion. Il y a surtout que Wallis en vient à regretter l'Amérique et ses amis de Virginie et du Maryland. Elle a la nostalgie du pays et, pendant de longs mois, les habitudes anglaises lui paraissent étranges et anormales. Elle s'accoutume très lentement à la façon britannique d'accomplir les actes les plus simples de l'existence : faire des courses, donner ses ordres aux domestiques, boire le matin, au petit déjeuner, du thé et non du café. Elle comprend alors combien, en dépit de la communauté de la langue, la vie anglaise diffère de la vie américaine.

Elle doit aussi entreprendre, un an environ après son mariage, un voyage en Amérique. Sa mère est gravement malade à Washington. Quand elle arrive à son chevet, celle-ci a perdu connaissance. Elle vit une semaine encore sans reconnaître Wallis. La mort de sa mère la plonge dans un désespoir un peu excessif.

Le cœur gros, Wallis reprend le chemin de Londres et affiche pendant plusieurs mois son deuil. Elle et son mari n'acceptent aucune invitation. La capitale anglaise, isolement oblige, lui paraît plus hostile encore. Les amis et les parents d'Amérique lui semblent douloureusement loin d'elle. Puis, peu à peu, sa nostalgie se dissipe. Mr et Mrs Simpson fréquentent l'ambassade des Etats-Unis. Ils y sont fréquemment invités et, en retour, leur maison ouvre grandes ses portes. Ils font ainsi la

94

connaissance de Mr et Mrs Benjamin Thaw (Mrs Thaw est la sœur de Lady Furness et de Gloria Vanderbilt), des habitués de l'ambassade. Ils y rencontrent Lord et Lady Furness. Ils sont invités aux soirées données par Mrs Galbraith, dont le mari est attaché naval à l'ambassade, réceptions célèbres dans tout Londres par leur splendeur. Le cercle des amis des Simpson s'élargit. On y voit Vincent Massey, le ministre du Canada et sa femme (le frère de Vincent Massey est l'acteur Raymond Massey).

Une partie de la société britannique continue de leur rester fermée, mais Wallis n'en conçoit pas de rancœur. Pourtant, le Londres des années trente évolue. La vieille aristocratie semble s'évanouir, remplacée par une jeunesse tapageuse. Des boîtes de nuit lancées par Noël Coward ou Lady Mountbatten voient le jour. Il y a déjà dix ans que la guerre est terminée, et Londres semble atteinte d'une folie d'après-guerre. On sort, on danse, on reçoit et l'on vit sur un train de vie excessif.

Wallis, qui depuis toujours a rêvé d'avoir un élégant « chez-soi », le trouve bientôt au 5 Bryanston Court où le couple Simpson s'installe en 1929, au premier étage. L'appartement, près de Marble Arch, comprend un salon, une salle à manger, trois chambres à coucher, une grande cuisine, et quatre pièces pour les domestiques sous les combles. Cet appartement est agréable, décoré sans prétention, confortable et intime. Il est aménagé par Schreiver, une maison de décoration connue ; mais Wallis se réserve le choix des teintes et le résultat final prouve l'excellence de son goût.

Les murs du living-room sont peints en vert pâle et de somptueux rideaux assortis voilent gracieusement les baies. Des fleurs, couleur de flamme, dans de grands vases de cristal, jettent une note éclatante dans la pièce aux tons assourdis. Une cheminée splendide et, la surplombant, une glace magnifique. Des bibliothèques, pour les livres chéris d'Ernest Simpson, courent le long des murs. Des fauteuils confortables, disposés de façon à rendre les conversations agréables et faciles. Des tables basses supportant les coffrets de laque chinoise translucide qu'aime Wallis. La salle à manger est petite (tout au moins les Londoniens la considèrent-ils ainsi). Une table majestueuse recouverte de glace, assez vaste pour que douze ou quatorze convives puissent s'y asseoir à l'aise. Wallis aime cette table, car elle contribue à la gaieté des repas. Au dîner, on dispose l'argenterie sur la glace même ; au déjeuner, des dessous d'assiettes et de plats en soie imprimée égaient encore le décor.

A l'évidence, Wallis semble heureuse et commence à apprécier Londres. Elle se fait de nouveaux amis, a enfin un « home, sweet home » charmant, et son existence se déroule sur un rythme agréable. Le krach de 1929 n'affecte pas trop les affaires de la firme de son mari. Sa vie devient alors une succession de cocktails-parties. Il semble qu'elle ait besoin de se divertir sans arrêt. Mais elle évite les vrais excès. Certes, elle manque parfois de vitalité, trahissant l'impression d'entrain et de fraîcheur qu'elle aime à donner comme en trompe l'œil.

Observons-la cette Wallis Simpson avant qu'elle ne devienne célèbre et étudions quelques-uns de ses traits méconnus. Elle adore le cinéma, surtout les films de Greta Garbo. Elle est peu expansive. Mais elle est affable, et possède ce merveilleux pouvoir de savoir tenir à distance qui elle veut. Elle est d'une étonnante habileté aux jeux de patience. Elle a une surprenante mémoire visuelle. Sortie d'une pièce, elle relate avec une minutie impeccable tout ce que celle-ci contient. A ce sujet, on raconte l'histoire suivante : Wallis et ses amis visitent une cathédrale célèbre. Ils admirent les majestueuses ogives gothiques, l'autel richement orné, les vitraux resplendissants, les dalles usées par les ans et le piétinement des fidèles. Puis, quittant la cathédrale, ils s'arrêtent un instant sous le porche, éblouis.

« Que pensez-vous de la pendule ? » demande Wallis.

Une pendule ? Personne ne se souvenait avoir vu un objet pareil. Wallis, certainement, devait faire une erreur. Elle sourit.

« Visitons à nouveau la cathédrale », propose-t-elle.

Ils recommencent leur visite. Dans la crypte, dans un corridor, une peinture murale. Le motif central en est... une pendule ; ancienne, comme tout ce qui l'entoure, aux couleurs pâlies et d'un aspect surprenant. Mais, il n'y a pas de doute : c'est bien une pendule. Wallis jubile, mais n'en laisse rien paraître. D'autant que, par nature, elle n'est pas femme à s'extérioriser ni afficher ses sentiments. Mais Wallis se mêle sans déplaisir à la vie trépidante de Londres, et donne le ton par ses dîners mondains.

Mrs Simpson est, *at home*, une maîtresse de maison avisée et scrupuleuse, qui veille également à la cuisine, dans les chambres et au salon, dirigeant son petit empire avec une main de fer, et prêtant assistance aux gens. Les premiers, ils mesurent le charme des yeux bleus, toujours avertis du grain de poussière ou de la fleur fanée indésirables. Elle se veut aussi à la pointe de la modernité et dans ses *Mémoires* avoue presque être à l'origine de l'usage des cocktails-parties à Londres. Certes, elle est à la source de quelques nouveautés. Ses recettes de cuisine font époque et elle inaugure la mode des mouchoirs rouges pour s'essuyer les lèvres (elle en distribue à ses amies). Ses dîners ont, dès le départ, la réputation d'être originaux et piquants, pimentés de bons mots de Wallis sur la cuisine.

« Le potage, dit-elle une fois, est un liquide intéressant qui ne mène à rien... L'idée que l'on peut s'en rapporter à un bon chef, dit-elle encore avec son sens calculé de l'exagération, est une illusion. »

Avec opiniâtreté, Wallis se charge des courses et veille à la composition de menus raffinés et originaux. Gageons qu'elle souhaite que l'on parle de « ses » dîners. Wallis aime présider une table de douze à quatorze invités. En fait, elle ordonne ses réceptions avec une précision mathématique : deux cocktails avant le repas (pas trois, le palais y aurait perdu de sa délicatesse). Nourriture parfaite, mais non abondante (à dessein de ne pas alourdir les invités). Pour les mets, la présentation va de pair avec le goût. Wallis considère qu'ils doivent faire envie. Le porto et le brandy offerts aux invités se justifient parce qu'ils incitent à parler. Tout doit être combiné en vue de la conversation et la meilleure qui soit. « J'ai toujours professé, déclare Wallis, qu'il faut savoir mettre en valeur ses invités. Quelle que soit la réunion, pour la maîtresse de maison, l'obligation est toujours identique. Ma mère m'a enseigné à essayer de faire plaisir aux autres. Pour cela, chacun doit pouvoir se présenter sous son meilleur jour. »

Elle estime essentiel de conserver à la conversation, au cours des dîners, un caractère aussi général que possible, c'est-à-dire d'y faire participer la quasi-totalité de ses invités. Elle redoute les « petits groupes ». « Une bonne maîtresse de maison, estime-t-elle, est celle qui sait la faire rebondir, y intéressant chacun. »

Tout est donc prévu pour obtenir une conversation brillante. Si un silence se fait, Wallis intervient et met sur le tapis une discussion qui réveille ses hôtes. Pour eux, la soirée s'écoule, jamais fastidieuse, souvent épuisante. La vitalité de leur hôtesse vient à bout de la leur ; parmi eux, peu de gens connus, du moins ne le sont-ils pas encore, mais en tout cas les réceptions de Mrs Simpson ne sont pas de celles qu'on oublie.

Outre son talent de maîtresse de maison, Wallis sait donner aux gens l'impression qu'elle a pour eux des attentions particulières, pratique qui rappelle celles des grandes courtisanes. Personne ne résiste longtemps à son exquise politesse, aux égards qu'elle pousse si loin et de façon intuitive. Elle a le don de sublimer les qualités les plus banales de ses interlocuteurs. Elle sait écouter, parler à bon escient, rester sur une réserve attachante. Elle s'assure ainsi la reconnaissance éperdue de certains de ses amis, en acceptant de venir les aider à recevoir quelque incorrigible raseur ou hâbleur. Le plus morne des invités doit s'avouer battu et quitter sa figure de carême devant l'entrain et la belle humeur de Mrs Simpson. Des réunions qui paraissaient vouées à l'ennui se terminent, grâce à elle, en triomphes.

Wallis a un don. Pour en faire un portrait fidèle, il faut la voir chez elle, l'après-midi, quand ses invités lui rendent visite et prennent le thé. Elle reçoit ainsi trois ou quatre fois par semaine. Si l'on en croit le témoignage d'une Londonienne de l'époque, « à cinq heures, le salon est éclairé d'une lumière douce qui met en valeur le mobilier aux tons chauds et discrets, les beaux bois luisants et la profusion des plantes rares et éclatantes. Des groupes – huit ou dix personnes en tout – bavardent. Soudain, un éclat de rire domine les voix. Mrs Simpson, dans une toilette bleue sur laquelle étincellent des brillants, est assise devant une table basse couverte d'argenterie, de cristaux et de tasses de Chine. Elle sert ses hôtes, s'arrête pour répondre aux hommages d'un nouvel arrivant, participe à la conversation, raconte une anecdote. "Slipper", son chien, un cairn-terrier, sommeille la tête entre les pattes... La femme de chambre entre, portant, dans un coffret d'argent, des friandises délicates sortant du four, chaudes encore. Les invités se servent et le coffret va retrouver sa place près du feu et les trésors culinaires qu'il contient resteront chauds. Sur un plateau, des tartines de pain de seigle, des crevettes, des sandwiches à la salade ; mais ces mets simples satisferont plus les goûts de Mrs Simpson que ne le feraient des plats compliqués ou des sucreries. Les invités entrent et sortent ».

L'un de ses proches d'alors ne voit là cependant qu'un vernis mondain : « Je m'aperçois qu'elle n'a jamais vécu sans le couvert d'un masque. Elle a par exemple un grain de beauté (que vous ne verrez jamais) dans le coin inférieur de sa bouche : je l'ai vu ce jour-là pour la première et dernière fois. Tandis qu'elle s'affairait – elle était douée : sa bouche, ses yeux, ses cheveux étaient des chefs-d'œuvre d'illusion –, elle parlait entre les dents ; sa voix était aussi sifflante que si elle venait de derrière un écran. »

Ernest Simpson observe, lui, ces tours de force, stupéfait devant le talent de sa femme. L'instruction de Wallis est pourtant très moyenne ; elle babille en français de telle sorte qu'on peut croire qu'elle le parle couramment. Elle n'a jamais eu beaucoup d'argent à sa disposition, mais elle a pour s'habiller ou choisir un bijou un goût impeccable : jamais trop et jamais trop peu. Tous les biographes ont souligné plus tard le style sans aspérité de la duchesse de Windsor, son chic « shaker » des années trente. Or, Wallis est déjà à Londres un abrégé de la volonté de perfection. La mise en scène et la confection de ses dîners révèlent son ambition perfectionniste.

Elle est sans cesse en quête d'idées, de créativité. S'il lui arrive de goûter à un plat nouveau dans un restaurant, elle ne connaît ni trêve ni repos avant d'en avoir obtenu la recette. Elle n'a pas de passion particulière ou de hobby palpitant, mais elle est éclectique à souhait. Certes, elle a le don d'arranger les fleurs, aime la musique avec discernement, tellement qu'à la fin d'un concert au Royal Albert Hall, Thomas Beecham, le maestro, discute avec elle et n'a pas l'impression d'être en face d'une novice, bien que rien, en fait, ne la prépare à des controverses musicales.

LA VÉRITABLE DUCHESSE DE WINDSOR

Peut-être tient-on là les secrets du charme de sa personnalité : une imperturbable maîtrise de soi, du courage, le don de pénétrer au cœur de son prochain et, dans tout débat, de choisir la bonne solution. Une honnêteté foncière et une absence de prétention. Elle a l'esprit large : elle s'intéresse aussi bien à l'art, à la peinture, aux grands événements mondiaux qu'au théâtre et aux courses d'Ascot. Tout ce qui est humain la touche et son acuité psychologique est presque infaillible. Les témoins de l'époque n'ont pas assez souligné les qualités humaines de Wallis. Le charme d'une femme pondérée et subtile, compréhensive, d'un tact infini. Une amie intime dit d'elle : « Wallis a le scrupule extrême de ne point imposer aux autres ses conceptions et ses points de vue. Si elle estime que tel ami fait une bêtise ou que tel autre devrait modifier profondément sa façon de vivre, elle se bornera à leur suggérer, avec une douceur parfaite, qu'ils auraient intérêt à agir différemment. » Il n'est pas facile de faire sortir une telle femme de son naturel.

Ses détracteurs préfèrent souligner qu'elle a, mais seulement dans le feu de la conversation, une tendance à se mêler de ce qui ne la regarde pas expressément. Mais, dans le milieu où elle évolue, ce genre d'indiscrétion est courant et n'entraîne aucun reproche. Wallis parle continuellement de tout. De prime abord, on ne peut être qu'étonné du nombre de sujets susceptibles de l'intéresser. Mais pour briller dans les salons, elle a pris l'habitude de lire les titres des journaux, de parcourir les derniers ouvrages parus ; malgré tout, elle a avantage à ce que la conversation ne se poursuive pas trop longtemps sur le même sujet.

Elle est ainsi au diapason de la plupart de ses amies londoniennes qui font rimer superficialité avec bonne société. Parmi elles, Lady Thelma Furness (rencontrée grâce à Consuela Thaw et Lady Cunard). Thelma, jumelle de Gloria Vanderbilt, a épousé en 1923 un magnat de la navigation, Lord Furness (dont elle va divorcer en 1933). Sa liaison avec le prince de Galles n'est connue que d'un petit cercle, même si Thelma passe tous les week-ends à Fort Belvedere, résidence du prince dans le grand parc de Windsor.

Lady Furness et Wallis Simpson deviennent bientôt presque amies. Avec Thelma, la conversation roule constamment autour de la figure du prince et Wallis, qui ne l'a jamais rencontré, seulement aperçu, écoute, fascinée. Au début de l'année 1931, un coup de théâtre se prépare. Son amie Consuela Thaw, tout agitée, l'appelle au téléphone pour lui demander de lui rendre un service. Sa sœur a invité le prince de Galles et d'autres amis à venir chasser pendant le week-end dans le domaine de son mari, Burrough Court, à Melton Mowbray, dans le Leicestershire. Consuela se voit obligée de partir seule pour Paris. Ernest et Wallis peuvent-ils la remplacer ? La première réaction de Wallis est un mélange de plaisir et d'effroi. Bien entendu, comme tout le monde, elle meurt d'envie de rencontrer le prince de Galles, mais ses relations avec la famille royale se sont bornées jusqu'à présent à apercevoir de loin le roi George V se rendant dans son carrosse à la cérémonie d'ouverture du Parlement ou à d'autres manifestations officielles.

Heureusement pour elle, Wallis a acheté quelques robes chez Molyneux qui devraient être parfaites pour l'occasion. Elle compte en particulier sur un ensemble en tweed bleu ardoise avec cape assortie bordée de castor. Cet ensemble, elle en est persuadée, répond exactement à un élégant week-end de chasse honoré de la présence d'un prince.

Et par un froid vendredi après-midi de janvier 1931, Benjamin Thaw, Ernest et Wallis Simpson prennent le train pour Melton depuis la gare londonienne de St Pancrace. Wallis n'a pas l'air réjoui : elle a un rhume carabiné. Elle se voit avec désespoir aller au-devant d'un désastre : un chaperon reniflant imposant sa malencontreuse présence au prince et aux autres invités.

Comme le train s'engage dans la campagne anglaise, elle s'attaque au premier problème qu'il lui faut résoudre.

« Benny, dit-elle, je me sens atrocement mal. Je voudrais être morte, mais, même si ce doit être mon dernier geste sur terre, j'entends faire la révérence correctement. Montrez-moi comment je dois m'y prendre. »

Et Benjamin de tenter de faire une démonstration malgré le cahot du wagon. Ils arrivent finalement vers 17 heures à Melton Mowbray. Le paysage disparaît sous un épais brouillard et la voiture, venue les attendre à la gare, se fraie un chemin à travers ses froides et humides volutes. A leur arrivée, Averill, la belle-fille de Thelma Furness, les informe que les autres invités, gênés par le brouillard, ne tarderont pas à arriver. Ce rendez-vous de chasse, de construction assez récente, est vaste, extrêmement confortable et meublé, dans le plus pur style des maisons de campagne anglaises, de chintz et d'acajou. On les introduit dans un salon où devant la cheminée se trouve une table ronde, dressée pour le thé. Mais le rhume de Wallis empire. A ses mains brûlantes, elle comprend qu'elle a de la température. Elle ne rêve que d'une chose, monter dans sa chambre et se mettre au lit. Elle prend le thé en bavardant de choses et d'autres. Une femme de chambre vient silencieusement fermer les rideaux. La nuit est tombée et les invités n'arrivent toujours pas. L'attente se prolonge... la conversation languit... Ernest consulte nerveusement sa montre. Enfin, aux environs de sept heures, on entend un bruit de voix. Thelma, suivie du prince de Galles, s'apprête à pénétrer dans la pièce. Edward va enfin entrer dans la vie de Wallis.

VI

LE PRINCE DE GALLES

D'EMBLÉE, Wallis est charmée par le prince de Galles. Il est plus petit qu'il ne le paraît sur les photos. Mais il affiche un charmant sourire et son teint paraît superbe et lumineux. Il est bronzé dans cet hiver anglais et il semble briller. Wallis ressent cet « éclat » comme le résultat d'un « rayonnement intérieur ». Ses cheveux blond doré, ses dents blanches que dévoile un sourire communicatif, le rendent irrésistible. Il porte ce soir-là un costume de tweed à carreaux et charme tous ses invités.

La première soirée n'est pourtant pas une réussite. Mrs Simpson ne semble pas tout à fait dans son élément, et pour cause : elle ne s'intéresse pas à la chasse, ni aux chevaux, ni aux chiens de chasse, et ne monte pas à cheval. Le prince de Galles, en homme du monde parfait, cherche un sujet de conversation. Le temps ? Un peu éculé, surtout en Angleterre. Le prince se lance sur le thème du chauffage, si répandu en Amérique et si rare encore en Angleterre. Elle se moque :

« Je suis désolée, Altesse, mais vous m'avez déçue.

104

– De quelle façon ? – Votre question est celle que l'on pose à toute Américaine qui visite ce pays. J'attendais du prince de Galles quelque chose de plus original. »

« Je m'éloignai pour parler aux autres invités, racontera plus tard le prince, j'avais trop misé sur le chauffage central ». Insolence ou réplique calculée ? Wallis croit en tout cas avoir piqué l'intérêt du prince, même si le week-end s'achève sans autre tête-à-tête entre l'Américaine et le prince anglais.

D'ailleurs, peu de temps plus tard, le prince de Galles revoit Mrs Simpson à une réception londonienne, mais il ne la reconnaît pas d'emblée. Peut-être Thelma Furness finit-elle par glisser le nom de ses invités et Edward dit alors à Wallis : « Quel plaisir de vous revoir. » Wallis avouera dans une lettre à tante Bessie que « cette marque d'attention » la flatte. Bientôt, dans une lettre à la même correspondante, elle trouvera Edward « à la fois charmant et lointain, si prompt à s'égayer et cependant toujours enveloppé d'un voile de mélancolie ». Wallis voit juste. Lorsque le prince est détendu ou rit, son visage s'illumine d'une joie innocente. Au repos, il exprime une profonde tristesse, comme refermé sur une douleur secrète.

La troisième rencontre entre Wallis et Edward a pour cadre le palais de Buckingham, lors de la réception destinée à présenter les jeunes femmes et les jeunes filles. C'est Lady Furness et Mrs Reginald Anderson qui sont à l'origine de l'idée d'y « présenter » Wallis. En apparence, celle-ci semble réticente. Sa réticence s'explique sans doute par le fait qu'en 1931 les conditions de présentation étaient soumises à des critères moraux typiques du règne du roi George V, dont la stricte conduite contrastait avec les faiblesses complaisantes de la société londonienne des années trente. Pendant des années, aucune divorcée n'avait été reçue à la Cour. En 1931, une divorcée pouvait y être présentée, mais il lui incombait de prouver que les torts, adultère, cruauté mentale ou abandon du domicile conjugal, étaient du côté du mari. Le moindre partage de responsabilités était désapprouvé, ce qui limitait considérablement le nombre des présentées. Pour tourner ce règlement draconien, Wallis écrivit à Warrenton pour demander qu'on lui envoie le dossier de divorce, conservé aux archives de la ville.

Et son entourage insiste. Elle continue à se montrer rétive. Elle est satisfaite de son sort et ne cherche à éblouir personne. Pourquoi, dans ces conditions, se mettre des plumes sur la tête, endosser une robe à traîne et s'exhiber au palais ? On réussit enfin à la convaincre.

« Soit, j'irai, mais à condition que cela ne me coûte rien. »

Elle tient parole... ou presque. Elle emprunte à Thelma la robe de cour à traîne, à une autre amie, les trois plumes blanches pour sa coiffure. Elle trouve une garniture d'aigues-marines pour maintenir les plumes et, tout à fait par hasard, remarque alors une magnifique croix de corail. Elle a deux centimètres de long et est composée de grains particulièrement beaux. Wallis a toujours eu des faiblesses pour les coraux. Elle achète la croix, dépensant ainsi plus que le prix d'une robe de cour, et la porte suspendue à son cou, sur la toilette qui lui avait été prêtée.

La cérémonie a donc lieu le 10 juin 1931. C'est la quatrième et dernière réception officielle de la saison. Le roi George V et la reine Mary sont entourés du prince de Galles, du duc de Gloucester et du prince George. D'autres membres de la famille royale sont présents (la princesse royale Mary, comtesse de Harewood et son mari ; le duc de Connaught ; la princesse Alice, comtesse d'Athlone et son mari, le major général ; Lady Louis Mountbatten).

106

LA VÉRITABLE DUCHESSE DE WINDSOR

Comme toutes les présentations à la Cour, celle-ci est solennelle, comme l'on peut en juger sous la plume d'un journaliste de l'époque : « Tandis que les nouvelles présentées parcouraient les longs couloirs du palais de Buckingham, se dirigeant vers la grande salle d'honneur, décorée d'or et d'écarlate, les effluves d'une douce musique flottaient dans l'air, émise par un invisible orchestre. De tous côtés, des buissons de roses et de plantes vertes. Le roi et la reine, accompagnés des membres de la famille royale, entrèrent dans la salle du trône à neuf heures et demie. Le prince de Galles, absent la soirée précédente, prit place alors derrière les trônes d'or de ses père et mère. »

Tel était le spectacle et chacune des invités s'avance à son tour, ployant les genoux pour la révérence, dans leurs atours les plus élégants, scintillantes de bijoux. Dans ses *Mémoires*, Wallis ne dit mot de ses sentiments intimes pendant la soirée. Dans ses lettres à tante Bessie, elle parle de la réception comme « d'un magnifique chef-d'œuvre de pompe ». Pourtant, la soirée se termine sur une note comique. A Buckingham, elle a entendu le prince de Galles faire remarquer que l'éclairage devrait être changé car il rend toutes les femmes blêmes. Lors de la réception qui suit chez Thelma, elle ne manque pas de répondre aux compliments d'Edward par une phrase où l'humour le dispute à l'insolence :

« Mais, Altesse, j'avais cru comprendre que vous trouviez toutes les femmes laides... »

Amusé, le prince de Galles ne trouve qu'à répondre : « Je ne pensais pas que ma voix portait si loin. »

Une fois de plus, Wallis pique la curiosité de l'héritier du trône.

Six mois vont pourtant s'écouler avant qu'ils ne se revoient. Wallis part en vacances sur la Côte d'Azur. Edward, lui, continue sa routine royale. Observons la vie de l'héritier de la Couronne à ce moment de l'année 1931.

Dans quelques mois, sa liaison prolongée avec Lady Thelma Furness va provoquer un début de conflit avec le roi George V. Lors d'une réunion à Windsor, le roi informe Edward que « tout Londres » ne parle que de cela. Le prince ne tente pas de nier. Il le met en garde : « La conscience de l'Angleterre » ne peut continuer à tolérer une vie aussi scandaleuse – serait-ce chez quelqu'un d'aussi populaire que le prince de Galles. Edward lui répond que le peuple est plus tolérant que jadis, mais George conteste cette idée. Comme le rapporte un compte rendu de Lord Wigram, « le roi soutient que l'époque est révolue, où les princes royaux pouvaient entretenir des liaisons sans aucune discrétion, et donner des enfants à leurs maîtresses. Le peuple d'Angleterre exige que la maison royale abrite une vie familiale décente. Le prince de Galles, à trente-sept ans, n'a-t-il pas dépassé l'âge de courir la prétentaine ? Sa liaison avec Lady Furness est de notoriété publique. Le principal souci du roi vient de ce que le prince doit hériter du trône, et que le peuple anglais, pense-t-il, veut y voir un homme marié. Edward acquiesce, mais la seule femme qu'il accepterait d'épouser est Frieda Dudley Ward. « Le roi, raconte Wigram, lui a dit qu'il ne pensait pas que cela pût convenir. » On en reste donc là, sans que le roi soit parvenu à ses fins.

Les relations entre le roi et son fils aîné sont-elles condamnées à rester conflictuelles ? Dès le début, quelque chose détonne entre le père et son premier fils. Si l'on examine les portraits d'enfance de ses ascendants, on constate aussitôt combien Edward ressemble à son grand-père ; c'est aussi son nom qu'on lui a donné, bien que l'on préfère l'appeler David. Un jour que le général Roberts est l'hôte de ses parents, il taquine le prince David et lui demande comment il a l'intention de se comporter plus tard ; le garçon répond : « Je ferai une loi pour interdire de couper la queue des petits chiens, et alors j'empêcherai qu'on mette des brides de mors aux chevaux. Parce que c'est cruel ! » Il semble se faire une idée tout à fait romantique des citoyens et des lois. Une autre fois, comme il reçoit d'autres enfants le jour de son anniversaire, on le trouve « infernalement turbulent ».

Ce jugement amusé vient de quelqu'un qui l'aime : son grand-père Edward. Entre grand-père et petit-fils naît une amitié qui va en grandissant, jusqu'à la mort du roi. Durant les dernières années de sa vie, le roi Edward VII acquiert une très grande influence sur la formation de son jeune futur successeur. Sa pensée alerte et spirituelle, de forme très française, doit être, pour ce sensible garçon de quinze ans, beaucoup plus attachante que la manière exacte et profonde de son père.

Car l'éducation du jeune prince devient plus exactement réglée ; on a ramené d'Australie un précepteur français mais il n'en restera pas grand-chose, car il parlera fort peu le français, mais fort bien l'allemand. Mr Hansell, le précepteur, est le type même de l'oxonien, svelte, positif, quelque peu pédant. Sur une photographie, on le voit se promener entre Edward et son frère vêtus en Ecossais, et souligner d'un geste de la main droite une explication qui, visiblement, n'intéresse aucun des deux élèves. Selon les principes de l'aristocratie anglaise, ils reçoivent de cet homme une éducation plus sportive qu'intellectuelle et quand, à leur quinzième année, les leçons particulières prennent fin, ils répondent à l'idéal anglais en ce sens qu'ils sont moins versés dans l'histoire, les mathématiques et les langues que dans le cricket, le golf et l'équitation.

L'Ecole Navale attend désormais le jeune Edward. Mais se voyant, à quinze ans, arraché à ses leçons particulières, à son frère et à son précepteur, et jeté dans une institution, parmi cent autres cadets uniformément vêtus, le prince Edward, avec sa nature inquiète et délicate, éprouve tout d'abord de l'effroi. Au célèbre collège de Dartmouth, il passe deux ans dans un sentiment d'inquiétude qui parfois abat son amour-propre et parfois l'exalte. Ces années pendant lesquelles il est cadet – peut-être les plus importantes d'une jeunesse – se terminent en 1910, lorsque son grand-père Edward VII meurt. Son modèle disparaît.

Le jeune Edward connaît pour la première fois le sentiment du prince héritier : espérer là où l'on pleure. Le plus naturel des sentiments endeuille ce garçon, car il perd avec son grand-père une sorte d'ami et de mentor ; et pourtant, son jeune cœur doit nourrir le désir tout aussi naturel de cesser d'être un prince docile pour devenir un maître. Cette situation le précipite dans un dilemme, car entre le pouvoir et lui-même, il n'y a plus à présent que son père.

Peu de temps après, Edward reçoit le titre de prince de Galles. Le voici maintenant sur les remparts de pierre du château de Carnavon, jeune chevalier en manteau carmin ; sous le bonnet de velours, son regard est grave et tendu, tandis que son père l'investit de l'épée et de la couronne. Puis il reçoit le bâton d'or du commandement, et, au doigt du milieu, la bague qui fait de lui l'époux du pays de Galles et le père de ses enfants... Tout cela est fabuleux, mais ce qui l'est plus que tout, c'est la chaleur de l'année 1911 et qui, ce jour-là, accable sous le soleil de midi ce jeune homme immobile. Il gardera un souvenir cauchemardesque de la cérémonie dans un « absurde accoutrement » : souliers à boucle, bas de soie, culotte blanche jusqu'au genou, manteau de pourpre, doublé d'une ample cape de vison sur un costume orné d'or et de fourrure.

Heureusement, Oxford lui redonne le goût des traditions anglaises. Grâce à son caractère réservé, jamais trop conscient de sa valeur, le prince de Galles est à l'abri de l'arrogance traditionnelle des étudiants d'Oxford. Edward vit peut-être là son temps le plus

heureux, apprend peu dans les livres, mais beaucoup
par ses fréquentations ; il joue au golf et au cricket, per-
fectionne ses qualités équestres et achève sa première
chasse au renard par un tableau de cinq bêtes. Comme
l'a souligné Donald Spoto, à Oxford, il est aussi convi-
vial que l'y autorisent son rang et sa maturité physique
et émotionnelle retardée. Il a du mal à supporter les
restrictions que lui impose son titre, et s'efforce de ne
pas adopter une attitude condescendante à l'égard des
autres étudiants. Il chasse à courre et joue au polo ;
il boit beaucoup, et il imite son grand-père – cet autre
prince de Galles – dont la mode était le domaine de
prédilection. Larges pantalons de flanelle, pantalons
à revers, veste de chasse à carreaux : il accorde une
importance considérable à sa mise. Ce faisant, il veut
paraître plus mûr, plus séduisant, et se faire adopter par
ses pairs pour son caractère sportif plutôt que pour sa
position. Il cultive aussi une sorte de charme juvénile,
un style ouvert et amical qui lui attire des amitiés. De
fait, il inspire une camaraderie sincère, et même si la
plupart de ses condisciples lui donnent du « Sir », l'étiquette ne l'empêche pas de rire avec eux de quelque
histoire égrillarde ou de partager une pinte de bière.

Mais les charmes de la vie d'étudiant n'ont qu'un
temps. Son père veut désormais le mêler plus étroite-
ment à la vie publique. Le jeune prince de Galles est réti-
cent. Jusque-là, dans le métier de roi, le protocole et
l'étiquette lui ont paru d'obligation. Il a vu son arrière-
grand-mère, son grand-père et son père s'y plier sans
réticence apparente. Depuis qu'il s'y trouve mêlé personnellement, il s'interroge. Ce faste quotidien, les discours
sonores et creux que l'on échange avec le plus grand
sérieux, ces rites immuables, est-ce bien nécessaire ?

Au vrai, il manifeste toujours aussi peu de confiance
en lui-même. Sa timidité, loin de s'atténuer, a tendance
à s'accentuer. Ce peu d'assurance, ce trac trop apparent

dès qu'il se trouve en présence de personnes inconnues de lui, agacent George V qui juge son fils « puéril » et ne le lui cache guère. Ce qui n'arrange rien. Sa minceur, sa blondeur, son regard indécis, ses cheveux facilement ébouriffés ajoutent à son aspect fragile.

La guerre de 1914 bouleverse son semblant d'équilibre. Le voici à Brentwood, soldat de fraîche date, sac au dos, prêt à s'embarquer comme les autres ; tout est déjà réglé. Soudain, un ordre le retient. Kitchener, le tout-puissant ministre de la Guerre, ne veut pas qu'on expose le prince de Galles aux dangers des combats. En octobre 1914, celui-ci n'y tient plus, il revêt son uniforme, se rend à White Hall et se fait annoncer à Kitchener. Le ministre racontera plus tard comment il a été ému de retrouver les « traits les plus attirants du roi Edward... reproduits chez le juvénile prince de Galles ». Lorsqu'il dit au prince qu'il ne peut le laisser faire, le prince répond :

« Qu'importe que je sois tué ? J'ai quatre frères. »

Au lieu d'un quelconque regret personnel, Kitchener lui fait une réplique de vrai soldat :

« Si j'étais certain que vous soyez tué, je ne sais si j'aurais raison de vous retenir. Ce que je ne puis permettre, c'est que l'ennemi ait une chance de vous faire prisonnier, et cette chance existera tant que nos lignes ne seront pas consolidées. »

Quelques mois plus tard, on consent enfin à envoyer le prince sur le front en France, en prenant soin de le tenir éloigné de la ligne de feu. « J'ai vraiment peu combattu », reconnaîtra-t-il plus tard. Mais dans des centaines d'anecdotes sur son séjour en France colportées à travers la nation, dans les rapports officiels comme dans les déclarations personnelles de ses camarades, on répète constamment que, soit comme aide de camp d'un général, soit à la Garde, il s'efforce toujours d'agir pour le mieux. Ce qui est certain, c'est que le prince Edward, pendant des semaines d'abord, puis pendant des années, vit parmi les troupes et acquiert ainsi une inestimable intelligence de la vie de son peuple.

Tout en cherchant à protéger sa personne, on veut lui donner quelque instruction politique ; on l'envoie en Egypte et il traverse la Méditerranée que les mines allemandes rendent peu sûre. On le fait aller jusqu'à Khartoum, pour qu'il fasse un rapport personnel sur la situation le long du canal de Suez et sur son importance stratégique.

Quand le prince de Galles rentre en Angleterre à la fin de la guerre, il est transformé comme tous les jeunes hommes qui y sont restés quatre années. Il a acquis une connaissance profonde de la vie quotidienne de l'homme du peuple. Et c'est précisément parce qu'il n'était pas chef d'armée, parce qu'il n'était pas au quartier général, parce qu'il n'était ni porteur ni distributeur de décorations, que ce prince, lorsqu'il regagne sa patrie, a derrière lui une expérience sociale si vaste et si profonde, qu'en sa vingt-cinquième année il eût été mûr pour prendre en main les rênes du gouvernement. Il faut le prendre au mot, lorsqu'il dit plus tard : « Je me suis mêlé aux hommes. Durant ces années, j'ai atteint ma maturité. »

Cette soudaine maturité est aussi celle de l'homme qu'il est devenu. Son inexpérience sexuelle absolue prend fin en 1916 où quelques-uns de ses copains de régiment le livrent à une prostituée française. Le prince puceau découvre à vingt-deux ans les plaisirs de la chair et va désormais, comme son grand-père adoré, y prendre goût. Mieux dans sa peau, Edward commence à séduire. Il ne faut d'ailleurs pas plus de six mois pour que le prince de Galles, rentré du front, devienne le favori du peuple. Quand il sourit, on l'appelle *Prince Charming*. Mais pourquoi l'aime-t-on ? Nulle victoire n'a été remportée sous son nom et il n'a raconté nulle action d'éclat. En toutes choses, il a évité de se mettre en avant : il est resté un soldat parmi cent mille. C'est précisément là sa force. De même que, pour la première fois à l'issue d'une grande guerre, le peuple élève un monument au Soldat inconnu et non à un général, c'est dans la masse grise qu'il cherche et trouve ses vrais héros qui, en troquant l'uniforme contre le costume civil, n'ont pas changé de couleur. Sans le vouloir, le prince de Galles réussit à ranimer l'idée monarchique en l'Angleterre. Il est temps. Alors que tant de trônes viennent de s'effondrer dans la tourmente de la guerre 14-18, des voix critiques se font entendre dans tout l'Empire que le désenchantement semble gagner de façon contagieuse. De l'Inde à l'Australie, du Canada à l'Afrique du Sud, on se demande pourquoi on s'est battu et tous les dominions prennent la résolution de ne plus le faire à l'avenir. Tout ce que les journaux publient chaque jour sur la crise sociale menaçante en Angleterre diminue chez ces habitants le désir de rester britanniques.

L'importance que le prince de Galles acquiert dans cette crise, dont les ministres ont pleinement conscience, on peut s'en faire une idée d'après la résolution qui est alors prise : le prince sera envoyé à travers l'Empire, comme ambassadeur personnel du roi. C'est un service de haute politique qu'on lui demande quand, après ne l'avoir laissé vivre que peu de mois dans son nouveau home, on le fait voyager pour trois années au cours desquelles il ne reviendra que pour des sortes de permissions.

Peut-être souhaite-t-on aussi éloigner Edward des tentations de Londres, car dès cette époque circulent les premières rumeurs sur une liaison qu'il entretiendrait avec une femme mariée de douze ans son aînée. Lady Marion Coke, l'épouse d'un vicomte, est une de ses partenaires de danse – elle est brune, petite et énergique, elle adore le champagne et le fou rire. Au même moment, Edward est en relation avec Lady Sybil Cadogan, qui est tout à fait l'opposé de Marion : elle a le même âge que lui, grande et un peu maladroite, assez autoritaire, et c'est une compagne passionnée qui donne au prince (il l'écrit dans son *Journal*) « les meilleures nuits qu'il ait jamais connues ». « Je suis follement amoureux d'elle ! »

Le roi n'est pas sans savoir qu'en un rien de temps, son fils aîné est devenu un pivot de la vie mondaine de Londres – il danse jusqu'à l'aube, file se baigner dans la piscine d'un ami et s'éclipse pour sa partie de squash avant de réapparaître pour séduire des jeunes dames au dîner. Edward est désormais différent du blanc-bec qui se plaignait en ces termes, quatre ans plus tôt : « Il a fallu que je danse, et je déteste cela. Tout ça est pour moi une vraie corvée. » Désormais, c'est lui qui mène tous les quadrilles.

Peut-être le style même du prince agace-t-il l'Establishment qui préfère l'éloigner de Buckingham Palace pour de très longs mois. A cette époque, Edward a une conversation révélatrice avec le trésorier royal, Sir Frederick Ponsonby, un courtisan plein d'expérience. Le prince va le voir un jour pour l'interroger sur un problème et à la fin, lui demande en passant comment il trouve qu'il se tire d'affaire :

« Si je puis me permettre de vous le dire, Monseigneur, je pense qu'il y aurait danger à vous rendre trop accessible, répond-il sans hésiter.

– Qu'entendez-vous par là ?

– La monarchie doit toujours garder un élément de mystère. Un prince ne devrait pas trop se montrer. La monarchie doit demeurer sur un piédestal. »

Edward maintient son point de vue, soutenant qu'en raison des changements sociaux amenés par la guerre, une des tâches les plus importantes du prince de Galles est d'aider à amener la royauté plus près du peuple.

115

« Si vous l'abaissez jusqu'au peuple, dit froidement Ponsonby, elle perdra de son mystère et de son influence.

– Je ne suis pas de votre avis, répond le jeune prince, les temps changent. »

L'autre réplique sévèrement :

« Je suis plus âgé que vous, Monseigneur. J'ai servi votre père, votre grand-père, votre arrière-grand-mère. Tous, ils comprenaient cela. Vous êtes dans l'erreur. »

A l'époque de son retour d'Australie, il voit Albert, son frère cadet, demander la main d'une jeune Ecossaise, Elizabeth Bowes-Lyon. A tous les points de vue d'ailleurs, il trouve son frère mieux installé dans l'existence. En effet, pendant l'absence de l'aîné, Albert a été fait duc d'York et, à ce titre, il occupe maintenant à la Chambre des Lords le siège qui, vingt-huit ans plus tôt, avait été celui de son père.

Edward, lui, doit se plonger dans les problèmes du commerce et de l'Empire, et, à la lumière de ses voyages, il tente de resserrer avec les experts le marché de l'Empire. Après cinq cents discours prononcés au cours de ses voyages, il a vaincu sa timidité passée, et il sait user d'esprit et de vives reparties pour se faire respecter. C'est ainsi qu'à Cambridge, il commence un discours par cette amusante déclaration : « Je suis un homme d'Oxford. » Aux yeux de George V, c'est « puéril ». Ce mot dédaigneux tombe même de ses lèvres royales. De jour en jour, s'accroît la réserve que le roi manifeste à l'égard de son héritier, visiblement un peu trop enclin à briser les tabous. Ce qui préoccupe le plus George V et la reine Mary, c'est le célibat volontairement prolongé de David. Quand on l'interroge à ce sujet, il répond qu'il n'éprouve naturellement aucune hostilité pour le mariage, mais qu'il ne peut se résoudre à une union purement politique. Epouser une princesse étrangère qu'il n'aurait jamais vue, pour la seule raison que cela s'est toujours fait, voilà ce qu'il ne parvient pas à admettre. Le mariage dynastique n'est guère sa tasse de thé. Dans ses *Mémoires*, David donne d'emblée son diapason : « Dès le début, j'avais décidé que le choix d'une femme me serait dicté par mon cœur et non par la raison d'Etat. »

Le fossé qui sépare le roi et le prince de Galles va encore s'élargir. Plus dur et plus exigeant que jamais, George V trouve matière à critique dans chaque aspect de la vie de son fils. Le prince est « l'homme le plus mal vêtu de Londres, dit-il. J'ai entendu dire que vous ne portiez pas de gants, au bal, hier soir. Je vous prie de faire en sorte que cela ne se reproduise plus ». George trouve ses manières trop négligées. (« Pourquoi mon fils ne monte-t-il donc pas à cheval comme un gentleman ? ») Il considère qu'il est parfois vulgaire en public. (« Vous et Dick [Mountbatten [1]] ensemble dans une piscine, cela manque de dignité, même si c'est agréable avec ces chaleurs ! ») Le prince Edward entretient son image de play-boy. « Si vous devez être un jour un roi constitutionnel, vous devez être d'abord un prince de Galles constitutionnel ! » Ils ne parviendront jamais à être amis. « Je vous envie de pouvoir pleurer votre père, dit un jour Edward à son cousin Louis Mountbatten. Si le mien mourait, je crois que je serais content. »

Dans ces années vingt, la vie privée de son fils ne peut que donner la nausée à George V. Après plusieurs années de séparation, le prince vient de renouer avec Mrs Frieda Dudley Ward qui, en 1918 (bien qu'elle fût mariée à un élu libéral à la Chambre des Communes et eût deux enfants), s'est permis une longue liaison avec le prince de Galles. Elle lui a été présentée par la

---

1. Fils de Louis de Battenberg, « Dickie » Mountbatten est l'arrière-petit-fils de la reine Victoria. Cousin d'Edward, c'est son meilleur ami.

propre sœur d'Ernest Simpson, Maud Kerr-Smiley. Frieda dépasse à peine le mètre cinquante, ce qui en fait une excellente partenaire de danse pour le prince. L'on remarque d'abord son front haut et aristocratique et son sourire chaleureux. Elle est cultivée, plus jolie que vraiment belle, et totalement dépourvue des coquetteries superficielles si fréquentes chez les riches. Elle est douée d'un sens de l'humour assez vif, et elle est aussi à l'aise sur un terrain de golf ou un court de tennis que sur une piste de danse. On n'a retrouvé aucune lettre datant des deux premières années de leur relation. Mais d'autres, postérieures, montrent que l'héritier du trône n'est pas seulement amoureux d'elle. Il se trouve totalement sous la dépendance de cette femme qui sait l'encourager, le consoler, lui donner de l'assurance – ce que sa propre mère n'a jamais fait pour lui. Son visage et son corps de gamin, ses yeux tristes et son demi-sourire inquiet plaisent à Frieda, comme à tant de femmes qui meurent d'envie de réconforter le triste Petit Prince et de le prendre en charge. « Frieda est la première à voir dans Edward de Galles la figure de l'éternel Prince Charmant qui semble ne jamais vieillir – mais aussi, hélas, ne jamais vraiment mûrir », comme le notera Donald Spoto. Parallèlement, Edward a aussi une liaison avec une torride beauté, la princesse Fahmy Bey [1]. Il ne résiste pas à passer des week-ends romantiques au Ritz avec la volcanique jeune femme.

---

1. Dans la nuit du 9 juillet 1923, au deuxième étage de l'hôtel Savoy, au plus fort d'un orage, elle a tué son mari à coups de pistolet, durant un accès de jalousie soulevé par l'intérêt que cet Egyptien voluptueux manifestait pour une autre femme. Un portier a entendu les coups de feu et trouvé le prince Fahmy, un filet de sang au coin de la bouche. La princesse a jeté son arme fumante aux pieds de son mari et s'est rendue au détective de l'hôtel. Habilement défendue par son avocat, elle a été acquittée.

LA VÉRITABLE DUCHESSE DE WINDSOR

Curieusement, Edward n'a pour maîtresses que des femmes dont il sait qu'elles ne peuvent devenir des épouses légitimes. Sa conduite exagérément libertine ne cesse de l'éloigner de son père. En fait, on sait aujourd'hui que le roi George se retrouvait dans son second fils plutôt que dans l'aîné. Droiture, simplicité, amour de la tradition devaient les rapprocher, tandis que la personnalité plus complexe et plus intéressante d'Edward, sa résolution à ne jamais suivre la tradition, à marcher toujours avec son temps, devaient l'éloigner des deux autres. La différence, aussi, c'est qu'une plus grande réserve est imposée à l'héritier du trône et qu'il revendique au contraire une plus grande indépendance.

N'est-il pas un danger cet héritier imprévisible, entêté, difficile ? Si son programme officiel l'ennuie, si un événement le laisse froid, il n'en fait aucun secret et il se préoccupe de moins en moins des horaires et des bonnes manières. « C'était comme si j'étais prisonnier d'une porte tournante », écrira-t-il. Sa tristesse peut se transformer en mauvaise humeur (c'est de famille), et il arrive trop souvent que son allure confirme la rumeur. Et puis, il fuit les passe-temps favoris des Windsor. Un futur roi qui ne tire plus le cerf et le faisan dans le parc de Windsor comme ses ancêtres ont fait depuis cinq cents ans ? Un futur roi qui préfère le golf et la danse à la classique pêche au saumon ? Qui s'occupe lui-même d'horticulture, au lieu de laisser aux jardiniers les parterres traditionnels ? Un futur roi qui s'ennuie à Balmoral ? Un futur roi qui ne se soucie pas encore d'avoir une femme et des enfants ? Une personnalité qui est hostile aux apparences et qui préfère la sincérité ? Un futur roi, enfin, qui visite les quartiers ouvriers ?

C'est là le pire. Le prince de Galles qui, pendant quatre années, a vu autour de lui des soldats, c'est-à-dire du peuple, le prince de Galles, observateur, réfléchi, s'éloigne de plus en plus d'une société qui ne fait

119

que sourire et dépenser. Il comprend que l'idée monarchique, vieillie, doit être renouvelée par en bas, et la
société de Londres, qui gouverne l'Empire, le considère
comme un danger imminent.

Oui, Edward commence à être un danger. N'a-t-il
pas osé, lors d'une grande grève, verser de l'argent à la
caisse des mineurs ? En mars 1929, quand le prince
décide de voir de ses propres yeux la misère de l'Angleterre du Nord, accompagné de deux experts choisis par
lui-même et non par la Cour, il pose comme conditions :
pas de réceptions, pas de dîners avec les magnats du
charbon, pas de discours de bienvenue des maires, pas
de plan organisé, pas de police. Pour la première fois
dans l'histoire moderne, un prince anglais tourne résolument (au moins pendant quelques jours) les yeux, les
oreilles et le nez vers les endroits où son peuple souffre
et sent mauvais. En revenant, il dit à un ami : « Quelques-unes des choses que j'ai vues dans ces régions
lugubres, frappées par la pauvreté, me rendent honteux
d'être anglais. »

« Je ne veux pas être roi, dit souvent Edward, car je
n'y serais pas bon. » C'est peut-être une des remarques
les plus pertinentes de sa vie, et une de celles que son
père aurait admises avec regret. En fait, la manière dont
le prince choisit ses amis, sa vie privée peu recomman-
dable (aux yeux du roi), son rejet désinvolte de l'étiquette, des règles de l'habillement et des rites de la
Cour ont fini par convaincre George V qu'il prépare au
trône un fils qui ne peut que le déshonorer.

Le roi n'est pas le seul à le penser. L'Establishment
partage cette angoisse. N'y aurait-il pas aussi la crainte
d'un scandale ? On ne saurait passer sous silence les
rumeurs de bisexualité et d'expériences partagées avec
son cousin Lord Louis Mountbatten. « Dickie » Mountbatten est sans cesse humilié dans son mariage avec la
richissime Edwina Ashley qui le trompe en permanence

dans les années vingt. Il est certes un piètre amant et vient à douter de sa virilité. Le journaliste Charles Higham a même parlé d'expériences « gay » avec le prince de Galles. Mais aucune lettre intime, aucune photo privée n'a jamais confirmé ces bruits. La beauté physique de Dickie, la promiscuité dans la Navy et sa réputation ont sans doute contribué à cette « légende », tout comme ses amitiés avec Noel Coward ou Alan Warren. Selon Douglas Fairbanks Jr., « Mountbatten aimait lire le menu, mais rarement goûter les plats ». Pour son biographe Brian Hoey, Lord Louis a longtemps gardé la candeur d'un adolescent face au sexe, devenant par la suite davantage voyeur qu'acteur.

Certes, à l'époque, Mountbatten fréquente une bande de noceurs, tous jeunes, beaux, riches et évidemment dissolus. Mais l'arrière-petit-fils de la reine Victoria n'en conserve pas moins une réputation sans tache. (Le fait qu'il ne boive pas n'est pas pour rien dans cette réputation. Et c'est un grand avantage de ne pas boire quand on vit parmi des gens qui boivent sec : on peut tenir sa langue et, qui plus est, se livrer à ses petites irrégularités de conduite à l'heure où les autres sont trop aveuglés pour s'en formaliser.)

Il est possible qu'Edward ait eu une expérience homosexuelle. Inquiet, incertain de soi, hypercoquet, il est d'ailleurs une icône gay dans ces années-là à Londres avec ses cheveux blonds, son regard romantique et sa silhouette svelte. Sa liaison avec Thelma Furness met un terme à toutes ces rumeurs sur sa bisexualité. Née le 23 août 1905, Thelma est une des trois filles du diplomate américain Harry Hays Morgan et de Laura Kirlpatrick (elle-même fille de général). (Sa sœur jumelle, Gloria, est Mrs Reginald Vanderbilt. Sa sœur aînée, Consuela, est mariée à l'époque à Benjamin Thaw Jr., premier secrétaire de l'ambassade des Etats-Unis à Londres.)

LA VÉRITABLE DUCHESSE DE WINDSOR

Après un premier mariage éclair en Californie, elle épouse en 1926 un homme de vingt-deux ans son aîné, le magnat de la marine à vapeur Marmaduke (« Duke »), vicomte Furness. Mince et petite, le regard perçant et la peau claire, Thelma tire ses cheveux noirs en arrière, en une coiffure à la mode. Des traits anguleux et une tendance à faire la moue peuvent lui donner l'air assez dur. Mais elle est en fait pétillante, autoritaire et très indépendante. De quoi séduire le prince de Galles lorsqu'il la rencontre au bal d'été de la marquise de Londonderry. Une fois de plus, l'héritier de la Couronne est attiré par une femme mariée.

Au printemps 1930, Lord et Lady Furness vont chasser en Afrique. Le prince Edward les suit. « Inexorablement, écrira Thelma, je larguais les amarres de la prudence. Chaque nuit me voyait encore plus totalement possédée par notre amour, emportée de plus en plus vite dans des océans de sentiments dont les cartes n'existent pas. Je me laissais entraîner aveuglément vers le cap voulu par le prince, sans me soucier de la destination finale de notre voyage. »

Pour mieux assurer la discrétion du couple, George V consent à donner à son fils Fort Belvedere, une résidence du XVIIIᵉ siècle laissée à l'abandon sur Windsor Great Park. « Que diable voulez-vous faire de cette drôle de vieille bâtisse ? lui demande le roi. Ces fichus week-ends, sans doute. Eh bien, si vous la voulez, prenez-la. »

Nous sommes en 1930 et durant les six ans qui suivent, Fort Belvedere sera la résidence préférée du prince Edward. « Je l'aime comme je n'ai jamais rien aimé de matériel, écrit-il. Peut-être parce que je l'ai en grande partie créé moi-même. Peu à peu, c'est devenu pour moi un havre paisible, presque magique. » Thelma en devient l'hôtesse attitrée. Si on le compare aux autres demeures royales, Fort Belvedere est petit, bien que la superficie de l'ensemble du domaine soit assez étendue. Une piscine et des courts de tennis ont été aménagés. On peut faire de très jolies promenades derrière le fort, sur des chemins bordés de gazon ou sous la voûte des grands arbres. Un de ses sentiers, qui serpente capricieusement, conduit à de pittoresques ruines dans le style antique. A Fort Belvedere, la passion d'Edward pour l'horticulture se donne libre cours. Il est fier de ses rhododendrons, des fleurs magnifiques aux coloris parfaits. Les pièces de Fort Belvedere pendant l'été sont remplies de fleurs provenant du jardin.

Les invités pour le week-end arrivent généralement vers la fin de l'après-midi, à l'heure du thé environ. Ils sont reçus au salon, une belle pièce percée de larges fenêtres sur trois de ses côtés. Il y règne une impression agréable de fraîcheur et de clarté. Le mobilier est en noyer ancien, de toute beauté, et aux murs, des toiles inestimables des écoles italienne et hollandaise. Sur un côté de la pièce, devant les fenêtres, une grande table spécialement construite pour le prince. C'est là qu'il s'adonne à l'une de ses distractions favorites : le *jigsaw puzzle*. Ceux qu'il possède comptent parmi les plus importants et les plus compliqués qui aient été réalisés.

La salle à manger donne, comme le salon, sur un vaste hall central. C'est une pièce d'allure très masculine. Elle est ornée, au milieu, d'une immense table en noyer sculpté, d'un travail délicat. On ne pose jamais sur celle-ci de nappe ou de natte d'aucune sorte. Au mur, des portraits d'ancêtres. Le samedi, à dîner, Edward porte toujours, à Fort Belvedere, le costume écossais : le kilt, celui d'un des nombreux clans d'Ecosse, la veste de drap noir, à boutons d'argent et le col de fine batiste. C'est, toutes les femmes l'assurent, de tous les innombrables costumes et uniformes du prince, le plus seyant. L'atmosphère écossaise est encore créée à ces dîners par la présence de joueurs de cornemuse, tandis que le café est servi. Les réceptions ne sont jamais protocolaires. Le déjeuner du dimanche est servi sur des buffets et les domestiques sont presque invisibles. Deux grands buffets se font face : l'un supporte les plats froids, l'autre, les mets chauds. Les invités choisissent et se servent eux-mêmes. Edward vit ici l'existence d'un gentilhomme campagnard et Fort Belvedere va jouer un rôle capital dans son idylle avec Wallis.

A partir de février 1932, son nom va désormais se retrouver régulièrement sur la liste des invités de Fort Belvedere. L'histoire est en marche.

VII

CRESCENDO

Six mois s'écoulent en 1931, sans que Wallis revoie le prince de Galles. Elle fête ses trente-cinq ans le 19 juin et se réjouit de partir passer ses vacances (sans Ernest) sur la Côte d'Azur, conviée par Consuela Thaw. Le séjour a pourtant un petit goût saphique puisque parmi les dames conviées figurent plusieurs disciples de Lesbos. Wallis, innocemment, partage sa chambre avec Consuela, mais découvre bientôt que Gloria Vanderbilt a une aventure avec Nada Milford-Haven (bien que mariée au frère de Lord Mountbatten, celle-ci préfère les femmes). Wallis finit par trouver la situation embarrassante et l'atmosphère plutôt pesante. Elle rentre précipitamment à Londres. Pourtant, comme le souligne Michael Bloch, il n'est pas douteux que toute sa vie Wallis, avec son apparence quelque peu masculine, sa maîtrise d'elle-même austère, exerça une grande fascination sur les lesbiennes de son temps. Avec une sorte d'instinct assez sûr, elle évitera désormais de frayer avec Gloria Vanderbilt et Nada Milford-Haven.

125

LA VÉRITABLE DUCHESSE DE WINDSOR

L'éloignement de Wallis eut du bon. En effet, Gloria Vanderbilt fut entraînée, en octobre 1934, dans un des procès les plus retentissants de l'époque, celui qu'on a appelé de « la pauvre petite fille riche ». Gloria était depuis plusieurs années en conflit avec sa mère, Mrs Laura Morgan, et sa tante, Mrs Harry Payne Whitney. Une belle nuit, Mrs Withney escamota la fillette de Mrs Vanderbilt, la petite Gloria âgée de dix ans, héritière d'une fortune évaluée à des millions de dollars. Mrs Vanderbilt intenta un procès pour obtenir le retour de sa fille. Elle le perdit, perdant également la garde de l'enfant. Mrs Vanderbilt appela ses sœurs à l'aide. Immédiatement, Thelma Furness et Consuela Thaw retinrent un billet pour New York, afin de voler à son secours. Tout cela fit la une des journaux anglo-saxons.

A son retour, Wallis affronte quelques problèmes matériels. Par ses folles dépenses, elle a en grande partie épuisé l'héritage d'oncle Sol et Ernest se voit contraint, crise mondiale oblige, de réduire son train de vie. Les factures des modistes et des chapeliers vont decrescendo, mais la réputation d'élégance de Wallis est déjà faite dans la bonne société londonienne.

Elle est cliente chez Molyneux. Pour ses robes, sa couleur de prédilection est le bleu, surtout les variétés qui sont peu communes et qui s'assortissent avec ses yeux, son teint et le brun chaud de sa chevelure. Certes, elle aime être hâlée en été, mais évite à sa peau les expositions prolongées au soleil. Elle porte souvent des costumes tailleur, de teinte discrète, avec une blouse claire. Pour l'après-midi, ses toilettes ne sont jamais décolletées, si peu que ce soit, et ses manches sont longues et étroites. Ses robes de soirée sont toujours classiques. Elle est une des rares femmes qui puissent porter des toilettes décolletées dans le dos, mais la sûreté de son goût lui fait proscrire les excès.

LA VÉRITABLE DUCHESSE DE WINDSOR

Elle aime, pour ses ongles, un rouge très pâle, presque rose. Et, comble d'audace, elle possède un costume de sport rouge et noir qu'accompagne, quand elle est tête nue, un bandeau de soie pourpre pour maintenir ses cheveux. Sa femme de chambre lui confectionne ces bandeaux et elle en possède de différentes teintes. De façon tout aussi ostentatoire, elle possède un manteau de zibeline et un de vison. Elle ne porte jamais de renards argentés ni de fourrures de fantaisie. Ses manteaux de fourrure viennent de la maison Révillon. Elle affectionne les souliers américains, ceux notamment de Delman. Mais la minceur de sa taille est son principal atout, mettant bien en valeur son élégance et son style.

« Elle était l'hôtesse parfaite, raconte son amie Angela Fox. Wallis Simpson, il faut le dire, était une femme attentionnée et généreuse. Jamais prétentieuse, toujours prodigue – même si, comme nous le savions tous, les Simpson ne roulaient pas sur l'or. » Lady Dudley va dans le même sens : Mrs Simpson est « une Sudiste avec de très bonnes manières », il ne faut pas la considérer comme une femme vulgaire, encore moins une banale aventurière. Et Walter Monckton, l'ami et l'avocat du prince n'est pas le seul à remarquer que Wallis, qu'elle soit chez elle ou non, « découvre immédiatement quels sont les sujets d'intérêt de son interlocuteur, et les fait siens durant dix minutes ». En matière d'élégance, le prince de Galles « n'avait aucun discernement (selon son biographe Philip Ziegler), mais Wallis avait un goût très développé, très personnel, qui reflétait une très forte personnalité ».

Désormais, Wallis modère sa frénésie de shopping et son humeur s'en ressent. De plus en plus désenchantée dans sa vie conjugale, elle doit aussi subir une opération des amygdales. Heureusement, en janvier 1932, la tristesse de l'hiver londonien s'évapore d'un seul coup : le prince de Galles accepte l'invitation des Simpson à dîner chez eux. Leur cinquième rencontre.

LA VÉRITABLE DUCHESSE DE WINDSOR

C'est un grand succès. Certes, les domestiques sont au bord de la panique ; mais Wallis, avec un instinct très sûr, a préparé un menu à la tonalité américaine. Les plats de résistance : un poulet grillé Maryland et un homard à la Baltimore. Même le soufflé glacé à la framboise est un triomphe (Edward en demande la recette à l'hôtesse). Wallis fait si forte impression qu'Edward convie les Simpson à passer le dernier week-end de janvier 1932 dans sa résidence de campagne de Fort Belvedere. Wallis est aux anges !

Ainsi, le couple Simpson, escorté d'une domestique, quitte Londres en fin d'après-midi, pour pouvoir arriver au Fort à six heures. La nuit est tombée. Les phares éclairent une allée sablée serpentant en courbes entre les arbres, puis soudain se dresse devant eux une masse imposante, surmontée d'une tour baignée par la lumière de projecteurs dissimulés dans les bosquets. Avant même que la voiture se soit arrêtée, la porte s'ouvre, un domestique paraît, suivi quelques instants plus tard du prince qui, selon sa coutume, vient accueillir ses hôtes et veiller lui-même au déchargement des bagages. Le prince les introduit alors dans un hall aux murs blancs, de forme octogonale, dont les huit pans coupés s'ornent chacun d'un fauteuil jaune vif se détachant sur le sol dallé de marbre noir et blanc. Ils entrent alors au salon.

Wallis est aussitôt frappée par l'intimité qui se dégage de cette pièce de forme octogonale elle aussi. Les murs lambrissés de pin naturel sont ornés de très belles toiles : des Canaletto. L'ameublement, à l'exception d'un petit piano à queue et d'un gramophone, est de style géorgien. Le mur faisant face à la cheminée est entièrement tapissé de livres aux somptueuses reliures. Le prince tient à les mener lui-même à leurs chambres, au second étage, et Wallis remarque qu'avant de les quitter il s'assure d'un coup d'œil que rien ne cloche. (Encore un côté de sa nature auquel elle ne s'attend point.) Puis,

128

rassuré, il les quitte en leur disant que des cocktails les attendent en bas.

Lorsqu'ils redescendent, Wallis éprouve à nouveau une surprise en voyant le prince de Galles occupé à broder un tapis de table : « C'est l'un de mes vices secrets », plaide-t-il presque penaud [1]. Après le dîner, les invités jouent aux cartes, font des puzzles. Puis, tout le monde danse !

En fait, dès ce week-end, Wallis va de surprise en surprise alors que se déroule devant elle la vie privée du prince. A l'évidence, la réalité correspond peu à la rumeur publique. A ses yeux, Fort Belvedere ressemble à un petit château romantique, place forte d'un célibataire dont les chiens « Cora » et « Jiggs » sont les maîtres. On y vit simplement, sans faste ni excès de protocole.

Au moment de se retirer, bien avant minuit, Edward glisse aux Simpson :

« Puisque vous venez au Fort pour la première fois, peut-être ferai-je bien de vous indiquer les règles... Il n'y en a point. Prolongez la soirée aussi tard que vous le voudrez. Levez-vous à l'heure qu'il vous plaira... Quant à moi, je viens ici pour me détendre et me reposer. Je me couche de bonne heure et je me lève tôt, afin de pouvoir travailler au jardin. »

Ernest s'étonne alors que la réputation de noctambule invétéré du prince paraisse si peu fondée. La journée du lendemain se déroule dans la même atmosphère détendue. Lorsqu'elle descend au salon, Wallis voit s'avancer sur la terrasse une extraordinaire silhouette en culotte de golf et sweater à col roulé, les cheveux ébouriffés, portant d'une main une houe et de l'autre une sorte de

---

1. Edward expliquera : « A Sandringham, mes frères, mes sœurs et moi passions toujours auprès de notre mère un moment à l'heure du thé. Tout en nous questionnant, elle faisait, soit du crochet, soit de la tapisserie, et, parce que nous manifestions de l'intérêt, elle nous apprit à broder au petit point... »

hachette pour ébrancher les taillis. C'est le prince de Galles, suivi de ses chiens. Elle en a le souffle coupé. Edward l'entraîne sur la terrasse pour lui montrer le panorama, puis lui fait visiter les jardins. Wallis adore chaque minute de cette promenade. Ultime surprise du séjour : Edward a fait installer un hammam dans les sous-sols de la résidence et s'offre une séance chaque week-end.

Wallis rentre à Londres, songeuse. Pour l'heure, sa rencontre avec le prince de Galles ne dépasse pas le stade de l'amitié naissante. Mais la jeune femme sent qu'elle plaît à l'héritier du trône, même si Thelma Furness demeure la maîtresse en titre. Tandis que le prince de Galles voyage en Italie, Grèce, Suède et Irlande, les Simpson passent le printemps et l'été d'abord en Tunisie, puis en France et enfin en Autriche.

Wallis doit cependant abréger son voyage et rentrer à Londres en raison d'un ulcère extrêmement douloureux. Une sorte de tension flotte dans l'atmosphère de la capitale. Wallis l'attribue à la crise économique et au mauvais état de l'entreprise de son mari qui en subit le contre-coup. Mais est-ce la seule raison ? Wallis se montre nerveuse et passe sa mauvaise humeur sur ses domestiques.

Enfin, l'éclaircie arrive. Edward invite les Simpson à deux reprises pendant l'automne 1932 (une fois pour le thé, une autre pour le week-end). Puis, nouvelle invitation en janvier 1933 pour le week-end. Dans ses *Mémoires*, Wallis note brièvement alors : « Le prince est-il attiré par moi ? » Il faut dire qu'à partir de janvier 1933 l'emprise de Thelma Furness sur le prince de Galles commence à s'effriter. Parallèlement, le couple Simpson traverse une période de distance et de flou. A la fin du mois de mars, c'est seule que Wallis s'embarque pour New York à bord du *Mauretania*. L'île de Wight à peine disparue à l'horizon, un chasseur lui apporte en courant un radiogramme qu'à son air agité elle comprend être de la plus grande importance. Ce message qui souhaite à Wallis une heureuse traversée et un rapide retour en Angleterre est signé : Edward P.

C'est le premier voyage de Wallis aux Etats-Unis depuis la mort de sa mère. Elle revoit Mary Kirk Raffray, séjourne à Washington chez sa tante Bessie et suit la Maryland Hunt Cup, à Baltimore. Plusieurs de ses vieux amis la reconnaissent ; un de ses anciens amoureux l'accueille, tout excité :

« Alors, Wallis ! Qu'est-ce que vous avez fait toutes ces dernières années ? »

Mrs Simpson sourit de biais, répond avec cordialité, mais en général se cantonne dans sa famille et reste secrète.

Pourtant, les vieux amis et les nouveaux la pressent de leur parler de Londres, de la vie élégante de là-bas et des célébrités du jour. Mais Wallis ne révèle rien. Elle demeure deux mois à Washington, passe quelques jours à New York avant de repartir pour l'Angleterre.

Le dernier soir de son séjour sur la terre américaine, on donne un dîner à New York en son honneur. Le lendemain, entourée de ses amis, elle franchit la passerelle du transatlantique. Au revoir... au revoir... au revoir... Wallis Simpson regarde le port de New York se perdre dans le lointain et s'estomper peu à peu la silhouette de Manhattan. Elle ne le reverra pas avant fort longtemps.

Dès la mi-mai, elle est de retour à Londres. Et sa correspondance indique à l'évidence une nouvelle phase de ses relations avec l'héritier de la Couronne. Les Simpson deviennent des intimes d'Edward. D'ailleurs, le 19 juin, pour l'anniversaire de Wallis, le prince donne en son honneur un dîner au célèbre restaurant « Quaglino » où il lui offre une splendide orchidée en pot. De plus en plus souvent, le prince prend le chemin de l'appartement londonien du ménage américain, Bryanston Court, et y dîne en compagnie d'une société bien différente de celle de la Cour. La conversation y est spirituelle et « toute bouillonnante d'idées nouvelles ». Mais surtout, « l'indépendance pleine de fraîcheur » témoignée par la maîtresse de maison ravit le prince de Galles. Pour la première fois, une femme le questionne non sur l'ennui et la fatigue de ses charges, mais sur ce qu'il a vu au cours de ses tournées dans les milieux ouvriers.

Pourtant, le roi George V souffre de voir son fils fréquenter le ménage Simpson ; il souffre de le voir réunir, dans sa propriété de Fort Belvedere, des gens qui ne font pas partie de la *Society* londonienne. Le prince de Galles n'en a cure. Les Simpson accompagnent Edward dans des night-clubs, au théâtre, partie intégrante de son cercle intime. Wallis assure pourtant que le prince continue d'être un mystère pour elle. « Il s'entourait de réserve, comme d'un voile impalpable et protecteur, écrit-elle. Au Fort, même dans ses meilleurs moments de détente, on sentait deux êtres en lui. En surface, il se montrait un hôte courtois, attentif et enjoué ; mais, sous cette apparence aimable, on devinait un être tout différent, étrangement grave et insaisissable. »

En fait, Wallis commence à fasciner le prince. Il est étonné par son assurance, et touché par l'autorité amicale qu'elle feint d'exercer sur lui. C'est ce qui va fonder leurs relations durant les trois premières années – un mélange de stimulation et de soutien. A sa façon unique, Wallis distrait le prince sans flagornerie. Elle le fait rire, l'interroge, l'amuse et le taquine. Il arrive même qu'elle souligne un manquement à l'étiquette. S'il s'empare d'un toast avant le thé, Wallis n'hésite pas à lui faire une remarque. S'il utilise un mot incorrect ou commet une faute de syntaxe, elle le corrige promptement. S'il devient trop sombre, elle lui donne un coup de coude. Wallis lui fait oublier qu'il est l'héritier du trône. Asservi au protocole, il se délecte de sa joie de vivre et de sa vivacité tellement américaines, et de son intérêt non simulé pour ce qu'il dit.

Un mondain invité à Bryanston Court relève déjà les signes d'une complicité entre le prince et l'Américaine : « J'ai remarqué que le prince était pour elle toute sollicitude, qu'elle ait eu besoin d'une allumette, envie de retirer un vêtement ou désiré un rafraîchissement. » Un autre témoin [1] note une scène encore plus révélatrice lors d'un thé chez Wallis : « Soudain la porte s'ouvre et la femme de chambre apparaît. Elle annonce qu'une voiture royale est à la porte, et que Madame est attendue à Fort Belvedere par le prince de Galles ! Dans l'instant et sans un mot, au nez d'Ernest et de Thelma, Wallis prend son sac, son manteau et vide les lieux, nous laissant tous sans voix. Je regardai Ernest, il avait les larmes aux yeux. Je n'osai pas regarder Thelma. J'étais de tout cœur avec Ernest, mais je ne pus m'empêcher de dire à ma mère sur le chemin de notre hôtel : "Où Wallis s'arrêtera-t-elle ?" »

Même si, officiellement, Wallis ne devient « la favorite » qu'en 1934, il semble que leur liaison ait commencé à l'automne 1933. Ironie du calendrier, en décembre de cette année-là, la maîtresse en titre, Thelma Furness, prend une décision qui va lui être fatale : retourner provisoirement aux Etats-Unis. Ce départ annoncé est une aubaine pour Wallis.

Le 25 janvier 1934, Thelma Furness part pour les Etats-Unis (où sa sœur Gloria Vanderbilt se bat pour conserver la garde de sa fille de huit ans). Dans ses *Souvenirs*, elle note : « Trois ou quatre jours avant d'embarquer, j'ai déjeuné au Ritz avec Wallis. Je lui ai annoncé mon départ. [...] Elle m'a dit brusquement :

"Oh, Thelma, le Petit Homme va se retrouver tout seul.

---

1. Henry Flood Robert.

– Eh bien, ma chère, lui ai-je répondu, occupez-vous de cela pendant mon absence. Veillez à ce qu'il reste dans le droit chemin."

J'allais découvrir, beaucoup plus tard, que Wallis avait pris mon conseil un peu trop à la lettre. Qu'elle l'ait maintenu ou non dans le droit chemin relève des subtilités de la langue. »

Wallis donne de leur entretien une version un peu différente : « La veille de son départ, elle m'a invitée à prendre quelques cocktails, lit-on dans ses *Mémoires*. Nous n'avons pas perdu de temps, comme à notre habitude. Au moment de nous quitter, elle m'a dit en riant :

"J'ai peur que le prince ne se sente un peu seul. Voulez-vous vous occuper de lui, Wallis ?"

J'ai promis que je n'y manquerais pas. » Selon elle, les attentions de Wallis à l'égard du prince auraient donc été suggérées par Thelma. Cette dernière prétend au contraire avoir répondu innocemment à la plaisanterie de Wallis, disant que le prince allait se sentir seul.

Thelma est-elle aussi aveugle ? Laisser Edward sous la dépendance de Wallis, alors que certains subodorent déjà des liens intimes entre eux, relève de l'inconscience. Ou au contraire en a-t-elle assez de cet amant taciturne, plus que jamais mélancolique, détaché, dont elle devine que la neurasthénie ne donnera rien de bon ? En tout cas, pendant son séjour new-yorkais, elle flirtera suffisamment avec le prince Ali Khan pour laisser penser qu'elle n'est guère plus attachée au prince de Galles. A moins qu'elle ne considère que ses charmes sont tels que nulle rivale ne risque de la supplanter dans le cœur d'Edward...

Une semaine après le départ de Thelma, Wallis et Edward dansent ensemble au Dorchester. Le prince devient au fil des semaines un habitué de l'appartement des Simpson. Dans ses *Mémoires*, Wallis note simplement : « Il ne nous avertissait jamais de sa venue. Parfois, il ne revenait qu'au bout d'une quinzaine de jours et ne s'attardait qu'un instant ; mais il survenait aussi deux fois dans la même semaine et passait toute la soirée avec nous. Par un hasard malheureux, il semblait toujours choisir les soirs où Ernest rapportait du travail de son bureau ou projetait de mettre au clair les comptes du ménage. Empêché ainsi à plusieurs reprises de travailler, Ernest prit l'habitude de s'excuser courtoisement et de se retirer dans son cabinet avec ses dossiers. » On ne saurait être plus discret...

Au début du printemps 1934, le bruit se répand dans la bonne société londonienne que Mrs Simpson prend la place de Lady Furness dans les faveurs du prince de Galles. Wallis, dans ses lettres à sa tante Bessie, affirme que tout cela n'est que rumeur. Elle n'est pas de ces femmes qui volent les amants de leurs amies ; sa tâche est de distraire le prince, et après tout Ernest « ne la perd pas de vue, il n'y a aucun risque ».

Or, Wallis omet pudiquement le fait que ses relations avec son mari se distendent (d'ailleurs, il reportera bientôt son affection sur l'amie de sa femme, Mary Kirk Raffray, qu'il épousera discrètement quelques années plus tard). Certes, pour l'instant, il est le plus souvent inclus dans les sorties avec le prince, mais la complicité de son épouse avec Edward n'en est pas moindre. A n'en pas douter, ils sont déjà amants. Selon le bras droit d'Alberto Da Zara : « De très proches amis de Wallis m'ont assuré qu'elle l'avait initié à certaines techniques, grâce auxquelles il put enfin trouver du plaisir à faire l'amour. Il était si émotif, qu'avant elle il n'était jamais parvenu à consommer vraiment l'acte sexuel. »

Le prince de Galles a désespérément besoin que Wallis lui donne plus que de simples plaisirs physiques. Son désir d'être contrôlé, dirigé et approuvé par elle est en fait l'élément décisif de son intérêt pour elle. A l'inverse, elle est réellement attirée par son charme, sa douceur et sa dépendance vis-à-vis d'elle. Loyale, attentive à son bonheur, Mrs Simpson pense simplement qu'elle peut l'aider – c'est exactement ce que lui dit le prince. Leur entente n'est pas que physique.

Certes, les observateurs remarquent certaines différences subtiles dans l'attitude du prince. L'Américain George Kilensky raconte que le regard d'Edward « s'attardait sur le visage de Wallis, bien après qu'elle avait fini de parler et que quelqu'un d'autre avait pris le relais de la conversation ». Il dit avoir ressenti « un malaise, comme si des ennuis menaçaient Ernest et Wallis, qui étaient deux de mes meilleurs amis ». « C'était un nouveau sentiment d'intimité, dans la conversation et les regards échangés », que le prince de Galles offrait à Mrs Simpson.

En même temps, presque personne ne peut affirmer que Wallis rend au prince ses regards langoureux et ses gestes tendres. Elle se contrôle beaucoup mieux, se montre beaucoup plus discrète et, il faut bien le dire, assez raisonnable face aux dangers de leur flirt. Mais la brièveté de leurs rencontres est frustrante. Pour mieux combler Wallis, Edward commence à lui offrir des bijoux : broches, bracelets et boucles d'oreilles issus de sa famille qu'il fait remonter par la maison Cartier. Wallis conservera toujours une grande tendresse pour les rubis, saphirs, aigues-marines, émeraudes, diamants que lui aura offerts Edward.

Bientôt, le 22 mars, Lady Furness rentre des Etats-Unis. Le week-end suivant, à Fort Belvedere, elle remarque que Son Altesse Royale manifeste à son égard une froideur évidente. La cause en est-elle le flirt poussé de son ancienne maîtresse avec Ali Khan ou son nouvel amour pour Wallis ? Dans ses *Souvenirs*, Thelma Furness ne peut trancher. « Il semblait un peu absent, raconte-t-elle, comme si quelque chose l'agaçait. Soudain, il dit :

"J'ai entendu dire qu'Ali Khan vous avait beaucoup prêté attention."

J'ai pensé qu'il plaisantait.

"Seriez-vous jaloux, mon cher ?" lui demandai-je.

Mais le prince ne me répondit pas. Au Fort, le prince, bien que cordial avec les autres, fut distant avec moi. Il semblait vouloir m'éviter. Je sentis que quelque chose n'allait pas... Quand je rentrai à Londres, j'informai Wallis de ma conversation avec le prince et sa remarque acerbe sur Ali Khan. Que s'était-il passé ? Savait-elle ?... Mais la seule réponse que j'obtins fut une assurance :

"Ma chère, vous savez combien le Petit Homme vous aime. Il était tout bêtement perdu sans vous."

Après quelques instants, je dis :

"Wallis, le prince m'a demandé de venir au Fort le week-end prochain. Vous savez, c'est le week-end de Pâques. Voudriez-vous venir avec Ernest ? Cela pourrait être utile.

— Mais certainement, répondit chaleureusement Wallis. Nous serions enchantés."

[...] Ce week-end est à marquer d'une pierre noire. Je ne me rappelle plus qui était là en dehors des Simpson, mais nous étions huit en tout. J'avais un mauvais rhume quand j'arrivai... La plus grande partie du samedi (1er avril) se passa sans incident. Mais au dîner, je remarquai que le prince et Wallis avaient des apartés qui les amusaient beaucoup. Une fois, il prit une feuille de salade entre ses doigts, Wallis applaudit... Wallis me regarda droit dans les yeux. Et je commençais à comprendre que la responsable était elle... Je devinai qu'elle s'était particulièrement bien occupée de lui. Ce coup d'œil froid et plein de défiance me suffit. J'allai me coucher tôt ce soir-là, sans dire bonsoir à personne... Un peu plus tard, le prince monta dans ma chambre. Pouvait-il m'avoir apporté quelque chose pour soigner mon rhume...

"Mon cher, demandai-je brusquement, est-ce Wallis ?"

Le prince se figea.

"Ne soyez pas idiote !" me dit-il d'un air pincé.

Puis il sortit de la chambre en refermant doucement la porte derrière lui. Je comprenais mieux. Je quittai Fort Belvedere le lendemain matin. »

L'heure de Wallis a sonné et Thelma est suffisamment intelligente pour le comprendre. Lady Furness sort définitivement de la vie du prince au mois d'avril 1934.

Lorsque Thelma, plus tard, reverra Wallis, elle lui demandera si le prince « a le béguin » pour elle. « Je crois qu'il m'aime bien, lui dit Mrs Simpson. Il se peut même qu'il se soit un peu attaché à moi. Mais si vous voulez dire, par "béguin", qu'il est amoureux de moi, eh bien, la réponse est non. » Et Wallis en semble sincèrement convaincue. « Même en cherchant bien, écrira-t-elle plus tard avec franchise, je ne trouve aucune raison à ce qu'un homme aussi séduisant fût sérieusement attiré par moi. Je n'étais sûrement pas une beauté, et il avait accès aux plus belles femmes du monde. Je n'étais sûrement plus très jeune. En fait, dans mon pays, on aurait considéré que j'étais rangée en sécurité sur une étagère. » Quant à l'attrait qu'il exerce sur elle : « Il était la clé d'un monde nouveau et chatoyant qui m'excitait plus que tout ce que j'avais connu. [...] On déplaçait des trains (rien que pour lui). Des yachts se matérialisaient. Les plus belles suites des meilleurs hôtels lui étaient grandes ouvertes. Des aéroplanes l'attendaient pour décoller. [...] Il semblait incroyable que moi, Wallis Warfield de Baltimore, Maryland, puisse appartenir à ce monde enchanté. [...] C'était *Wallis au Pays des Merveilles...* »

VIII

AUX MARCHES DU PALAIS

A LIRE les lettres de Wallis en ce printemps 1934, on ressent l'impression qu'elle se laisse emporter sans savoir où elle va. Elle écrit : « Il s'attache beaucoup trop à moi » en parlant d'Edward, mais se plaint en même temps : « Je crains de devoir abandonner tout cela bientôt, car il faut trop d'argent pour sortir avec lui. » Elle évoque la possibilité qu'Edward lui préfère une autre femme ou retourne même vers Thelma et conclut pourtant : « Tout cela demande une certaine dose de tact pour une nouvelle romance avant quarante ans. »

En fait, les ennuis financiers de Wallis cessent vite grâce à la générosité princière ! Wallis devient la coqueluche de Londres. Et lorsque, le 25 mai, elle assiste aux courses à Ascot, elle ne peut s'empêcher de se sentir à la fois « fière et touchée » quand le prince lui adresse un sourire en passant dans la procession royale.

Bientôt, Wallis en vient à jouer les maîtresses de maison à Fort Belvedere. « Je proposai des menus plus variés, changeai la disposition de certains meubles et fis d'autres petites innovations », note-t-elle dans ses *Mémoires*. Elle

139

fait ami-ami avec les chiens d'Edward. Et, un après-midi, celui-ci débarque à Bryanston Court, portant sous son bras un cairn.

« Je vous présente Slipper, lui dit-il. Il vous appartient. »

A-t-elle encore le moindre doute sur son amour ? Le trio Wallis-Edward-Ernest continue d'éviter les fausses notes. Pour la première fois de sa vie probablement, le prince est profondément heureux. Il se plaît en compagnie de Wallis, et apprécie curieusement Ernest Simpson. Pendant un temps, les deux hommes sont même inséparables. Ils se trouvent des points communs, parmi lesquels leurs souvenirs de guerre ; avec bonheur, ils parlent bateaux, économie, arbres et fleurs. Ils passent ensemble plusieurs week-ends successifs à Fort Belvedere, où, chaussés de fortes bottes, ils parcourent le domaine, soignant les rhododendrons, abattant à l'occasion tel arbre qui a cessé de plaire.

Wallis ne partage pas leur enthousiasme pour les balades dans le rude climat anglais pluvieux. Elle préfère les attendre en prêtant son assistance au chef et au personnel dans la préparation des lunchs et des dîners. En rentrant de ses randonnées, le prince se laisse aller au plaisir d'avoir enfin une maison à lui. Ernest, effacé, accepte cette situation surréaliste. Il paraît comme « honoré » des bontés princières qui échoient à sa femme. Dans cette société londonienne où le mariage est souvent de pure convenance et où les conjoints choisissent de vivre chacun de leur côté en bonne intelligence, Ernest comprend où se situe son intérêt et, avec complaisance, s'incline devant la volonté du prince de Galles.

Il faut cependant sauver les apparences. Lorsque Wallis consent à accepter un séjour en France à l'invitation du prince et qu'Ernest doit, lui, partir pour les Etats-Unis, on fait venir tante Bessie d'Amérique pour servir de chaperon. Wallis part donc le 1ᵉʳ août 1934 pour Biarritz avec sa tante, Mme Merryman.

Le petit groupe se compose du secrétaire privé, Hugh Lloyd-Thomas ; de Gee Trotter et Jack Aird, écuyers ; du commandant et de Mrs Collin Buist. Le prince a loué une vaste et confortable villa, Meremont, dominant l'Océan. Tout comme au Fort, on y mène une vie simple... bains de mer et de soleil, parties de golf et à l'occasion un bridge. Assez vite, le prince et Wallis prennent l'habitude d'abandonner une fois par semaine leurs amis pour dîner dans de petits bistrots dont Edward a appris à apprécier les spécialités pendant ses précédents séjours. Puis, Lord Moyne propose à l'héritier de la Couronne une croisière sur son yacht, *Le Rosaura*.

Après onze jours de croisière méditerranéenne (avec Porto et Majorque en escales), le yacht entre dans le port de Cannes. C'est le meilleur moyen d'attirer l'attention de la presse. Non pas des journaux anglais ; en ces temps-là, les membres de la famille royale peuvent compter de la part de Fleet Street sur une discrétion inébranlable. Mais les journalistes américains, pour ne citer qu'eux, ne peuvent manquer de s'intéresser à cette expédition avec une Américaine mariée. Le prince ne semble pas s'en soucier.

De Cannes, le 12 septembre, les journalistes écrivent : « Son Altesse Royale se plaît visiblement sur la Côte d'Azur et il a décidé aujourd'hui d'y passer trois jours de plus. Il a renvoyé à Marseille l'avion qui devait l'amener à Paris. » « A la joie des centaines de curieux, la nuit dernière, le prince a dansé une rumba avec une Américaine, une certaine Mrs Simpson. » « On avait annoncé que le prince ne quitterait pas son yacht *Rosaura*, mais pourtant il vint à terre hier après-midi et, peu avant minuit, il apparut au casino du Palm Beach avec Mrs Simpson et John Taylor, le vice-consul d'Angleterre à Cannes. » Trois jours plus tard, la presse mentionne :

« Le prince de Galles a accepté une seule invitation parmi celles qu'il a reçues pendant son séjour à Cannes. Il a déjeuné à bord du yacht de Mr et Mrs Sydney Allen, de Saint Louis (Etats-Unis), qui effectuaient depuis quelque temps une croisière dans ces parages. Parmi les autres invités, Mr et Mrs Herman Rogers (celle-ci née Catherine Moore, de New York), le major et Mrs Douglas King. Mrs King, avant son mariage, était Ruth Ady, de Cincinnati. »

Mr et Mrs Herman Rogers sont les amis de Wallis, qui l'avaient reçue à Pékin. Elle se rend, quelques jours plus tard, dans leur villa avec Edward. Un soir, quittant ces derniers, le prince sort de sa poche un petit écrin de velours et le tend à Wallis. « J'y trouvai un petit porte-bonheur de diamants et d'émeraudes que j'accrochai à mon bracelet », racontera-t-elle.

Avec délectation et un peu d'inquiétude, Wallis sent croître une flamme sur laquelle elle n'a aucun contrôle : l'attachement de plus en plus grandissant d'Edward. Le feu est allumé et elle n'est plus en mesure de l'éteindre. Elle n'a d'ailleurs aucun désir d'y porter remède, car le succès dépasse toutes ses espérances. De retour à Londres, les deux tourtereaux ne cessent de se voir, en présence ou en l'absence d'Ernest, toujours aussi complaisant.

Dans la capitale anglaise, l'entourage du prince est déconcerté. Pour les hommes du monde, avertis des beautés qui les entourent, la passion du prince pour une femme mariée, d'âge mûr, américaine de surcroît, est insensée. Le prince Christophe de Grèce, venu à Londres en novembre 1934 pour le mariage de sa nièce Marina avec le prince George, devenu duc de Kent, est pris à partie par le prince de Galles qui lui déclare :

« Christo, il faut que je vous fasse rencontrer Mrs Simpson.

– Qui est Mrs Simpson ? s'enquit Christopher.

– Une Américaine… elle est merveilleuse. »

Christopher note le peu d'attention que le prince porte aux autres femmes présentes. Il est présenté à Wallis et déclarera plus tard :

« C'est une femme agréable, mais elle n'est pas belle, et n'arrête pas de parler. »

Sir Samuel Hoare la rencontre également :

« Il n'y avait pas que sa conversation qui était brillante ; ses bijoux l'étaient aussi et montés à la dernière mode… très américaine avec une ignorance totale de la vie anglaise. »

D'autres sont plus indulgents. « Il est évident, écrit Chips Channon, que le prince est follement amoureux, d'une façon maladive, [...] qu'elle l'a totalement subjugué. » Un jour, Channon aperçoit le couple au Royal Opera. De longs cigares parfumés dépassent de la poche de poitrine du prince. « Ce n'est pas très élégant », chuchote Wallis. Les cigares se volatilisent sur-le-champ. D'autres parlent plus précisément des émotions du prince Edward. « Il adorait sa compagnie, écrit Winston Churchill. Il lui trouvait des qualités aussi indispensables à son bonheur que l'air qu'il respirait. Ceux qui le connaissaient bien pouvaient remarquer, en l'observant attentivement, qu'il s'était débarrassé de quelques tics et mouvements nerveux. Il était un être humain accompli, et non plus une âme malade et épuisée. Cette expérience, que la plupart des gens connaissent à la fleur de l'âge, lui venait sur le tard : elle était d'autant plus précieuse, et plus contraignante. » Chips Channon, lui, considère que Wallis « a fait faire au prince d'immenses progrès. [...] Et c'est une Américaine ne payant pas de mine, enjouée, spirituelle et drôle, et une excellente cuisinière. Jamais Edward n'a été aussi amoureux. Elle est folle d'impatience de prendre d'assaut la belle société tant qu'elle est encore sa favorite – pour

143

que le jour où il l'abandonnera (car il abandonne tout le monde, tôt ou tard) sa situation soit assurée. »

En toute logique, leur relation est parfaitement connue : privé de soutien paternel et de soins maternels, le prince de Galles a recherché durant quinze ans, dans ses liaisons avec des femmes mariées autoritaires, un substitut à l'affection parentale. Il le trouve en Wallis. Elevée dans la tradition sudiste d'un matriarcat autoritaire, celle-ci est prête à soigner, à chérir, à protéger le prince. « J'ai parfois l'impression, lui écrit-elle non sans un certain culot, que pour ce qui est de l'amour, vous n'avez pas grandi, et qu'il ne s'agit peut-être que d'une passion de petit garçon. [...] Vous ne pouvez pas passer votre vie à marcher sur les autres. Je sais qu'au fond vous n'êtes pas réellement égoïste, ni écervelé, mais votre vie a été telle que vous avez toujours été au centre de l'attention générale. [...] Vous pouvez toujours rester Peter Pan. » Comme elle le dira plus tard, elle est « son critique le plus sévère », et elle a « toujours le dernier mot ».

Mais nombre de membres de l'entourage princier ne voient pourtant dans la liaison du prince qu'un feu de paille. Chips Channon, le premier, pense que l'aventure sera éphémère. Pourtant, à lire la missive qu'Edward envoie à Wallis, dont il est séparé pour la semaine de Noël, il n'y a aucun doute à avoir sur la force de son amour [1] :

« *Ma bien-aimée Wallis à moi,*
Comme cette semaine a été longue et combien adorables seront lundi et mardi, et tous les jours que nous passerons ensemble ! Oh ! ma chérie, combien je vous aime, et plus et plus. C'est si merveilleux de penser à lundi et à toutes les choses que nous ferons pour rester ensemble. Je dois poster

---

1. 28 décembre 1934.

ceci maintenant et m'habiller pour un dîner de plus, pom-
peux et stupide, mais je veux que vous lisiez (vous savez
quoi) que votre très, très à vous David vous aime et que vous
lui manquez. »

Ceux qui doutent de leur complicité ont mille signes pour se détromper. On voit le prince de Galles tenir la porte ouverte devant Wallis, lui avancer son siège à table et lui allumer sa cigarette – même en présence de son mari. Elle, de son côté, l'interrompt et le corrige devant des tiers, et adopte à son égard une attitude quelque peu autoritaire qu'il semble trouver naturelle. On la voit même donner une petite tape sur la main de Son Altesse Royale, ce qui surprend ceux qui savent qu'Edward a horreur des familiarités. Si l'on en croit son écuyer, John Aird, le prince « avait perdu toute confiance en soi, et suivait Wallis comme un chien ». Aird pense toutefois que l'influence de Wallis est bénéfique.

En février 1935, l'héritier de la Couronne se rend à Kitzbühel, en Autriche. Wallis fait partie du voyage. Mais Mr Simpson n'y est pas. La presse annonce : « Les sports d'hiver dans la station tyrolienne de Kitzbühel s'annoncent très brillants. L'aristocratie autrichienne y afflue et on attend le prince de Galles pour mardi prochain. Toutes les mesures sont prises par les autorités pour que son incognito absolu soit respecté. » Nulle mention de Wallis.

De Kitzbühel, Edward et ses amis vont ensuite visiter Vienne et Budapest. Tante Bessie tient cependant auprès de sa nièce le rôle de chaperon. Wallis se comporte avec une discrétion telle qu'elle ne donne guère de prise aux bavardages. Elle se tient toujours effacée et jamais ne se manifeste quand les autorités viennent rendre leurs devoirs au prince. Pour le monde, elle semble moins intime avec lui que d'autres, dans leur groupe. Le soir parfois, ils ont enfin le loisir de se détendre. Libérés du

protocole officiel, ils vont dans les cabarets de Budapest, dansent des czardas hongroises, et dans l'assistance on se montre le diamant énorme qui scintille
dans la chevelure de Mrs Simpson.

Wallis devient peu à peu une puissance dans l'organisation de la vie d'Edward, puissance discrète et fine,
moins soucieuse de s'immiscer dans la politique, dont
elle sait peu de chose et ne se préoccupe nullement, que
d'assurer par sa présence le bonheur du prince de
Galles. Elle commet cependant la faute de peser sur la
domesticité d'Edward. Sa tête de Turc devient Osborne,
le majordome de Fort Belvedere. Il a été l'ordonnance
du prince pendant la Première Guerre mondiale et ne
l'a plus quitté depuis lors. Il est considéré comme intou-
chable. A sa consternation, lui, qui ne reçoit d'ordres
que d'altesses royales, est averti par le prince de Galles
que dorénavant ce sera de Mrs Simpson ! Une roturière
américaine ! L'horreur ! Mais il lui faut bien obéir pour
ne pas être renvoyé. Aussi est-il contraint d'accepter
cette affreuse humiliation.

A Londres, Wallis reçoit aussi carte blanche. Elle
prend tout en main à York House, jusqu'à commander
elle-même une centaine de cadeaux de Noël. Elle exige
que le majordome apprenne à faire des cocktails, à les
servir, et à mettre de la glace dans toutes les boissons, à
la manière américaine. Les personnels des deux maisons
du prince en viennent à haïr Wallis. Ils redoutent
comme la peste le retour de leur maître et de sa maîtresse, à trois ou quatre heures du matin, riant fort et
tirant du lit femmes de chambre, maître d'hôtel, cuisi-
nier, afin de se faire servir une collation ou de satisfaire
leurs impérieux caprices.

Seule qualité de Wallis aux yeux des domestiques :
elle est ponctuelle alors que le laxisme d'Edward en
matière de rendez-vous et d'heures de repas irrite et
met à rude épreuve la patience du personnel. Là aussi

la bonne influence de Wallis commence à faire ses effets.

De son côté, Ernest Simpson devient moins enclin et tolérant. Ainsi que Wallis le remarque elle-même à son retour de Kitzbühel : « Mon retour à Bryanston Court ne dissipa pas mes inquiétudes. Je trouvai Ernest changé. L'ombre qui pesait sur nous ne faisait que s'épaissir. Il ne manifesta aucun intérêt, plutôt même de l'indifférence, pour mon voyage, et ne se montra pas plus communicatif sur son séjour à New York. Rien de plus pesant qu'un silence qui se prolonge, que des doutes inexprimés, que des questions sans réponse. Ce nuage pesant qui plana désormais sur Ernest et sur moi ne devait plus se dissiper jusqu'à notre séparation. »

Elle en est peinée, mais que représente ce nuage en comparaison de son entente avec le prince ? Elle se sent l'objet de la curiosité générale ; de nouvelles portes s'ouvrent devant elle et la moindre de ses reparties est accueillie avec ferveur. Elle se sent pleine de vie et d'entrain, emportée toujours plus haut par une vague montante, et c'est alors qu'elle savoure pleinement la vie mondaine et brillante de Londres.

Si proche d'Edward donc trop influente, en concluent certains. Diplomates et puissants s'intéressent à elle. Wallis est une femme intelligente, mais sans expérience ; les attentions qu'on lui prodigue la flattent. De là partent sans doute les premières rumeurs sur « l'ombre brune » autour d'elle.

Les dirigeants nazis sont de ceux pour qui une incursion chez les grands de ce monde offre beaucoup d'attrait. Le prince de Galles est populaire en Allemagne ; Wallis doit, pour les nazis, paraître la personne à cultiver ; elle doit pouvoir servir leurs intérêts. Joachim von Ribbentrop vient d'Allemagne à cette fin. Ambassadeur extraordinaire d'abord, ensuite ambassadeur d'Allemagne à Londres, puis ministre des Affaires étrangères en Allemagne. Une légende se forme autour des sympathies allemandes de Mrs Simpson qui fera du tort à la duchesse de Windsor. Cette légende veut que Mrs Simpson soit une amie intime de Ribbentrop. L'histoire en a été si largement répandue et acceptée que l'impression est restée, surtout en Allemagne.

Peu avant la guerre de 1939, la duchesse de Windsor sera obligée de s'élever contre ces racontars et déclarera proprement :

« Je ne me rappelle pas l'avoir vu plus de deux fois. La première à un cocktail chez Lady Cunard, avant qu'il ne devienne ambassadeur en Angleterre, la seconde dans une autre grande réception. Je n'ai jamais été seule avec lui, et ne lui ai jamais dit plus de quelques mots, sur les sujets les plus insignifiants. Je n'avais aucune attirance pour la politique. »

En 1943, en pleine guerre, le duc de Windsor sera même obligé de démentir une histoire parue aux Etats-Unis et suivant laquelle, étant aux îles Bahamas, la duchesse aurait eu le portrait de Ribbentrop accroché au-dessus de sa coiffeuse.

L'origine de ces bruits vient des liens tissés autrefois entre l'ambassadeur allemand à Londres et le prince de Galles. La première venue de Wallis à l'ambassade d'Allemagne date de 1934 si l'on en croit la princesse Anne-Marie von Bismarck : « Je me rappelle parfaitement notre première rencontre. C'était à Ascot. Nous nous étions isolés de la foule de l'enceinte royale. Leopold von Hoesch me fit part de son embarras. Le prince lui avait demandé d'organiser un dîner pour lui à l'ambassade d'Allemagne. L'ambassadeur accepta bien évidemment, à la satisfaction des représentants du Foreign Office à Berlin. Le prince demanda alors à brûle-pourpoint s'il serait possible d'inviter Mrs Simpson, d'où l'embarras du diplomate, qui me dit à quel point l'ennuyait la perspective que le gouvernement allemand considère comme un impardonnable faux pas la présence de Mrs Simpson. Sans compter les réactions du Foreign Office et de la famille royale d'Angleterre ! Nous retournâmes la question dans tous les sens. Je finis par dire : "Comme le dîner est pour le prince, il est important qu'il soit content, et, si vous n'invitez pas Mrs Simpson, il s'ennuiera ; peut-être même ne viendra-t-il pas du tout." Le dîner eut lieu. L'ambassadeur avait-il eu ou non l'accord de Berlin ou de Buckingham Palace, je n'en sais rien, mais je tendrais à penser que le palais n'avait pas été consulté. J'étais à côté du prince, car, von Hoesch n'étant pas marié, je faisais office de maîtresse de maison. Nous étions assis autour de grandes tables rondes, et mon mari était à la table derrière moi avec Mrs Simpson. Si bien que le prince, tout en me parlant, ne cessait de tourner amoureusement la tête vers Mrs Simpson pour s'assurer qu'elle était contente. Cette soirée fut très réussie. Le prince et Wallis me séduisirent l'un et l'autre. Elle avait beaucoup d'esprit et je compris alors combien elle était distrayante. »

L'année suivante, Ribbentrop (qui succédera à l'ambassadeur von Hoesch en 1936) est placé auprès de Wallis au dîner de l'ambassade. La soirée est un vrai succès. Le diplomate allemand déploie ses grâces et paraît impressionné par le charme et l'esprit de Mrs Simpson. Le lendemain matin, dix-sept roses sont livrées à Bryanston Court, avec les compliments de Ribbentrop. De ce jour, et chaque matin jusqu'à son retour à Berlin, il envoie dix-sept roses à Wallis. Ces dix-sept roses défrayent bientôt la chronique des Affaires étrangères, aussi bien en Angleterre qu'en Allemagne. Hitler lui-même taquine son diplomate à ce sujet et lui demande ce que cachaient tous ces bouquets.

Peut-être Mrs Simpson s'en est-elle trouvée flattée, peut-être non. Elle vit dans un milieu qui dépasse de beaucoup tous ses rêves. Les hommes d'Etat l'adulent, lui font la cour ; si quelques-unes de ses amitiés tournent plus tard à la catastrophe, il faut se rappeler que Baltimore ne l'a absolument pas préparée à mener une telle existence.

Wallis a-t-elle manifesté des sympathies pour le nazisme, comme l'ont souligné plusieurs historiens ? Assurément, ses idées la situent davantage à droite qu'à gauche. Elle ne porte pas les communistes dans son cœur. Qu'elle ait de prime abord considéré avec quelque faveur un régime qui « remettait de l'ordre » en Allemagne, elle serait loin d'être la seule en Grande-Bretagne. Sir Oswald Mosley et Lady Diana Mitford en tête, l'aristocratie anglaise se montre singulièrement aveuglée par ce qui se passe en Allemagne à partir de 1934. Disons que rien, dans sa correspondance d'alors, ne permet d'admettre qu'elle ait longtemps persévéré dans une telle direction.

Les services secrets anglais soulignent certes déjà à l'époque la « germanophilie agissante » d'Edward, mais nulle trace de pseudo-idylle entre Wallis et Joachim von Ribbentrop. Wallis est-elle d'ailleurs si naïve, elle qui note avec pertinence dans ses *Mémoires* : « Je ne me faisais pas d'illusions sur l'intérêt que me portaient soudain tant de gens éminents. Le bruit s'était répandu même à l'étranger de l'assiduité du prince auprès de moi, et l'on se demandait non sans curiosité qui pouvait bien être la femme qui avait su fixer sur elle les regards du prince de Galles. Je comprenais fort bien que ces habiles stratèges ne voyaient en moi que le moyen d'attirer plus souvent dans leur cercle leur mystérieux et insaisissable prince. A chaque invitation, je sentais que l'on espérait, que l'on attendait de moi ces mots : "Ernest et moi pouvons-nous vous amener le prince ?" Ou encore : "Verriez-vous un inconvénient à ce que le prince nous rejoigne à sa sortie du banquet de la corporation des pêcheurs ?" »

150

LA VÉRITABLE DUCHESSE DE WINDSOR

Mais l'été 1935 arrive, avec ses mois au soleil de la Côte d'Azur. Edward loue en août 1935 la villa *Le Roc* à Golfe-Juan, appartenant au marquis et à la marquise de Cholmondeley, y invite un groupe d'amis et reçoit, avec Mrs Simpson à ses côtés, des visiteurs prestigieux : Winston Churchill et sa femme et Lloyd George. Au début du mois de septembre, ils font une croisière à bord du yacht du duc de Westminster, le *Cutty Sark*, puis empruntent à leur amie Daisy Fellowes le *Sister Anne* pour une excursion de deux jours à l'île de Porquerolles.

Dans l'euphorie estivale, Edward décide d'emmener sa bien-aimée jusqu'en Hongrie. Le couple passe une semaine au bord d'un lac à une heure de Budapest, puis il part pour Linz et traverse le Tyrol autrichien jusqu'à Munich. L'improvisation de ces voyages met l'entourage du prince sur les nerfs. L'un des écuyers, Jack Aird, qui se débat au milieu des préparatifs, dit plaisamment au prince : « Monseigneur, faites donc venir de Londres votre grand écuyer. Le petit écuyer que je suis est véritablement débordé. »

Le couple ne rentre à Londres qu'au début d'octobre. L'automne et l'hiver qui suivent ne sont pour Wallis qu'un tourbillon. Les week-ends qu'elle ne passe pas au Fort la voient dans l'une ou l'autre des résidences de campagne de ses nouveaux amis, toujours plus nombreux. Mais, à Buckingham Palace, l'ambiance n'est pas à la fête. La santé de George V est préoccupante. A l'automne 1935, le vieux roi tombe malade. Il est usé par d'épuisantes obligations qui minent ses forces déclinantes. Wallis est l'un de ses plus graves soucis. La passion d'Edward pour cette femme tourmente le roi. Le souverain se demande même si son héritier, libre de prendre la femme de son choix après son avènement, n'aurait pas l'idée folle d'épouser une *commoner*, ce qu'il lui a expressément interdit, une demi-étrangère... peut-être même cette divorcée de quarante ans ?

151

C'est avec ces sombres pensées que George V meurt le 4 janvier 1936. Son fils lui succède sur l'heure. On dit qu'Edward a alors hésité, mais il a lui-même démenti tous ces bruits. Deux jours auparavant, il s'est déjà rendu chez Baldwin, le Premier ministre, avec son frère, pour se préparer. Maintenant, il est confronté à son destin.

George V meurt juste avant minuit (son médecin a choisi d'adoucir son agonie) à Sandringham. Cette nuit-là, Wallis dîne chez des amis. Comme elle s'apprête à rentrer chez elle après minuit, on la demande au téléphone. Edward l'appelle de Sandringham.

« Tout est fini », lui dit-il.

Elle ne peut que lui dire :

« Oh ! je suis profondément désolée. »

Il ajoute :

« Je ne puis pas encore vous dire quels sont mes projets. Tout est encore si bouleversé. Mais je rentre en avion à Londres demain matin et je vous téléphonerai dès que j'en aurai la possibilité. »

Comme il raccroche, une pensée frappe Wallis : « Désormais, il est roi. » La machine infernale est en marche.

IX

PREMIERS ORAGES

Avec la mort de George V, Wallis sent instantanément se dresser entre Edward et elle la barrière que le respect et la tradition élèvent autour d'un souverain. Edward, lui, est comme pétrifié. Grâce au témoignage de Lord Dawson, on sait précisément que le nouveau roi Edward VIII s'effondre dans une spectaculaire démonstration de douleur, pleurant bruyamment et embrassant frénétiquement sa mère, dans la minute qui suit le décès de son père.

Cet étalage ne peut pas être mis simplement au compte du chagrin d'un fils devant la mort de son père : il y avait trop peu d'amour entre eux. Edward comprend brusquement, en voyant sa mère s'incliner devant lui, combien son avenir le terrifie.

Selon la théorie (contestable) de certains historiens américains, cette explosion nerveuse appelle une autre explication : la fin du projet de quitter le pays avec Wallis. C'est ce que suggéra en tout cas Alan Lascelles à Harold Nicolson : « Edward et Mrs Simpson avaient prévu de s'enfuir ensemble en février. Mais la mort du

153

roi George V les a empêchés de mettre leur plan à exécution. » Une hypothèse corroborée par un message que le prince adresse à Wallis, trois semaines plus tôt, pour le nouvel an : « Oh ! Ma Wallis, je sais que nous aurons *Viel Glück* [1] de nous unir cette année. » Il possède depuis longtemps un ranch au Canada, et il le conserve, dit-il à Alan Lascelles, pour pouvoir s'y réfugier.

« Vous voulez dire pour les vacances, Sire ? lui répond Lascelles. – Non, je veux dire pour tout le temps. »

Mais il s'agit plus d'une idée romantique que d'un objectif concret. Tout est maintenant balayé. Une vieille coutume veut que le premier acte public du nouveau souverain soit de se présenter devant un Conseil Privé d'accession, composé de princes du sang, de ministres et d'anciens ministres et de quelques autres personnalités. Avec les hauts-commissaires pour les Dominions et pour l'Inde, ainsi que le Lord-Maire et les édiles de Londres, ils sont chargés de proclamer son avènement.

Pour préparer cette cérémonie, Edward s'envole pour Londres le lendemain matin dans son avion personnel. L'après-midi, plus de cent conseillers privés s'assemblent dans la salle des banquets du palais de Saint-James. Ils lui jurent fidélité et obéissance, après que le secrétaire du Conseil, Sir Maurice Hankey, leur a lu le texte de la proclamation traditionnelle :

– *Nous, les Seigneurs spirituels et temporels de ce Royaume… ici d'une seule Voix et avec le consentement de la Langue et du Cœur, publions et proclamons que le Haut et Puissant Prince Edward, Albert, Christian, George, Andrew, Patrick, David, est maintenant, par la mort de notre défunt Roi d'Heureuse Mémoire, devenu notre seul Souverain légal et légitime, Lord Edward VIII, Roi, par la*

---

1. « Beaucoup de chance », en allemand.

LA VÉRITABLE DUCHESSE DE WINDSOR

Grâce de Dieu, de la Grande-Bretagne, de l'Irlande, et des Dominions britanniques au-delà des mers, Défenseur de la Foi, Empereur des Indes...

Quelques instants plus tard, Edward se présente devant ce corps éminent et lui adresse la parole en ces termes :

« Quand mon père se tint debout à cette même place, il y a vingt-six ans, il déclara que l'un des buts de sa vie serait de soutenir le gouvernement constitutionnel. En cela, je suis décidé à suivre ses traces et à travailler, ainsi qu'il le fit toute sa vie, pour le bonheur et le bien-être de mes sujets de toutes conditions sociales. Je place ma confiance dans la loyauté et l'affection de mes peuples à travers tout l'Empire, ainsi que dans la sagesse de leurs parlements, pour m'aider à accomplir cette lourde tâche, et je prie Dieu de me guider. »

Pendant cette journée et toute la semaine qui suit, une seule personne semble cependant le guider : Wallis. Edward VIII lui téléphone un nombre incalculable de fois pour l'informer au fur et à mesure de tout ce qui est décidé. Elle est inquiète.

Le 22 janvier, Edward VIII succède officiellement à son père George V. Au milieu de la pompe et des cérémonies traditionnelles, Edward VIII est proclamé roi. Les Londoniens, tête nue et fiévreux d'émotion, écoutent les fanfares de trompettes, le tonnerre des salves d'honneur et la lecture de l'acte officiel d'accession au trône. Les musiques entonnent l'hymne national et la foule reprend en chœur :

> « *Que victorieux, heureux et triomphant,*
> *Il règne longtemps sur nous !*
> *Dieu protège le roi !* »

Sir Gerald Wollaston, le roi d'armes de la Jarretière, lit la proclamation d'accession rédigée en style gothique,

155

où il est question de « notre juste et légitime lige ». Tandis que le grondement du canon noie pratiquement ses mots, Wallis sent quelqu'un lui saisir fermement les mains. Le roi se tient à ses côtés. Rompant avec la tradition, il est venu assister auprès d'elle à sa propre accession. Wallis est parfaitement visible sur les bandes d'actualités et les photographies ; mais sa présence passe inaperçue. Très peu de gens la connaissent, hors de son cercle mondain et des proches du roi. La presse et l'opinion publique n'ont pas la moindre idée de son identité, et encore moins de la nature de ses relations avec Edward. Pourtant, on voit Edward et Wallis partir ensemble dans une voiture royale. Le nouveau roi dépose la jeune femme à Bryanston Court avant de regagner Buckingham Palace et de partir enfin pour Sandringham afin d'assister à la lecture du testament de son père.

Pendant ce temps, le corps du roi George V est ramené à Londres, où il doit être porté en procession à Westminster Hall. Un sombre présage survient le jour de ce triste défilé. La couronne impériale incrustée de pierres précieuses a été retirée de sa châsse de verre à la Tour de Londres, et fixée au couvercle du cercueil parmi les plis du pavillon royal. Bien que les roues soient munies de pneus en caoutchouc, les cahots du lourd véhicule détachent la croix de Malte ornée d'un saphir carré, de huit diamants moyens et de cent quatre-vingt-douze diamants plus petits, qui surmonte la couronne. Celle-ci tombe à terre. Edward VIII, qui suit le cercueil, entrevoit un éclair de lumière dansant sur les pavés. Son premier mouvement est de se baisser et de ramasser le joyau, pour empêcher qu'il ne soit perdu. Puis, un sentiment de dignité le retient, et il continue résolument. Heureusement, le sergent-major, placé en serre-file derrière les grenadiers qui encadrent le cercueil, a vu l'accident. Rapide comme l'éclair, sans manquer un pas, il se baisse, ramasse la croix et la glisse dans sa poche. « Cet incident était étrange, et sans être particulièrement superstitieux, je me demandai s'il n'y avait pas là un mauvais présage », avoua Edward VIII.

Restée chez elle, Wallis s'inquiète d'apprendre par la radio que le roi semble épuisé lors de la longue marche à travers la ville. Elle l'a pressé de revêtir le lourd manteau de cavalerie de son père, ce qu'heureusement il a accepté, mais elle le sait sensible aux coups de froid et aux maux d'oreilles et terrifié à l'idée de tomber malade. Comme toujours, elle conserve les pieds sur terre et consacre toutes ses forces à soutenir l'homme qu'elle aime.

Pourtant, en ces journées historiques, elle ne parvient pas à le voir. Edward qui, deux jours avant la mort de son père, lui écrit : « Je vous aime de plus en plus, et j'ai tant besoin de votre présence à mes côtés. Je me languis de vous voir, même quelques minutes, ma Wallis, cela m'aiderait tant. Vous êtes tout ce que j'ai dans la vie », Edward se voit, au cours des premières semaines de son règne, chargé d'une tâche accablante. Cependant, pas un jour ne se passe sans que Wallis n'ait de ses nouvelles. Mais plus rien n'est comme avant, même si le nouveau souverain ne cesse de lui envoyer un flot de lettres sur papier bordé de noir, émaillées de mots enfantins (leur code à eux) par lesquels il lui témoigne une adoration parfois presque obsessionnelle.

Si tout désormais sépare le jeune roi de la femme qu'il aime, celui-ci n'imagine pas un instant qu'il puisse la perdre. Et pourtant, l'étiquette, la Cour, Buckingham Palace : tout se ligue pour les éloigner. La Cour observe un deuil très strict et Edward ne devant pas se montrer en public sauf pour des cérémonies officielles, Wallis doit renoncer aux dîners dans des restaurants. Certes, les week-ends au Fort continuent, mais empreints d'un subtil changement d'atmosphère. Il faut observer davantage le protocole, se prêter à plus de cérémonial. Edward

157

ne peut se soustraire aux affaires d'Etat, pas plus qu'il ne peut exclure totalement de son cercle ceux qui par tradition ont le droit de servir leur souverain. Les cassettes de cuir rouge qui contiennent les documents exigeant les signatures du roi le suivent jusqu'au Fort. Il dispose de moins de temps pour jardiner. Chacun de ses déplacements, affaire d'intérêt public, requiert les préparatifs les plus minutieux : les noms des gens qu'il reçoit et des lieux où il paraît sont publiés chaque jour dans le Bulletin de la Cour ; et, pour informer le monde entier du lieu de sa résidence, on y hisse l'étendard royal.

Wallis se plie à ces nouvelles contraintes et reconnaît avec justesse dans ses *Mémoires* : « J'eus de la peine à m'adapter à ce changement d'atmosphère. Je me sentais isolée. Mais je dissimulai mes sentiments. Que pouvais-je faire d'autre ? Voyant David absorbé par ses devoirs royaux, je pensai qu'il restait bien peu en lui de Peter Pan. Il était devenu prisonnier de la Couronne. »

Pourtant, une « simpsonite » aiguë s'empare du Tout-Londres qui a de quoi réjouir Wallis. Certaines ladies la harcèlent de lettres et d'invitations, sans même la connaître, afin d'attirer Edward chez elles. Lady Astor note ainsi avec agacement que « Londres bouillonne de rumeurs sur le nouveau roi et ses relations flagrantes avec sa maîtresse, Mrs Ernest Simpson, et son époux de huitième catégorie », dans son journal le 22 mars 1936. « Tout le monde semble atteint d'une nouvelle maladie : "lécher les bottes" de la chère Wallis est du dernier chic. [...] Je suis frappée par le ridicule de l'affaire, toute cette flagornerie est tellement éphémère... »

Selon Janet Flanner, « les invitations de Mrs Simpson arrivaient comme des ordres aux personnes du plus haut rang... Sa position à Londres était sans précédent dans l'histoire, pour une Américaine. Politiquement, celles qui avaient pu la précéder étaient loin derrière elle ». A la vérité, les doyennes mondaines (Sibyl Cole-fax, Margot Oxford, Diana Cooper et Emerald Cunard) apprécient le style de Wallis et l'admirent pour la bonne influence qu'elle exerce sur le prince play-boy.

Wallis ne cesse pas d'être étonnée par toutes ces invitations. Dans ses lettres à sa tante Bessie, elle écrit : « Tout le monde, y compris certains ministres du cabinet, s'est montré très gentil à mon égard... On m'implore de tous côtés de ne pas le quitter tant il est dépendant de moi et l'influence que je puis avoir sur lui dans les choses que je tente de lui faire entreprendre est, que vous le croyez ou non, considérée comme bonne. »

Au fur et à mesure que la période de deuil s'achève, Wallis et Edward se retrouvent de plus en plus fréquemment. Le Tout-Londres sait bientôt que le roi rend visite à Wallis chaque soir à Bryanston Court, et qu'ils passent les week-ends à Fort Belvedere – souvent sans Ernest. La famille royale est de plus en plus souvent associée au couple. « Le roi et son amoureuse, raconte la princesse Alice de Gloucester dans ses *Mémoires*, nous invitaient parfois à dîner. [...] C'était une situation bizarre. Comme le reste de la famille, nous étions mécontents de cette liaison. Mrs Simpson était toujours charmante, amicale, et comme toutes les Américaines, une merveilleuse hôtesse. Après le dîner, nous jouions au vingt-et-un ou au rami, ou nous nous faisions projeter un film. »

Un peu plus tard au printemps, Edward va plus loin. Pour essayer de réconcilier Wallis avec son frère et sa belle-sœur, le duc et la duchesse d'York, le roi décide de l'emmener au Royal Lodge. La duchesse de Windsor a laissé une description idyllique de la scène : « J'avais déjà rencontré à plusieurs reprises la duchesse d'York, soit au Fort, soit à York House. Son charme tant vanté me frappa une fois de plus, et j'admirai son teint éblouissant et ses yeux d'un bleu étonnant. Je me souviens que la conversation traita principalement des beautés comparées des jardins du Fort et de Royal Lodge. Puis on nous servit le thé au salon, où les deux petites princesses nous rejoignirent. La princesse Elizabeth, aujourd'hui reine d'Angleterre, avait alors dix ans, la princesse Margaret Rose six. Toutes deux étaient si blondes, si merveilleusement bien élevées et si immaculées qu'elles semblaient sortir tout droit d'un livre d'images. Elles burent sagement leur jus d'orange tandis que David et sa belle-sœur entretenaient la conversation à laquelle le duc d'York se mêlait à peine. »

Wallis semble donner bonne impression, mais elle détruit bientôt tout l'effet positif qu'elle produit. Devant ses hôtes et leurs filles, raconte Marion Crawford dans ses mémoires, Wallis se dirige en effet vers la fenêtre et déclare que le paysage gagnerait beaucoup à l'abattage de plusieurs arbres et à l'arasement d'une colline. Un conseil guère apprécié. D'ailleurs, depuis l'accession au trône, le roi a des rapports tendus avec le duc et la duchesse d'York. Le prince Albert est désormais héritier présomptif, sa fille la princesse Elizabeth se trouve numéro deux dans l'ordre de succession, et sa femme est la deuxième dame du royaume. Dotée du bon sens écossais, Elizabeth d'York n'aime pas Wallis de façon instinctive. Elle méprise cette femme, maîtresse du roi et qui plus est américaine, et n'apprécie pas de la voir s'afficher si ouvertement comme maîtresse en titre. Comme le note Lady Diana Cooper, deux soirs de suite, alors que le roi et Wallis dînent avec eux, la duchesse reste « de bout en bout froide et distante ».

Certes, pour l'instant, le nom de Wallis ne fait pas encore la une des journaux. Mais il circule dans tous les cercles mondains. Bientôt, il est régulièrement cité dans la presse américaine qui, bien entendu, est distribuée chaque jour en Angleterre. Pour Wallis, la situation devient insupportable. Le 4 mai 1936, elle écrit à sa tante Bessie une longue lettre mélancolique, où elle se plaint d'être écartelée depuis un an et demi entre le roi et Ernest ; elle raconte combien il est difficile de satisfaire deux hommes à la fois, de s'adapter à leurs vies respectives ; elle se dit constamment fatiguée, nerveuse et irritable. Bien que le roi, Ernest et elle-même, poursuit-elle, aient discuté en toute amitié de leurs curieuses relations, et bien qu'Ernest paraisse se contenter de sa position de cocu, elle ne peut pas continuer à endurer une pareille situation.

En fait, le sort de son mariage est déjà scellé. Wallis n'en fait pas allusion dans ses *Mémoires*, ni Edward. Mrs Simpson évoque simplement l'évidence que son mari aime une autre femme [1] et qu'elle doit lui rendre sa liberté. Ce dernier prend une initiative hardie : celle de prendre rendez-vous avec le roi. C'est par un ami d'Ernest, Bernard Rickatson-Hatt, que l'on connaît l'atmosphère de leur entrevue.

Ernest va droit au but. Sans ménagements, il demande au roi s'il a l'intention d'épouser Wallis. « Pensez-vous vraiment, répond le roi comme si la question était réglée, qu'il est possible qu'elle ne soit pas à mes côtés quand on me couronnera ? » Il se lève alors brusquement de son fauteuil. Puis le roi et Ernest semblent se mettre d'accord pour qu'Ernest prenne l'initiative de demander le divorce. Selon le témoin de l'entrevue, « Wallis était flattée des avances du prince de Galles puis du roi et appréciait hautement les cadeaux qu'il lui faisait. Elle pensait qu'elle pouvait les accepter tout en conservant sa vie familiale avec Ernest ». A son mari, elle répète « qu'il peut lui faire confiance, qu'elle prend garde à elle-même, qu'elle apprécie la sollicitude dont elle est l'objet, mais qu'il n'a aucun souci à se faire ».

---

1. Ernest est amoureux de Mary Raffray.

Rickatson-Hatt est convaincu que « sans l'obstination et la jalousie du roi, l'affaire aurait pu continuer normalement sans impliquer la rupture du mariage des Simpson ». Il assure qu'aucune allusion n'est faite à la vie privée de Simpson qui garde l'avantage moral : il apparaît comme celui qui se sacrifie, dans un scénario qui lui offre la liberté qu'il revendique.

Simpson a peut-être simplement l'intelligence de savoir qu'il ne peut lutter contre le roi d'Angleterre. Ni indignation, ni fureur, ni résignation, ni douleur ne paraissent convenables dans cette situation. Si Ernest Simpson a cherché à tirer son épingle du jeu dans ce drame à trois, au moins reste-t-il jusqu'au bout à sa place, victime certes d'un coup du destin, mais exempt d'amertume et toujours gentleman.

Une fois prise la décision de divorcer, Wallis peut passer à l'action. Edward prend rendez-vous avec son avoué, Sir George Allen, dans la City. Wallis s'y rend de son côté. L'homme de loi l'écoute avec un calme tout professionnel, puis demande : « Vous êtes bien décidée à demander le divorce, Mrs Simpson ? » Elle l'assure que sa décision est irrévocable. « Comme vous le savez probablement, reprend-il, je ne me charge pas des procédures de divorce. » Il ajoute qu'il va s'enquérir d'un avocat spécialisé dans ces questions, mais que ceci demandera un certain temps. Quelques semaines plus tard, il lui téléphone pour l'informer que Mr Theodore Goddard se charge du dossier.

Comme on l'a vu, dès l'entretien du roi avec Ernest Simpson, pas un seul instant Edward VIII n'imagine ne pouvoir épouser Wallis. Il a conçu son plan d'action. Il veut arriver à ses fins graduellement, avancer prudemment sans brûler les étapes, mais gagner peu à peu la faveur du pays, de l'Empire, de l'Eglise d'Angleterre, de sa mère la reine Mary et du Parlement. Avec naïveté, il croit pouvoir imposer Wallis à tous. Il mesure l'ampleur des difficultés, mais le roi croit posséder une carte maîtresse : il est roi et son couronnement approche. L'Angleterre ne se débarrassera jamais de son roi.

Edward VIII minimise les résistances. A commencer par celle de sa mère. Dans une conversation avec Lady Airly, la reine Mary se montre singulièrement familière en confiant :

« Je n'ai pas eu envie de parler à David de sa liaison avec Mrs Simpson. D'abord, parce que je ne veux pas donner l'impression de m'immiscer dans sa vie privée. D'autre part, parce qu'il est le plus têtu de mes fils. S'opposer à ses projets ne peut que renforcer sa détermination. Pour le moment, il est très amoureux. Tous mes espoirs reposent sur le fait que les béguins les plus violents finissent généralement par se dissiper. Bien entendu, ajoute la reine Mary, il est exclu que je rencontre jamais Mrs Simpson. »

Elle tiendra parole !

Et pendant ce temps-là, comment réagit Wallis ? Avec expectative. Elle maintient une distance prudente qui contribue à sa réputation de mystère. Elle n'est en rien une calculatrice qui s'accroche au roi pour gagner le jackpot. Sa correspondance prouve plutôt qu'elle se laisse porter par la vague du destin. Elle indique clairement qu'elle doute que les projets du souverain puissent se réaliser. Elle se montre cohérente et lucide, écrivant même : « Si le pire devait arriver, il faudrait que je fasse comme les Arabes, que je plie ma tente et que je m'en aille sans faire de bruit – que je parte en voyage… […] J'espère seulement que S.M. [1] restera folle de moi pendant quelque temps. Mais je ne compte en aucune façon là-dessus pour organiser mon avenir. »

Paradoxalement, Wallis passe rapidement sur le fait que sa sécurité matérielle est désormais assurée. Or,

---

1. Sa Majesté.

lorsqu'elle envisage son avenir, elle y accorde beaucoup d'importance : elle est passée d'une misère décente à un milieu social enivrant, et elle reçoit maintenant de l'argent et des bijoux du roi d'Angleterre. Edward, dit-elle à sa tante, a résolu « mes problèmes financiers jusqu'à la fin de ma vie. [...] J'ai quarante ans et [...] je sais que c'est le seul aspect de mon avenir que je peux contrôler ».

Celui-ci a, en effet, en 1936, concrétisé son amour par un geste généreux. Il a versé 300 000 livres au nom de Wallis (l'équivalent actuel d'un million et demi de dollars), ce qui semble représenter un tiers de sa fortune. On comprend mieux qu'elle se sente désormais « sécurisée » et entame sa procédure de divorce.

« The Court Circular » (la Circulaire de la Cour), qui donne aux lecteurs des journaux anglais le compte rendu quotidien de la vie de la Cour, comprend, le 28 mai 1936, un seul paragraphe. Sous les armes royales, on lit ceci :

« Le roi a donné ce soir un dîner au palais de Saint-James auquel les personnalités suivantes ont eu l'honneur d'être conviées : Lord Louis Mountbatten, le très honorable Stanley Baldwin et Mrs Baldwin, le colonel Lord Wigram et Lady Wigram, le très honorable A. Duff-Cooper et Lady Diana Cooper, le lieutenant-colonel Piers Legh et Mrs Legh, Lady Cunard, l'amiral de la Flotte Sir Ernest Chatfield et Lady Chatfield, le colonel Charles Lindbergh et Mrs Lindbergh, Mr et Mrs Ernest Simpson. »

En principe, ce dîner doit rapprocher Baldwin, le Premier ministre, et Wallis Simpson. Il n'en est rien. Ces deux êtres ne se découvrent aucun point commun, et la personnalité de Mrs Simpson apparaît encore plus étrangère à Mrs Baldwin. Pour cette dernière, son caractère est incompréhensible. La pensée que cette Américaine a volé le cœur de son roi la choque au plus profond d'elle-même, et l'antipathie que Baldwin nourrit est trop grande pour qu'un simple dîner puisse la vaincre.

Pour Wallis, ce genre d'épreuve n'est guère facile, tant elle a conscience des regards qui l'évaluent et des questions dissimulées sous le couvert de paroles polies et banales. Le roi s'entête. Le 9 juillet, le nom de Mrs Simpson reparaît sur les éphémérides de la Cour et cette fois, seul. C'est à l'occasion d'un autre dîner, plus officiel que le précédent. L'un des invités, le vicomte Templewood, note dans son journal intime, ce soir-là : « C'est une femme attirante et intelligente, très américaine et ne saisissant rien ou peu de chose à la vie anglaise. »

Wallis peut difficilement comprendre que rien n'est plus obstiné, dans une monarchie constitutionnelle, que l'Establishment quand il doit affronter un monarque entêté. En sous-estimant ces facteurs, Edward et Wallis courent à leur perte ! D'ailleurs, ces dîners mondains ne font pas avancer Wallis d'un pas. Certes, le roi est toujours le maître de la situation, mais le Premier ministre reste la pièce incontournable sur l'échiquier. Il fait partie de ces hommes d'Etat qui détestent prendre des décisions tant qu'elles ne paraissent pas indispensables. Ce n'est pas la première fois dans sa carrière, ce ne sera pas la dernière, où il se range au parti de l'expectative et ne fait rien, prend le train pour la France où il se rend chaque année et commence tranquillement sa saison d'été.

De son côté, le roi prend aussi des congés ; ils sont assez mouvementés. Par tradition, les vacances royales, telles que les concevait son père, se passent à Balmoral ; Edward, lui, choisit la Méditerranée. Il envisage d'abord de résider sur la Côte d'Azur, dans la propriété de la star de Broadway, Maxime Elliott. Mais la France est alors en pleine grève. Le roi organise donc une croisière, et au lieu de prendre le yacht royal *Victoria and Albert,* il loue à Lady Yule le *Nahlin*. Pour beaucoup, Edward tourne une fois de plus ostensiblement le dos aux coutumes établies par son père. Le *Victoria and Albert* est lent et démodé ; le *Nahlin* est ce qui se fait de mieux : extrêmement luxueux, le yacht possède une salle de gymnastique, une salle de bal, une salle de bains pour chacune des huit cabines de luxe et marche à plus de vingt nœuds. Mais son meilleur atout est que les cinquante hommes de son équipage ont été soigneusement choisis pour leur discrétion.

Du 10 août au 14 septembre 1936 se déroule donc la première croisière qu'Edward fait en tant que roi, bien que la situation internationale ne se prête guère à de telles fantaisies. Le roi a prévu de partir de Venise, mais Mussolini se prépare à conquérir l'Ethiopie et son intervention dans la guerre civile espagnole irrite l'opinion britannique. Le Foreign Office laisse entendre que dans ces circonstances, la présence du souverain sur le sol italien, si brève et non officielle qu'elle soit, risque d'être mal interprétée. Edward cède, non sans une certaine irritation. Ils prennent donc l'Orient-Express et après un arrêt en Yougoslavie pour saluer le prince Paul, Edward et Wallis gagnent la côte dalmate où les attend le yacht [1]. Lorsque celui-ci apparaît, Wallis s'émerveille de sa beauté.

---

1. Les autres invités sont tous des amis intimes du roi ou font partie de sa Maison : Dickie et Edwina Mountbatten ; Duff Cooper et Lady Diana Cooper ; Lord Brownlow, un Lord de service ; le Lord-Lieutenant du Lincolnshire et sa femme Kitty ; Sir John Aird, officier de la Maison du roi ; le colonel Humphrey Butler, grand sportif très connu et sa femme, née Gwendolyn Van Raalte ; Lady Cunard ; Sir Godfrey Thomas, un des secrétaires privés du roi ; l'honorable Mrs Helen Fitzgerald, une Canadienne, épouse d'Evelyn Fitzgerald, agent de change à Londres ; Herman et Katherine Rogers ; et Mrs Gladys Buist, femme du commander Colin Buist.

LA VÉRITABLE DUCHESSE DE WINDSOR

On appareille le 11 août et, quelques jours plus tard, le bateau s'amarre à Sibenik où le maire et de nombreux dignitaires viennent présenter leurs hommages au roi. Une vingtaine de paysans et de paysannes, portant le gai costume national de différentes provinces de Dalmatie, les entourent. Wallis, à sa grande surprise, se trouve autant que lui l'objet de leur enthousiasme. Leur regard va de lui à elle, puis revient à lui, créant un climat de gentillesse et d'allégresse.

Cependant, tandis que le *Nahlin* vogue vers l'Albanie en longeant la côte dalmate, s'arrêtant dans des petits ports de l'Adriatique, le pays tout entier s'éveille à leur approche. Leur incognito s'évanouit sous les hourras et les cris de « Vive le roi ! ». Par une nuit étoilée, le *Nahlin* est ancré près de Cetinje, dans un port de pêche entouré de montagnes. Quel n'est pas l'enchantement de Wallis et d'Edward de voir brusquement les pentes escarpées prendre vie à un commandement muet ! Des milliers de paysans, torche au poing, dévalent les pentes, dessinant sous leurs yeux éblouis un long serpent de feu. Malgré la chaleur et l'humidité, l'étroitesse des cabines et le manque de vent qui gêne les mouvements du yacht, Wallis se délecte dans son rôle de « reine subrogée » ; quant à Edward, il rayonne de la faire goûter à une vie royale. Lorsque le yacht entre dans le canal de Corinthe, Edward se laisse photographier sur le pont, en short et torse nu, sans se douter que ces photos déclencheront de fortes critiques à Londres.

En comparaison, Wallis est plus majestueuse que lui. Elle n'apparaît en maillot de bain que pour nager, elle a toujours le plus grand soin pour son apparence, et ne prend jamais l'initiative de se présenter devant un objectif photographique.

La presse étrangère, elle, se délecte des photographies du couple nageant ensemble ou faisant du canoë. A Athènes, il traverse les rues en grand équipage,

Wallis ayant pris place dans la même voiture que le roi. Tous deux font un soir la tournée des boîtes de nuit et dansent jusqu'à trois heures du matin.

A l'escale suivante, Istanbul, Edward salue Kemal Ataturk. C'est la fin de la croisière. Les passagers quittent le bateau et reviennent à travers l'Europe par le chemin de fer. Ils s'arrêtent à Vienne, où ils écoutent un opéra de Wagner. Le roi, qui s'ennuie, sort à l'entracte. Wallis le suit et réussit à le faire revenir pour les derniers applaudissements.

La presse, en Europe comme en Amérique, guette les plus petits incidents de leur vie. Les journaux britanniques restent muets. La presse américaine est moins discrète, tels certains titres soulignant : « Mrs Ernest Simpson, cheveux auburn, séductrice entre deux âges, ex-beauté de Baltimore, qui est depuis deux ans une amie intime du roi, et se trouve en croisière avec l'entourage de celui-ci. » Les photographies du roi prises au cours de son périple en Méditerranée le montrent seul.

C'est le *New York Times* qui, à la mi-septembre, publie le premier article à sensation : « Tous les projecteurs sont braqués sur Mrs Simpson, tandis que son mari, lui aussi un ami personnel du roi Edward, est à peine mentionné. » Une amitié, poursuit l'article, qui « a provoqué nombre de froncements de sourcils chez les membres les plus anciens de la Cour du roi George. [...] Mais Edward considère que sa vie privée est indépendante de la royauté. Attitude pour le moins inhabituelle chez un monarque ».

Tandis qu'Edward regagne Londres et dîne en tête-à-tête avec sa mère, le 14 septembre 1936, Wallis s'arrête à Paris à l'hôtel Meurice. Est-ce la lecture de la presse étrangère et les photos qui s'étalent à la une qui lui servent de révélateur ? Est-ce le fait d'être jetée en pâture à tous les lecteurs du monde entier ? Avec la certitude d'être une impasse dans laquelle le roi risque de s'embourber, elle écrit à Edward, le 16 septembre, pour lui annoncer qu'elle renonce à lui. Une lettre pleine de ratures, comme si Wallis devait se battre avec elle-même : « Pour de multiples raisons, je dois retourner auprès d'Ernest », lui annonce-t-elle. La première de ces raisons étant qu'elle forme avec son mari un couple harmonieux, et qu'elle est « mieux avec lui qu'avec [Edward] ». Oui, elle avoue son goût pour les belles choses et la vie éclatante. « Mais à choisir, je préfère une vie calme et agréable, car je sais […] que je serai une vieille femme paisible et heureuse. » « Cher David, conclut-elle, je suis sûre que votre existence, dans quelques mois, sera retournée à la normale, comme avant que je vienne vous harceler. Toute votre vie, vous avez refusé de dépendre de votre affection. Nous avons vécu ensemble des moments magnifiques, et j'en remercie Dieu. Je sais que maintenant vous remplirez votre devoir dans une dignité plus grande chaque année. […] Je suis sûre qu'ensemble nous ne pourrions causer que des désastres. […] Je veux que vous soyez épanoui. Je suis sûre de ne pouvoir vous rendre heureux et, honnêtement, je ne pense pas que vous puissiez me rendre heureuse. Je vous ferai tout renvoyer. Je suis sûre qu'après cette lettre vous comprendrez qu'aucun être humain ne peut assumer cette responsabilité, et qu'il serait injuste de rendre les choses plus difficiles encore, en essayant de me voir. »

Clairvoyance ? Panique ? Envie d'échapper à l'imbroglio de sa vie ou tactique pour relancer Edward ? Cette correspondance montre à quel point, à l'automne, Wallis souffre de confusion intérieure. A la lecture de cette missive, Edward lui téléphone sur-le-champ. Selon certains, il menace alors de se suicider. Un stratagème mélodramatique auquel Wallis ne résiste pas. Elle annonce son retour et, après une journée à Londres pour voir son avocat qui a déjà entamé la procédure de divorce, il l'informe qu'il est décidé à ne pas porter le cas devant les tribunaux de Londres, dont le calendrier est si chargé qu'il aurait fallu attendre un an avant le jugement. Aussi est-il adressé au tribunal d'Ipswich, petite ville du Suffolk. Wallis serait représentée par le célèbre avocat Norman Birkett. Puis elle part à Balmoral.

Elle arrive par le train avec ses amis, les Rodgers. Edward VIII, en personne, l'attend sur le quai à la gare d'Aberdeen. Il invite Wallis à prendre place à côté de lui dans son auto, tandis que les Rodgers montent derrière. Non loin de là, dans le même temps, le duc et la duchesse d'York inaugurent, « à la place du roi », les nouveaux bâtiments de l'Hôpital royal.

L'arrivée de Wallis et l'absence du roi provoquent bientôt une polémique à Aberdeen. La presse a le tact de se taire, mais tout le pays s'irrite contre un roi qui a toutes les apparences de négliger ses devoirs, histoire d'accueillir à la gare sa « belle amie ». Des manifestants, chez qui la précision anglo-saxonne s'allie à la chaleur celte, griffonnent des injures à la craie sur les murs.

La colère grossira de mois en mois, jusqu'à ce que le maire d'Aberdeen fasse paraître une explication, destinée à calmer les esprits. « Quelques mois avant la date de l'inauguration de l'hôpital, dit-il, le roi m'a fait savoir par l'intermédiaire de l'Office écossais qu'en raison de son deuil de la Cour, il avait décidé de ne pas paraître à la cérémonie... Mais parce que cette inauguration lui tenait fort à cœur, il avait délégué le duc et la duchesse d'York pour le représenter... Le fait que Mrs Simpson soit arrivée ce même jour à Aberdeen est une simple coïncidence, et quoi que l'on puisse dire sur la présence du roi, précisément ce jour-là, à Aberdeen, il reste qu'il n'a manqué, ce faisant, à aucune promesse. »

« Le malheur voulut, expliqua plus tard Wallis, que mon arrivée à Aberdeen coïncidât avec un jour d'inauguration et de nombreux Ecossais, apprenant la présence du roi, ce jour-là, dans leur ville, se plurent à attribuer son absence de la cérémonie à son désir de venir à ma rencontre. J'en vins à penser plus tard que cette coïncidence malheureuse fut le début de la série de malchances et de malentendus qui se succédèrent à partir de ce moment-là. »

Ce séjour ravit Wallis, même si elle sent bien que le personnel ne l'aime guère. On sait qu'elle a contribué à renvoyer ou mettre à la retraite de vieux serviteurs du roi. L'américanisation des menus n'est pas non plus faite pour plaire aux domestiques, car comme contribution à la traditionnelle grandeur du château de Balmoral, elle suggère de faire servir, après la séance de cinéma et en guise de petit souper, des sandwiches à trois étages. Cette innovation a un tel succès auprès des invités qu'elle crée une petite révolution aux cuisines, tant les commandes affluent.

Avec Wallis, Edward arpente collines et forêts du domaine royal. On imagine que leurs discussions portent sur la tactique et la stratégie à adopter. Le divorce doit être prononcé le mois suivant. Comment présenter la situation, le jour venu, au peuple britannique ? Deux semaines plus tard, Wallis écrit au roi pour lui suggérer : « Il serait peut-être mieux que je disparaisse tranquillement. » Edward VIII ne veut pas en entendre parler, hâtant au contraire l'ouverture des auditions. Wallis racontera plus tard : « Quelles qu'en soient les raisons ou les circonstances, un divorce est toujours une pénible expérience. Avant le procès, je me demandais si je ne commettais pas une erreur, si je ne me laissais pas entraîner par mon mépris des conséquences, et si, par ce geste, je ne ferais pas tort au roi. Je finis par me calmer en me disant que de toute façon il était trop tard pour revenir en arrière. »

Il est en effet trop tard. Plus rien ne peut arrêter le cours de l'histoire.

X

DIVORCE

L E 19 octobre 1936, le Premier ministre demande audience au roi. Celui-ci l'invite à Sandringham, mais Baldwin décline cette invitation : l'entrevue exige plus de discrétion. C'est, sans doute possible, l'ouverture des hostilités. La première manifestation des mauvaises intentions de Baldwin.

Le roi accepte de le rencontrer le lendemain matin, dans la quiétude de Fort Belvedere. Mais l'entrevue inquiète Wallis : « Je fus d'abord abasourdie, écrira-t-elle, puis, comprenant mieux la pensée de Mr Baldwin, épouvantée. Car il ne pouvait y avoir qu'une seule explication à cette intervention délibérée et sans précédent : Mr Baldwin, persuadé que David désirait m'épouser, cherchait à rendre la chose définitivement impossible. »

Comme il le racontera plus tard, Baldwin s'adresse alors au roi non pas en ministre, mais en ami. Mais, de son côté, le roi lui refuse ce titre, disant qu'il a trouvé Baldwin en poste lors de son accession au trône, et qu'avant cela il ne l'a rencontré qu'une fois au Canada.

Et toute la conduite de Baldwin ne témoigne d'ailleurs pas de sentiments très amicaux : lors de cette première conversation qui se tient à onze heures du matin, il prie le roi de lui faire donner un verre de whisky et, quand on le lui apporte, demande au roi s'il ne boirait pas avec lui ; celui-ci refuse [1].

D'emblée, Baldwin va au cœur du problème :

« Vous vous rappelez, Sire, que lorsque nous sommes revenus ensemble de Folkestone, vous m'avez dit que je pouvais parler librement de tout devant vous. Cette autorisation vaut-elle toujours lorsqu'une femme est en jeu ?

— Sans doute », répond le roi d'un air méfiant.

Baldwin se fait paternel. Il ne parle pas du mariage, mais suggère au roi de persuader Mrs Simpson de ne pas divorcer, en raison des critiques qui vont s'élever dans la presse américaine et des conséquences qui ne manqueront pas de retomber sur la monarchie britannique et sur l'Empire. Edward prend un air désinvolte et dit :

« Mr Baldwin, je ne me reconnais pas le droit d'interférer dans les affaires individuelles. Ce ne serait pas bien de ma part d'essayer d'influencer Mrs Simpson, tout bonnement parce qu'elle se trouve être l'amie du roi. »

Une réponse judicieuse. En fait, le Premier ministre a l'air de sonder la profondeur des sentiments d'Edward VIII et de se demander s'il s'agit seulement d'une passade ou d'un amour véritable. La conversation prend fin sans qu'il demande si Edward a l'intention d'épouser Wallis. En se levant pour prendre congé, il murmure quelques mots de satisfaction sur la glace qui est maintenant brisée. « J'avais sur le bout de la

---

1. La réponse d'Edward VIII ne manque pas de piquant : « Non, merci, Mr Baldwin, je ne bois jamais avant sept heures du soir. »

langue la bonne réponse, dira le roi : jusqu'à présent, la seule glace brisée était celle qui avait fondu dans son verre. Mais le sens de l'humour, chez Mr Baldwin, étant intermittent et imprévisible, je jugeai préférable de n'en rien faire. » Ils se quittent, sinon avec de chaleureuses déclarations d'estime mutuelle, du moins sans amertume, puisque, en prenant congé, Baldwin complimente le roi sur la beauté de son jardin et lui donne un bon conseil pour ses bordures de plantes vivaces.

Mais aucun des deux n'est dupe. Ni l'un ni l'autre n'ont laissé percer de sentiments personnels ; chacun d'eux s'est trompé sur l'attitude de son interlocuteur. Baldwin s'imagine que le roi admet son point de vue. Le roi se flatte de laisser l'affaire sur le terrain privé, sans que l'opinion publique ait à intervenir.

Or, il s'agit bien d'une affaire d'Etat. Wallis a d'ailleurs l'attitude qu'il convient : « Pour la première fois, j'eus peur, note-t-elle alors. David s'efforça de me rassurer et de minimiser l'importance de la visite du Premier ministre. "Ne vous effrayez pas, me dit-il. Je suis persuadé que nous arriverons à triompher de tous les obstacles." Mais, en dépit de ses encouragements, je restai persuadée que nous entendrions encore parler de Stanley Baldwin. » A l'approche du divorce, le roi appelle personnellement les propriétaires des différents journaux de Londres et réussit à obtenir la promesse que l'imminente audience du divorce de Wallis à Ipswich sera traitée avec la plus grande discrétion. Mais la presse américaine ne s'engage à rien.

C'est par elle que la love-story Edward-Wallis commence à être connue de l'opinion. Celle qui est encore Mrs Simpson en fait l'amère expérience en se rendant le 20 octobre chez son coiffeur, le célèbre « Antoine » dans Dover Street. Quelques journalistes avertis de son arrivée, sans doute par une indiscrétion du salon, l'attendent devant la porte. Des photographies sont prises. Peu à peu, la foule grossit dans Bond Street. On se passe le mot : « Mrs Simpson est entrée ! » Le nom, ce qu'il représente, n'a pour la plupart des gens qu'une signification vague, mais il est en tout cas synonyme de mauvais présage ; on sait que le roi y est plus ou moins associé. Bientôt, par centaines, les badauds encombrent la chaussée pour entrevoir cette femme mystérieuse. Dans le salon de coiffure, Mrs Simpson a peur et demande aux inspecteurs de Scotland Yard qui l'accompagnent comment partir. Un détective découvre une porte à l'arrière et quand Wallis est prête, fait prévenir le chauffeur d'y amener la voiture. Il exécute l'ordre et la foule suit. Mrs Simpson, ignorant que la manœuvre a échoué, paraît et un brouhaha s'élève. Bouleversée, prise de court, elle monte précipitamment dans l'auto. Puis, songeant que sa banque est toute proche, elle fait arrêter la voiture. Dans le bureau du directeur, elle attend en sécurité que les curieux se soient dispersés. Alors seulement, elle se fait reconduire chez elle. L'alerte a été chaude !

Le 23 octobre, le roi se rend à Londres pour dîner avec sa mère à Marlborough House. Il la trouve consternée, dans la plus grande dignité, par la perspective de son possible mariage avec Wallis. L'audience du tribunal d'Ipswich est fixée au 24. Torturée par mille pensées, Wallis passe la nuit précédente à arpenter sa chambre. Elle n'est pas contente de perdre Ernest ; elle ne l'est pas davantage à l'idée de devenir reine. Elle prend presque peur. Elle perd son habituel sang-froid et sa maîtrise. Comme le soulignera Lady Diana Cooper : « Je ne crois pas qu'elle intriguait depuis le début. Elle appréciait les attentions que lui réservait le roi, et puis tout cela l'a dépassée. »

Wallis entre en scène à Ipswich, dans l'après-midi du 27 octobre 1936. Des gardes en tunique écarlate et en culotte noire annoncent l'entrée de Sa Seigneurie, Sir

LA VÉRITABLE DUCHESSE DE WINDSOR

John Anthony Hawke. Le procès W. Simpson contre E. A. Simpson est le premier litige inscrit au rôle de la journée. La ville est pleine de curieux : journalistes, correspondants étrangers et photographes. Certains sont perchés jusque sur les toits, car on leur a interdit d'opérer. Certains journalistes ont été admis dans la salle du tribunal, mais on a restreint le nombre de sièges. Le visage mince derrière ses lunettes, Norman Birkett, l'avocat de Mrs Simpson, arrive avec elle et se place à ses côtés à un coin de la grande table jusqu'à ce qu'elle soit appelée à la barre des témoins. La séance commence :

« Votre Seigneurie, déclare Me Birkett s'adressant au Lord Justice, je représente la demanderesse, ainsi que mon savant ami Mr Frampton. »

Wallis se dirige vers la barre des témoins. Le greffier se lève également et tend à un huissier les Saints Evangiles pour qu'il les remette à Wallis. On lui dit de lever la main droite et de prêter serment : « *Je jure devant Dieu de dire la vérité, toute la vérité et rien que la vérité.* »

Wallis Simpson obtempère. Elle répète la formule d'une voix claire. Me Birkett prend la parole. Mrs Simpson se tient en face de lui. « J'étais bien trop tendue pour prêter attention à mon entourage, ou même pour suivre les détails de la procédure qui ne dura d'ailleurs que quelques minutes, confiera Wallis. Mais je me souviens parfaitement de l'hostilité que me témoigna le juge, tandis que je prêtais serment et des efforts qu'il fit pour désarçonner Me Birkett. Persuadée qu'il allait repousser ma demande en divorce, je connus des minutes d'angoisse. »

L'avocat expose l'affaire : « Mrs Simpson est mariée depuis le 21 juillet 1928 ; elle n'a pas d'enfant. Sa vie a été heureuse jusqu'à l'automne 1934, mais l'attitude de son mari s'est modifiée à ce moment. Il est devenu indifférent et s'absente fréquemment pour les week-ends. Il a persisté dans cette conduite malgré les plaintes de

Wallis Warfield à l'âge de 9 ans.

7 décembre 1914 : le bal du
« Bachelor's Cotillion », la
soirée de « débutante » pour
Miss Wallis Warfield.

Séjour thermal à Baden-Baden en
1930 avec son deuxième mari Ernest
Simpson et sa tante Bessie.

Wallis et Edward enfin mariés, le
3 juin 1937, au château de Candé.

La visite de trop : dans l'Allemagne nazie, en 1937.

Le couple dans ses incessants
voyages et mondanités.

En 1954, Wallis et la princesse Constantin de Bavière.

Garden party à l'ambassade de Grande-Bretagne : Wallis en est la reine !

En 1969, première au Lido. Wallis en compagnie de Maurice Chevalier.

Première à Chaillot du film *Histoire d'un roi*.

La couverture originale du livre de la duchesse de Windsor, paru en 1956.

Quelque temps avant
la mort du duc de
Windsor...

La propriété du Bois de Boulogne où il s'est éteint.

Mrs Simpson. Peu de temps après Pâques, la demanderesse a reçu une lettre qui paraissait adressée à son mari, bien qu'elle porte son nom à elle sur l'enveloppe. Elle consulte ses conseils et une enquête ultérieure lui permet d'introduire une instance en divorce. Le 23 juillet, elle écrit à son mari pour lui faire part de ses intentions. Sa demande est fondée sur le fait que Mr Simpson, au cours d'un voyage, est descendu à l'Hôtel de Paris, à B..., en compagnie d'une dame. » Me Birkett produit le registre de police de l'hôtel. Il apparaît que Mr Simpson a signé ce registre d'un faux nom, mais son écriture est reconnaissable.

Me Birkett salue la Cour, remercie sa cliente et s'assied. Un valet de chambre, une femme de chambre et le portier de l'Hôtel de Paris confirment le séjour que Mr Simpson a fait en cet hôtel en compagnie « d'une dame ». Me Norman Birkett se lève et dépose ses conclusions. Il demande un jugement de divorce *nisi* [1]... et la condamnation du défendeur aux dépens.

Sa Seigneurie admet que la demande de Mrs Simpson est justifiée par l'adultère de son conjoint et fait remarquer toutefois que le nom de la complice de Mr Simpson est absent du procès. Par discrétion, il est mentionné seulement dans la demande de Mrs Simpson. « Alors, plaise à Sa Seigneurie de rendre un jugement de divorce *nisi* avec condamnation du défendeur Ernest Simpson aux dépens. » Et Sa Seigneurie rend un jugement conforme aux conclusions de la demanderesse, Mrs Simpson.

---

1. *Nisi* est un mot latin qui signifie « à moins que ». Un décret *nisi*, d'après la loi anglaise, est la première des deux étapes dans l'obtention du divorce, la seconde étant le décret définitif qui, en ce temps-là, réclame un délai de six mois. Wallis ne peut donc pas se remarier avant fin avril 1937. Cependant, les fêtes du couronnement étant fixées au 12 mai, cela laisse un temps suffisant pour essayer d'arranger les choses.

LA VÉRITABLE DUCHESSE DE WINDSOR

Wallis quitte la Cour et se hâte vers son automobile qui l'attend derrière Shire Hall. Les journalistes se précipitent dans son sillage, mais on a pris soin de fermer toutes les portes du tribunal. « Silence, silence ! » crient les huissiers. Les journalistes doivent attendre que l'automobile de Mrs Simpson ait pris de l'avance. Quand la voiture s'engage dans Bond Street, un véhicule de la police bloque la circulation. Des agents bousculent les photographes et écrasent leurs appareils. La voiture de Mrs Simpson continue sa route jusqu'à Felixtowe, où elle s'arrête. De là, sous une terrible averse, Wallis regagne Cumberland Terrace, sa nouvelle résidence londonienne.

A peine est-elle arrivé qu'Edward lui téléphone de Buckingham. Bien évidemment, il connaît déjà l'issue des débats. Il vient dîner dans son appartement donnant sur Regent's Park. D'emblée, il lui offre ce soir-là une bague de fiançailles avec une énorme émeraude [1] (évaluée plus tard à cinq cent mille dollars) où il est inscrit : « *NOUS sommes l'un et l'autre, maintenant, 27.X.36* » (les initiales de leurs prénoms, W pour Wallis et E pour Edward, forment le mot WE – NOUS). Elle accepte le cadeau. Edward VIII vient de remporter sa plus grande victoire. Wallis, quant à elle, a réellement brisé les ponts avec son passé.

Au point de notre récit, il convient de s'arrêter sur l'atmosphère qui entoure les premiers mois de règne

---

1. Cette bague de fiançailles a toute une histoire. Wallis aurait connu l'existence d'une célèbre émeraude : celle du Grand Moghol, l'une des plus belles pierres de sa catégorie, qui a appartenu aux anciens maîtres de l'Inde. Le roi a pris contact dans ce but avec le bijoutier Cartier. Celui-ci rechercha la pierre dans le monde entier, ce qui l'a amené à Bagdad. Une fois montée par les joailliers de chez Cartier, l'émeraude est apportée à Londres. Selon certains, le roi l'aurait déclarée trop chère ; il n'en paierait, aurait-il dit, que la moitié. Aussi Cartier reprit son émeraude, la coupa en deux et en apporta la moitié au roi.

d'Edward VIII. Pendant les trois cent vingt-cinq jours que dure son court règne, il est l'objet des pires rumeurs et calomnies. Certes, son arrivée au palais a semblé sonner le glas de la vieille étiquette : sous l'influence de celle qui deviendra sa femme, il change les horaires, et se heurte vite à l'hostilité du personnel. Sans doute manque-t-il de souplesse. En public, il a beaucoup d'atouts : une popularité incontestable, du charme et un certain anticonformisme. Mais en privé, il témoigne d'un caractère difficile, lunatique, arrogant, que reflète sa vie sentimentale.

Mais la calomnie et les rumeurs entourent le moindre de ses faits et gestes. On dit ainsi que, lors de sa première garden-party, il arrête brusquement la réception des jeunes débutantes ; mais personne n'ajoute qu'il s'est mis à pleuvoir. On dit que, contrairement à l'usage, il avance de deux jours les obsèques de son père ; mais personne n'ajoute que cela a été fait sur le désir de la reine Mary. On dit qu'il se rend en auto à l'ouverture du Parlement, au lieu d'y aller dans le carrosse doré traîné par huit chevaux ; mais personne n'ajoute que, le matin, on lui a annoncé qu'il fera mauvais, et qu'il a renoncé à l'équipage royal parce qu'il trouve absurde que les troupes fassent la haie sous la pluie.

Dans une tonalité plus calomnieuse, les commères de Windsor assurent qu'à Fort Belvedere les papiers d'Etat traînent partout et que, quand le Foreign Office veut adresser une réponse à l'Allemagne, il faut demander à plusieurs reprises les documents que le roi n'a pas renvoyés. Or, en fait, jamais une pièce officielle n'attend plus longtemps qu'il n'est nécessaire.

D'autres accusations sont presque comiques. Ainsi, on prétend qu'à Balmoral, le roi a forcé des cerfs, mais au lieu de les tirer, il les a seulement photographiés, puis les a laissés s'échapper, ou bien qu'il s'est rendu à l'église, avec son frère, en voiture fermée et non découverte. Au retour, il a pris le même train que ses invités.

Quand on ne l'attaque pas sur son style de vie ou sur son peu de goût pour l'étiquette, c'est son intelligence et même ses capacités intellectuelles que l'on met en doute : « Le roi n'est pas un penseur, dit son Premier ministre, Stanley Baldwin. Il prend ses idées dans la presse quotidienne, au lieu de mener une réflexion personnelle. Pas de lectures sérieuses. Aucune. » Lord Brownlow va plus loin en affirmant : « Le roi était comme un écolier. Son lit était entouré de chaises, et sur chacune d'elles trônait un portrait de sa bien-aimée Wallis. C'était une obsession. »

Certes, Edward, comme tous les amants, se modèle sur les façons de celle qu'il aime. Son caractère est fait de sautes d'humeur imprévisibles. Loin de Wallis, il devient morose, accablé, presque anéanti. Auprès d'elle, il se sent léger. Ainsi, un jour, surpris par une averse, des témoins l'entendent crier à sa bien-aimée, comme un adolescent :

« Allez, Wallis, passons entre les gouttes. »

En soulignant son côté juvénile et sa dépendance vis-à-vis d'une femme plus âgée, l'Establishment de l'époque joue sur du velours. Ainsi, de nombreux membres du gouvernement assurent que le roi est immature, inexpérimenté, et si éloigné de toute idée d'abnégation qu'il est inapte à l'exercice de toute responsabilité. Personne n'aborde ces questions ouvertement, bien sûr, pas plus qu'on n'évoque son infantilisme, mais mille anecdotes le suggèrent de façon pernicieuse.

Edward n'est pas le seul à être calomnié. *Time Magazine* aux Etats-Unis n'hésite pas à publier que Mrs Simpson aide le roi « à dépenser des milliers de guinées royalement, impérialement, follement... cependant elle réprimandait des serviteurs s'adonnant à des dépenses exagérées pour des ingrédients du genre savon de bain et le roi Edward renvoyait à tour de bras les domestiques, dès qu'elle proférait la plus légère plainte ».

De Wallis, on dit qu'elle porte une robe empruntée, lorsqu'elle paraît à la Cour ; que son mari reçoit du roi un gros chèque pour accepter le divorce par complaisance. Et surtout, on parle du dossier. Un dossier que l'équivalent du ministère des Affaires intérieures, le Home Office, a constitué comme sur toutes les personnalités importantes. Il contient, paraît-il, tous les secrets d'une vie privée immorale. Personne n'a vu ce fameux dossier, mais tout le monde en parle !

Wallis, trop occupée à suivre au jour le jour le cours de son destin, essaie d'ignorer cette boue. « Mais que pouvais-je contre ces rumeurs ? » plaide-t-elle dans ses *Mémoires*. D'ailleurs, elle s'inquiète bien davantage de ce qui se passe autour d'elle. Elle ne peut plus sortir sans que les gens s'arrêtent pour la dévisager.

De toute évidence, et en dépit du silence observé par les journaux anglais, les milieux dans lesquels elle évolue sont parfaitement au courant des bruits qui circulent à l'étranger. Elle s'efforce d'être sereine et de ne pas accabler Edward de ses angoisses. Le photographe mondain Cecil Beaton estime qu'« elle est résolue à l'aimer. [...] Elle assume une immense responsabilité en s'occupant de quelqu'un qui – tout en étant si différent – s'en remet totalement à elle ».

Les archives de Wallis démontrent qu'elle reçoit un nombreux courrier composé de lettres d'encouragement. Ses correspondants (peut-être intéressés ?) l'assurent de leur soutien, la supplient de faire face aux ragots et surtout réussissent à la convaincre qu'elle aide le roi de manière inestimable. Il faut reconnaître à Wallis une assurance et un équilibre solides pour affronter cette période difficile.

Des qualités d'autant plus nécessaires qu'éclate en novembre « une bombe alarmante », selon les termes de la duchesse. Dans la soirée du 13 novembre 1936, Edward VIII est à Fort Belvedere. Son maître d'hôtel l'informe qu'une lettre urgente de son secrétaire privé, le major Hardinge, l'attend. La lettre est brève et précise :

« Buckingham Palace,
13 novembre 1936.

Sire,

Avec mes humbles devoirs,
En ma qualité de secrétaire particulier de Votre Majesté, je considère qu'il est de mon devoir d'attirer votre attention sur les faits suivants qui sont parvenus à ma connaissance et que je sais être exacts.

1/ Le silence qu'observe la presse britannique au sujet de l'amitié qui lie Votre Majesté à Mrs Simpson ne sera pas maintenu plus longtemps. Ce n'est plus sans doute qu'une question de jours avant que l'affaire éclate. A en juger par les lettres que nous recevons de sujets britanniques vivant à l'étranger, où la presse a amplement commenté la chose, les effets n'en pourront être que désastreux.

2/ Le Premier ministre et les membres du cabinet se réunissent aujourd'hui pour discuter des mesures qu'il convient de prendre en face de la situation sérieuse qui est en train de se créer. Votre Majesté ne peut ignorer que la démission du gouvernement, éventualité qui ne saurait être exclue, mettrait Votre Majesté dans l'obligation de trouver un homme capable de former un gouvernement qui aurait l'appui de l'actuelle Chambre des Communes. Etant donné les sentiments qui prévalent parmi les membres de la Chambre des Communes, à quelque parti qu'ils appartiennent, j'ai des raisons de croire la chose quasi impossible. Il ne resterait donc qu'une solution : dissoudre le Parlement et procéder à des élections générales dont la vie privée de Votre Majesté serait le pivot... et je ne puis m'empêcher de penser que ceux-là mêmes qui sympathisent avec Votre Majesté en tant qu'individus, ressentiraient profondément le tort causé à la Couronne, cette pierre angulaire sur laquelle repose l'Empire tout entier.

Si Votre Majesté m'autorise à le dire, une seule mesure permettrait d'éviter cette dangereuse situation : ce serait que Mrs Simpson quitte l'Angleterre sans délai. Je supplie Votre Majesté d'accorder à cette proposition la plus sérieuse considération avant que la situation devienne irrémédiable. Du fait du changement d'attitude de la presse, la question présente un caractère d'extrême urgence.

J'ai l'honneur, etc.

Alexander Hardinge.

P.-S. - Je pars ce soir après le dîner pour High Wycombe où je chasse demain, mais je laisserai mon numéro de téléphone au bureau de poste. Je suis, bien entendu, à l'entière disposition de Votre Majesté si je puis Lui être de quelque utilité. »

La réaction d'Edward à la lecture de cette missive est violente : « J'étais choqué et furieux : choqué de la soudaineté du coup, furieux de la façon dont il était porté, avec ce conseil stupéfiant de chasser de mon pays, de mon royaume, la femme que je voulais épouser. [...] Ce qui me blessait était la froideur cérémonieuse avec laquelle était traitée une question si personnelle, affectant tout le bonheur de ma vie. Comment devais-je le comprendre ? Comme un avertissement ? Un ultimatum ? Il y avait la phrase : "J'ai des raisons de croire." De qui Alec Hardinge pouvait-il tenir tout cela, sinon du Premier ministre ? Mais quel but poursuivait Mr Baldwin ? Essayait-il de sonder la profondeur de mon attachement ? S'il s'agissait de me décider à renoncer à Wallis en braquant sur moi, comme un pistolet, la menace de la démission du gouvernement, ils s'étaient trompés sur mon compte. J'étais épris, et de plus, ils m'avaient atteint au plus profond de ma fierté. »

Wallis n'est pas en reste, elle qui note à la lecture de cette lettre : « Je fus anéantie. Sans vouloir me l'avouer, j'avais toujours su qu'un tel coup nous serait asséné. Qu'un homme dont le rôle même consistait à maintenir les contacts les plus étroits avec les ministres pût écrire une lettre pareille signifiait sans aucun doute que le gouvernement avait l'intention de s'opposer à la volonté du roi. Il ne me restait qu'une chose à faire : quitter l'Angleterre au plus tôt, comme le demandait Hardinge. »

Bien évidemment, le roi lui réplique qu'il n'en est pas question et que rien ne l'empêchera de l'épouser. Elle le supplie de changer d'avis. Il refuse. Si le gouvernement n'approuve pas ce mariage, il est prêt à quitter le trône. Alors Wallis se met à pleurer. Elle lui assure que c'est folie que de raisonner de la sorte. Il se montre inflexible. Il décide de consulter aussitôt Sir Samuel Hoare et Duff Cooper, après quoi il convoquera le Premier ministre.

Longtemps Wallis se reprochera de s'être laissé persuader de ne pas quitter l'Angleterre immédiatement. D'autant que, d'emblée, le roi évoque son intention d'abdiquer si le pays s'oppose à leur mariage. En fait, comme elle le reconnaîtra elle-même avec réalisme, Wallis a une idée fausse de la situation. Son ignorance de la véritable position du roi dans la monarchie constitutionnelle la berne. Elle ignore encore à quel point le roi peut être vulnérable, comme son pouvoir est restreint et de peu de poids ses désirs en face de ceux de ses ministres et du Parlement. A sa décharge, il faut reconnaître qu'Edward VIII ne fait rien pour lui enlever ses illusions. Lui-même ne peut imaginer que ses sujets acceptent le départ d'un homme qui les a tant aimés et si bien servis.

Edward VIII choisit de demander à son ami Walter Monckton d'être son conseiller personnel et de faire la liaison entre lui et le n° 10 Downing Street. Un bon choix, car cet homme va conduire dignement ces négociations constitutionnelles compliquées. Mais les dés sont en quelque sorte faussés. Le Premier ministre a résolu avec machiavélisme de jouer un double jeu. Stanley Baldwin a alors près de soixante-dix ans. Très populaire, ce fin politique a un sens aigu des réalités ; content de savoir que physiquement il a tout de John Bull, il professe l'horreur des politiciens et se flatte d'être un campagnard. De là, chez lui, deux attitudes : l'attitude publique et l'attitude privée. En public, il est bourru, honnête, direct. En privé, il est méfiant. Dans le privé, ses intentions sont souvent bonnes, parfois mauvaises, mais pour arriver à ses fins, il n'hésite pas à tromper le public, à tromper ses amis, à tromper tout le monde. Pour les ministres de son cabinet, et dans le même temps pour le grand public, il est le défenseur officiel du roi, décidé à l'aider de toute sa puissance à résoudre sa crise personnelle... « même si nous devions en souffrir ensemble ». Mais quand la crise se produit, ses intimes clairvoyants vont comprendre aisément que son but est diamétralement opposé. Depuis toujours il a arrêté de détrôner Edward et d'installer à sa place les York, ses préférés [1]. Edward VIII ne peut que s'engager dans une impasse.

---

1. Longtemps avant la mort du vieux roi George V, lorsque Baldwin apprend l'amour d'Edward pour Mrs Simpson, le commentaire qui accueille cette nouvelle est plein de signification. Il discute avec les chefs de l'opposition sur l'avenir possible de la monarchie et laisse tomber : « Les York feront très bien l'affaire. »

XI

L'ABDICATION

LE 16 novembre 1936, le roi suit le calendrier prévu : il part au pays de Galles visiter le bassin charbonnier ravagé par le chômage et la pauvreté. Soucieux d'y améliorer les conditions de vie, il bouleverse le gouvernement par une déclaration publique où il montre son émotion et sa volonté de faire bouger les choses. Le matin suivant, la presse anglaise est pleine d'articles favorables à cette intervention. Malheureusement, il y en a trop. Deux journaux grossissent les brèves paroles d'encouragement qu'Edward a adressées, jusqu'à en faire un discours qu'il n'a jamais prononcé. Le *Daily Mail*, qui éprouve plus de sympathie pour lui que pour le gouvernement, fait l'éloge de son initiative. Le lendemain, le *Times* proteste violemment contre cette interprétation qui veut servir le renom du roi.

En filigrane, s'opposent en réalité les deux principales personnalités de la presse : le magnat Lord Max Beaverbrook, acquis au roi, et le rédacteur en chef du *Times*, Geoffroy Dawson, favorable au Premier ministre. On a dit souvent que le *Times* est l'un des fondements

186

de l'Empire britannique, aussi important que le sont le Parlement, le roi, la flotte, la Banque d'Angleterre ; on a dit aussi que l'on pouvait y lire plus d'un siècle d'histoire d'Angleterre. Quand le *Times* marche avec le gouvernement, les deux puissances se soutiennent, car elles ont besoin l'une de l'autre. Si, de plus, elles s'unissent à l'Eglise pour un but déterminé, cette Trinité est toute-puissante et la majorité gouvernementale devient presque inébranlable.

Jusqu'à quel point et à quelle date ces trois éléments s'allièrent-ils pour renverser Edward VIII et le contraindre à l'abdication ? En 1952 (soit seize ans après la crise), Lord Beaverbrook a attribué au rédacteur en chef du *Times* un rôle de premier plan dans son départ. Passant en revue le quatrième volume de *History of the Times* et appuyant ses conclusions sur les communiqués de l'annexe de l'abdication, il a certifié qu'après Baldwin, Dawson était le principal responsable de cet événement ; il est parvenu, dit-il, à faire abdiquer Edward VIII « par des méthodes pour beaucoup condamnables, et avec une vigueur particulièrement venimeuse ».

Les accusations de Lord Beaverbrook sont justifiées. Dawson est depuis des années l'ami de Stanley Baldwin ; l'archevêque de Canterbury, qui a été son maître à Oxford, fait partie du conseil d'administration du *Times*. L'alliance du pouvoir politique, de la presse et de l'Eglise donne à ce trio une force invincible. Le *Times* commence par mettre en garde le roi après son « discours » du pays de Galles, sous prétexte que de telles manifestations, « si elles continuaient, menaceraient d'impliquer le Trône dans la politique ». Aussitôt après, le journal critique Edward parce qu'il a exercé une influence illicite sur la nomination de son gouverneur général en Afrique du Sud ; il est de son devoir de se maintenir au-dessus « de la réprobation publique et du ridicule ». Le lecteur doit avoir le sentiment que son roi est publiquement réprimandé.

Wallis déteste et redoute Dawson. Elle décrypte les allusions qu'il fait passer à la une du *Times*. Certes, pour un public mal informé, elles peuvent sembler de peu d'importance. Mais pour le couple, nul avertissement ne saurait être plus clair. Les armes sont fourbies !

De tous côtés, on effraye le roi. Baldwin prétend savoir que le peuple est hostile à son mariage. Dans l'entourage de l'archevêque, on apprend que celui-ci refuserait de le couronner plutôt que de le marier à une divorcée. Le *Times* le gronde comme un écolier. L'entrevue avec Baldwin le 16 novembre est cruciale. Edward VIII joue sa carte maîtresse et pose un ultimatum : pas de mariage, pas de couronnement, et il ajoute : « Je suis décidé à épouser Mrs Simpson et disposé à quitter la place. » Baldwin répond hypocritement qu'il s'agit là « d'une nouvelle bien douloureuse ». A l'issue de leur rencontre, Edward VIII notera : « Je n'avais jamais sous-estimé le poids et l'autorité du groupe que représentait le Premier ministre. Ses principaux ministres, ceux qui lui étaient les plus proches, étaient profondément conservateurs, non seulement dans leurs idées politiques, mais aussi dans leur mode de vie. Derrière eux, comme une ombre insaisissable, je devinais l'archevêque de Canterbury. Chose curieuse, je ne le rencontrai pas une seule fois pendant cette période. Il se tint à l'écart jusqu'à ce que la trame fatale eût été tissée et que la crise fût terminée. »

Plusieurs proches lui conseillent de feindre de renoncer à Wallis, de se faire couronner au printemps suivant, puis, après avoir été solennellement reconnu par l'Eglise, de se marier avec qui il veut : rien, ni dans la Constitution, ni dans la tradition, ne peut entraver la liberté de son choix. Mais Edward ne veut pas entendre parler de cette position.

Une autre idée vient indirectement de Wallis. Elle est invitée, le 18 novembre, à déjeuner au Claridge par Esmond Harmsworth, fils du milliardaire propriétaire du *Daily Mail* de Londres. Il lui conseille d'abandonner toute idée de devenir reine. Elle le rassure : jamais cette pensée ne lui a traversé l'esprit. Alors, il évoque l'idée d'un mariage morganatique, qui lui permettrait de rester dans le pays – ce qui serait avantageux à plusieurs points de vue.

Dans ses *Mémoires*, Wallis témoigne de sa stupéfaction : « Le mariage morganatique, dont parlaient mes livres d'histoire, avait pour moi un caractère romanesque et il était tout spécialement lié à la dynastie des Habsbourg. Ne comprenant pas où Esmond voulait en venir, je lui demandai de préciser sa pensée. Il m'expliqua alors que cette forme de mariage n'était pas rare dans les familles royales du continent. Une telle union permettait à un roi ou à un prince royal d'épouser la femme de son choix, quelle que fût sa naissance, mais celle-ci n'avait droit ni au rang ni aux prérogatives de son époux. »

C'est une solution de compromis. Wallis se sent prête à suivre l'avis d'Esmond Harmsworth. (Cette formule, qui consacre l'union d'un homme de haut rang à une femme de rang inférieur, prévoit que celle-ci sera privée – ainsi que ses enfants – de toute dignité, fonction et titre royaux.) Mais elle ignore qu'au contraire des maisons royales européennes, la monarchie britannique ne connaît pas de précédent en matière d'union morganatique : une législation spéciale est donc nécessaire. Le droit coutumier veut qu'une femme prenne automatiquement les « rang et titre » de son mari.

D'abord hostile, le roi finit par en accepter l'idée. Edward VIII convoque donc le 25 novembre 1936 son Premier ministre à Buckingham Palace, pour discuter avec lui de la question. Baldwin ne lui cache point sa désapprobation. Cette situation se heurterait à des obstacles importants, peut-être insurmontables. D'abord, le gouvernement devrait l'approuver, puis le Parlement voter une loi. Enfin, même s'il juge peu politique de l'exprimer, Baldwin connaît le danger qu'impliquera pareille solution. Edward finit par accepter que la question soit soumise au Cabinet. Le 27 novembre, Baldwin lui en rapporte une réponse négative [1].

Sur ce point précis, certains assurent que c'est la soumission exagérée d'Edward VIII envers les questions constitutionnelles qui l'empêche de recourir à cette solution, que rien ne pourrait annuler ensuite, car il est duc de Lancastre, sa femme peut être duchesse sans que cela trouble le pays ou divise les Anglais.

Mais Edward fait une autre interprétation « constitutionnelle » : « Théoriquement, le Premier ministre n'avait aucunement le pouvoir d'empêcher mon mariage. Il pouvait exprimer un "avis" et "conseil", car d'autres termes du vocabulaire constitutionnel ont une signification spéciale quand il s'agit du souverain. Quand le Premier ministre donne un "conseil", c'est en réalité une façon respectueuse d'exprimer la volonté et la décision du gouvernement. Le roi est virtuellement obligé de suivre un tel "conseil". De plus, il ne lui est pas loisible de prendre conseil ailleurs. »

En fait, Baldwin n'a jamais eu l'intention de laisser le roi s'échapper du piège qu'il lui a tendu. Edward prend une dernière mesure : il demande à Baldwin de solliciter

---

1. Neville Chamberlain, ministre des Finances, a écrit dans son *Journal* : « Je suis persuadé que, si l'on en vient au mariage morganatique, nous aurons seulement franchi le premier pas sur la route qui mènera Mrs Simpson à la royauté, avec tous les droits qu'elle comporte. » Sir John Simon, ministre de l'Intérieur, était encore plus catégorique : « La femme qu'épouse le Roi deviendra Reine automatiquement, et ses enfants seront les héritiers directs du trône. »

l'opinion des dominions (la tradition, bien entendu, autorise le roi à consulter lui-même les gouverneurs généraux, et Baldwin ne manque pas de le lui rappeler). Mais Edward refuse délibérément cette possibilité de plaider sa propre cause. « J'ai compris, écrira-t-il dans ses *Mémoires*, que cette simple requête a été déterminante dans la démarche qui allait sceller mon destin. En exigeant du Premier ministre qu'il interroge l'opinion des gouvernements des dominions, je m'engageais implicitement à me ranger à leur "avis". » Et celui-ci était bien entendu prévisible.

Le roi a beau s'adresser ensuite à chacun des membres de la famille, un à un, et les mettre au courant de la situation, il n'en recueille aucun soutien. George, le duc de Kent, devenu dans la suite son adversaire, commence certes par être compréhensif. Le duc de Gloucester est suffoqué. Le duc d'York, devant la possibilité de devenir roi, est épouvanté. Quittant ses frères, le roi vient trouver sa mère et lui demande de rencontrer Mrs Simpson. La reine Mary refuse et le lendemain Stanley Baldwin en est évidemment informé.

Wallis ignore presque tout de la situation critique et quasi désespérée d'Edward. Le peu qu'elle sait, elle le tient par bribes du roi. Ceci ne l'empêche pas de se sentir dans l'œil du cyclone. Elle ne peut sortir dans la rue sans que les gens se retournent pour la dévisager avec hostilité, ce qui lui met les nerfs à vif. Il semble que, par quelque moyen insidieux, l'écho de la crise, pourtant tenue secrète, se propage mystérieusement dans les cercles de plus en plus étendus du public. Sa maison devient rapidement un véritable point de mire. Sa tante, dissimulée derrière les rideaux, remarque que, du matin au soir, des inconnus stationnent sur le trottoir d'en face, observant la porte d'entrée et notant leurs allées et venues.

Mais le pire est à venir : Wallis commence par recevoir d'étranges lettres – pour la plupart anonymes –

injurieuses, et parfois même menaçantes. Elle se sent comme une bête traquée avec la meute sur elle. Le roi, entendant parler d'un possible attentat contre la maison, fait déménager Wallis et sa tante à Fort Belvedere.

Edward VIII a-t-il encore une porte de sortie pour garder sa couronne ? Un message transmis par le Premier Lord de l'Amirauté se révèle assez menaçant : tous les ministres soutiennent Baldwin comme un seul homme. Ils font front. Pas un ne se manifeste en faveur du roi. Puis, le Premier Lord lance une seconde salve : la presse est sur le point de porter l'affaire devant le public. Plusieurs ministres se montrent mécontents du silence observé par les journaux britanniques alors que la crise est déjà connue du monde entier. Il insiste sur le désir exprimé par Mr Baldwin de voir la presse, comme le Cabinet, former un front sans fissure contre le mariage projeté.

Les trois puissances (le Premier ministre, le *Times* et l'Eglise d'Angleterre) s'accordent pour qu'un évêque, au moyen d'une seule phrase, déclenche les commentaires des journaux ; une façon d'attirer l'attention du public, qui ne tardera pas à se passionner. C'est le Dr Blunt, évêque de Bradford, qui est choisi. La phrase se glisse dans son discours à la conférence ecclésiastique de Birmingham :

« Ce qui importe beaucoup plus que le sentiment personnel du roi sur son couronnement, c'est le sentiment du peuple anglais. »

Après ces mots fort peu religieux, mais extrêmement politiques, il souhaite pour le roi la foi, la prière et le dévouement, et il poursuit :

« Nous espérons qu'il a conscience de ce dont il a besoin. Quelques-uns d'entre nous souhaiteraient qu'il en donnât plus de signes positifs. »

On croirait entendre Baldwin en privé, lui qui écrira plus tard : « Il n'a *jamais* voulu entendre raison. Il n'a vécu *aucun* conflit intérieur. Il n'a pas eu à se battre contre sa volonté. Il était extraordinaire, au sens où il n'avait aucun sens moral, aucune intention de se sacrifier à son devoir. Cela ne s'est jamais présenté à son esprit. […] C'était comme parler à un enfant de dix ans. Il n'avait aucun sens religieux. De ma vie, je n'ai jamais rencontré quelqu'un manquant aussi totalement de… eh bien, de ce qui est *au-delà*. Simplement, il n'y avait pas de lutte morale. Cela m'épouvantait. »

Le lendemain matin (tout a été soigneusement préparé), le *Yorkshire Post* écrit : « De graves désappointements s'ensuivraient nécessairement si, au lieu de cette continuité exemplaire, on devait voir se développer, entre le roi et ses ministres, un désaccord qui aboutirait inévitablement à une solution constitutionnelle du caractère le plus grave. » Puis vient une allusion à la presse américaine qui évoque depuis des semaines certaines intentions du roi.

Après cet article, la presse anglaise constate que le grand silence touche à sa fin : chacun pourra bientôt écrire ce qu'il pense ; le peuple va apprendre ce qui se trame depuis de longues semaines. Et dès le lendemain matin, le 3 décembre, le ciel s'assombrit pour Wallis et Edward. Toute la presse anglaise révèle les projets matrimoniaux du roi. C'est un torrent de critiques. En dépit de l'influence que le roi est censé exercer sur les journaux, de nombreux éditoriaux le rappellent à son devoir sacré. D'évidence, il n'est pas parvenu à persuader les patrons de presse de se ranger à son opinion, trop attentifs aux sentiments chrétiens de leur lectorat et à son souci des valeurs morales.

La Bourse baisse. Ami du roi, Winston Churchill estime que Wallis doit partir. La crise est trop forte. Le 3 décembre, dans la soirée, le duc et la duchesse d'York arrivent à Fort Belvedere pour discuter de ce qu'il se passerait si le roi devait abdiquer dans les vingt-quatre heures. La même nuit, Baldwin rencontre le roi à Buckingham Palace. L'entrevue est orageuse. Maître du jeu, le Premier ministre reste ferme, et assure que tant le royaume que les dominions n'approuveront jamais le mariage avec Mrs Simpson. D'un ton doctoral, il résume les trois possibilités énoncées depuis le début :

1/ Il peut renoncer au mariage.

2/ Il peut se marier malgré l'avis défavorable de ses ministres.

3/ Il peut abdiquer.

« Le Premier ministre faisait des vœux pour que je choisisse la première solution, dira Edward. La seconde, continua-t-il sans me quitter des yeux, était manifestement impossible ; si je me mariais contre le gré de mes ministres, je ne pouvais pas garder l'espoir de rester sur le trône. Sans me lâcher un instant des yeux, il poursuivit en disant que si je ne voulais pas abandonner mon projet, il ne me restait vraiment qu'à partir.

"Ainsi, Mr Baldwin, dis-je, vous me laissez en face d'une seule option."

Sur un ton d'où se dégage une conviction inébranlable, le ministre rétorque :

"Croyez-moi, Sire, c'est mon sincère espoir, et c'est aussi l'espoir du Cabinet, que vous restiez notre roi.

– Mr Baldwin, répondis-je, que ce soit ou non sur le trône, je me marierai, et si pénible que soit cette perspective, j'abdiquerai, s'il le faut, pour pouvoir le faire." »

Pour Baldwin, cet entêtement révèle le vrai caractère du roi. Une autre analyse aboutit à la même conclusion : « Je crois que le roi a toujours eu pour le trône une répugnance claustrophobique, suggère Sir Donald Sommervell, qui est, en qualité de procureur général, mêlé de très près à la crise. C'est un homme, je pense, qui dispose de peu de ressources mentales, qu'il s'agisse de religion ou d'imagination. Il est heureux de passer un moment agréable. Sinon, et par conséquent, il est en général très malheureux. Quand il s'amourache, comme ici de Mrs Simpson, un homme comme lui est terriblement vulnérable. [...] Abdiquer parce que la fonction royale est ennuyeuse, ça ne veut rien dire. Abdiquer par amour lui semble un geste plus élevé. » Baldwin et l'Establishment poussent donc Edward vers la porte de sortie.

Ce soir-là, après son entrevue avec Baldwin, Edward retourne à Fort Belvedere où se trouve toujours Wallis. Il l'entraîne dans le parc :

« "Mauvaise journée, lui dit-il. J'ai vu Baldwin, il ne me laisse pas le choix. Je dois renoncer à vous ou abdiquer." »

« Nous continuâmes à marcher ; Wallis parlait à son tour. Elle n'avait de pensée que pour moi. Quoi que cela pût nous coûter personnellement, elle insistait pour que je reste sur le trône. Je me sentais terriblement responsable de tout le souci et de tout le chagrin que mon amour lui avait apportés. Quand je l'informai des violentes attaques de presse qui se préparaient, elle resta un moment silencieuse, puis dit qu'il vaudrait mieux peut-être qu'elle quittât la Grande-Bretagne. Si cruelle que fût la perspective d'une séparation, je me rendais compte qu'elle avait raison. »

Dès le lendemain, les journaux anglais se mettent à « flageller » le roi – l'expression est du souverain. Wallis est bouleversée :

« Je regrette de n'avoir pas compris plus clairement la question constitutionnelle.

– C'est moi qui ai toute la responsabilité. Je croyais que l'on pouvait y arriver...

– Je ne peux pas rester ici un jour de plus dans ces conditions. Il faut que je quitte l'Angleterre cet après-midi.

– Mais où aller ? »

Ils choisissent la France.

LA VÉRITABLE DUCHESSE DE WINDSOR

L'idée est de faire proprement évaporer Wallis tout gentiment hors du pays et de l'envoyer en lieu sûr, sans que le public ou la presse en sache rien. Ce projet aurait été plus aisément mené à bien par Scotland Yard. Mais le roi préfère opérer à sa manière. Il a combiné un projet extravagant, presque puéril, digne des enlèvements les plus romanesques. Wallis doit rejoindre la Riviera. On se servira de faux noms, on brouillera les pistes, on lancera les reporters à tort et à travers. Mrs Simpson et le roi ne communiqueront qu'en langage chiffré. S'ils se parlent au téléphone, si elle a à câbler au roi, il sera Mr James ; elle sera Janet ; Lord Beaverbrook, Tornado ; Stanley Baldwin, Crutch. Et si l'on en croit l'histoire racontée par le duc de Windsor, Winston Churchill ne devra être désigné que par ses initiales.

Après réflexion, Wallis se dit qu'un seul lieu lui offrirait un véritable refuge : la villa *Lou Viei*, la maison de Katherine et Herman Rogers à Cannes. Edward est d'accord : c'est là la meilleure idée.

Le roi choisit alors pour accompagner Wallis un de ses gentilshommes de service, officier des Grenadiers de la Garde, Lord Brownlow (celui-ci et sa femme, Kitty, ont souvent été invités au Fort). Prévoyant que toutes les routes seraient envahies par les journalistes, il prend ses dispositions en conséquence. Son fidèle chauffeur, George Ladbrook, emmènera la voiture jusqu'à Newhaven où il l'embarquera sur le ferry-boat de nuit qui la transportera jusqu'à Dieppe.

Les derniers moments passés au Fort bouleversent Wallis. Le couple perçoit tout le tragique de leur situation. Wallis est persuadée qu'elle ne reverra jamais le roi. « Je vivais les dernières heures d'un rêve enchanté », écrit-elle. Au moment du départ, Edward la prend dans ses bras et lui dit :

« Je ne sais comment tout cela finira. Il se passera certainement un certain temps avant que nous nous

196

revoyions. Si longue que soit notre séparation, attendez-moi. Jamais je ne renoncerai à vous. »

Voilà l'histoire de la séparation racontée par le roi : « La séparation était d'autant plus pénible qu'il était impossible de prévoir sa durée. Ni l'un ni l'autre n'avons risqué aucun projet pour le jour où nous nous retrouverions... Beaucoup plus tard, Wallis m'a confié qu'alors seulement elle avait commencé à comprendre tout ce que l'abdication allait entraîner... Jusque-là ce n'était qu'un mot, une face lointaine de l'alternative où nous nous trouvions... Lorsque, la nuit venue, elle quitta Fort Belvedere en compagnie de Perry Brownlow pour la France, c'était avec l'espoir de me revoir, mais non la certitude... Je les ai regardés partir, peu éclairés, le policier de Scotland Yard devant avec le chauffeur. La voiture descendit par-derrière le domaine vers Virginia Water, et prit la grand-route de Windsor Great Park un peu plus loin... »

Le ferry lève l'ancre à 10 heures du soir. La traversée de la Manche s'effectue dans le brouillard. A Dieppe, le préposé à la douane français met les papiers de la Buick sous le nez du chauffeur qui comprend avec consternation que, dans la précipitation, ils sont restés au nom de Mrs Simpson. Le douanier va vendre la mèche et bientôt l'incognito du voyage est brisé. La voiture atteint Rouen dans la soirée et quand, le lendemain matin, elle s'apprête à repartir, quelques passants s'attardent devant elle. Le chauffeur doit fendre la foule et au moment où il aide Mrs Simpson à monter, une jeune fille braque son Leica sur Wallis. De l'intérieur, Evans, l'inspecteur de Scotland Yard, lui immobilise la main par la portière. La jeune fille se met à rire et une seconde fois vise Mrs Simpson. Cette fois, Evans lui arrache l'appareil qui tombe sur le trottoir et se brise. La bonne humeur de la foule disparaît, on murmure, on s'indigne, la colère monte. Heureusement, la Buick parvient à se dégager et à rejoindre la grande route. A Evreux, Wallis s'arrête pour téléphoner à Edward. La qualité de la communication est exécrable. Le roi en oublie de lui communiquer un message important : il a été avisé que la presse est à sa poursuite et que, malgré la rapidité de la Buick, les reporters savent à peu près où elle se trouve. Quand Wallis quitte l'Hôtel du Grand Cerf, les premiers journalistes anglais arrivent. La Buick repart en fonçant, mais on se trompe d'itinéraire. Finalement, elle arrive à Blois, où aucune communication téléphonique avec Buckingham Palace ne s'avère possible. Wallis, déprimée, monte dans sa chambre. Selon Lord Brownlow, elle est prise d'un accès de cafard et lui demande de s'étendre sur le second lit de la chambre pour lui tenir compagnie. « Elle pleurait, se souvient-il, des larmes primaires. » Il lui prend la main gentiment sans que ces larmes ne tarissent.

Autre contrariété : l'inspecteur remonte du hall de l'hôtel avec de mauvaises nouvelles : plus d'une vingtaine de reporters, de photographes et de cinéastes campent dans le hall, installés sur des canapés, des tables, des fauteuils. Pour les « semer », le lendemain matin, à trois heures, Wallis et son groupe descendent sur la pointe des pieds par l'escalier de service et, déjouant les ruses des journalistes, montent dans la Buick. Mais un reporter a bloqué le passage en parquant sa voiture fermée à clé devant la leur. Le chauffeur, Ladbrook, se montre à la hauteur des circonstances. Mettant les gaz, il réussit à écarter la voiture avec tant d'habileté et si peu de bruit que les trop confiants journalistes ne se réveillent même pas. Et le groupe de fuyards repart.

Il tombe de la neige fondue et la route est dangereusement glissante. Quatre heures plus tard, ils arrivent à Moulins où ils prennent le petit déjeuner. Avant de repartir, on envoie deux télégrammes. L'un aux Rogers pour les avertir qu'ils pensent arriver dans la soirée. L'autre, adressé en code, à Londres, à Walter Monckton, à l'intention de Lord Beaverbrook. Dans ce message, Wallis pense que la crise pourrait être résolue si l'on parvenait à persuader le roi de remettre tout projet de mariage à un an au moins après son couronnement.

Tandis que la neige tombe sur une route de plus en plus dangereuse, un incident met Wallis en joie. L'escorte de Wallis porte un énorme manteau d'hiver ; une embardée de la voiture le projette de côté. On entend un bruit de verre cassé. En heurtant la carrosserie, la bouteille de whisky dissimulée dans sa poche revolver s'est cassée, et l'odeur s'en répand abondamment. Les plaisanteries se succèdent : « Pourvu que les reporters ne nous suivent pas à la trace ! », mais bientôt l'odeur devient si forte qu'il est impossible d'en rire. Wallis fait alors acte d'autorité :

« Perry, je ne peux plus y tenir. Mettez votre manteau ailleurs. »

Il proteste faiblement et allègue la température rigoureuse, mais Wallis ne se laisse pas attendrir ; il doit mettre son manteau dans la malle arrière et terminer le voyage enveloppé dans deux couvertures. Empruntant la route nationale numéro 7 et roulant bon train, ils arrivent dans la vallée du Rhône, mais le chauffeur se perd dans les faubourgs de Lyon et s'arrête à un carrefour pour demander sa route à un passant, qui leur donne avec obligeance les renseignements nécessaires. A ses côtés se trouve un homme qui jette machinalement un coup d'œil dans la voiture. Son regard tombe sur Wallis. Sous l'emprise d'une vive excitation, son visage se transforme... Il s'écrie : « Voilà la dame ! » et Wallis s'aperçoit avec consternation qu'il la désigne du doigt. D'autres personnes, qui se sont approchées, poussent des exclamations de surprise. L'incognito de Wallis est devenu impossible !

LA VÉRITABLE DUCHESSE DE WINDSOR

Près de quatre-vingts kilomètres avant Vienne, les journalistes les rejoignent en masse. Il devient impossible de les éviter. Dans la vallée du Rhône, les habitants sortent sur le seuil de leurs demeures pour voir cette mystérieuse file de voitures, dont la tête est tenue par une grosse américaine noire et les autres de tous genres et de toutes nationalités. Ils décident de déjeuner chez M. Point, au célèbre restaurant de la Pyramide.

Un seul journaliste, de *Paris-Soir*, réussit à obtenir une déclaration de Wallis à son arrivée au restaurant : « Vous autres Français, vous êtes très sympathiques, mais vous êtes trop indiscrets. Je n'ai pas dormi une minute depuis deux jours. La nuit dernière, dans l'hôtel où je suis descendue, il y avait vingt-quatre journalistes. Je voudrais pouvoir me reposer, me reposer beaucoup... Et je ne peux faire aucune déclaration. Le roi est le seul juge. Je n'ai rien à dire sinon que j'aimerais bien qu'on me laisse tranquille. »

Tandis qu'on prépare le déjeuner, Wallis peut enfin téléphoner à Edward VIII. « Il se montra rassurant, mais évasif », dira-t-elle. Il faut repartir après un bref lunch dans la salle des banquets. C'est à Mme Point que revient la bonne idée qui leur permet d'échapper à leurs poursuivants. Les journalistes sont, eux aussi, affamés. Ils ont commandé un déjeuner. L'hôtesse a une telle confiance dans l'excellence de la cuisine préparée par son mari qu'elle ne doute pas un instant que le repas retiendra leur attention pendant plusieurs heures.

« Voyez-vous, Madame, dit-elle à Wallis, de cette pièce part un escalier qui mène directement à la cuisine d'où, en montant sur une table, on peut atteindre une lucarne suffisamment grande pour y passer. Elle donne sur une petite venelle certainement inconnue de ces journalistes. Si Madame veut bien donner des instructions à son chauffeur, M. Point le mènera discrètement dans cette venelle. Et si une certaine acrobatie, manquant peut-être un peu de dignité, ne vous fait pas peur...

– Mme Point, déclare Wallis, je suis prête à essayer n'importe quoi. »

Par ce système, Wallis parvient enfin à semer la presse. Finalement, ils roulent jusqu'à deux heures du matin. Cinquante-six heures après avoir quitté l'Angleterre, ils arrivent au pied de la route tortueuse qui monte de Cannes à la villa *Lou Viei*, un sanctuaire de choix (autrefois résidence d'un moine, certaines parties dateraient de plus de cinq cents ans. Les Rogers s'en sont rendus acquéreurs quelques années plus tôt).

Ce petit matin du 6 décembre 1936, tandis que le roi se débat dans les affres à Fort Belvedere, la Buick stoppe enfin devant la grille en fer forgé de la villa des Rogers à Cannes. Des centaines de curieux attendent et la voiture a toutes les peines du monde à se frayer un chemin au milieu de la foule hystérique qui a passé des heures sous la pluie. Wallis est obligée de s'agenouiller sur le plancher de la voiture, dissimulée sous une couverture.

Dans la maison illuminée, nul ne songe à dormir. Les Rogers viennent de passer des heures stressantes. Depuis la veille, ils voient arriver une multitude de journalistes (ils seront plus de cinq cents) qui campent de l'autre côté de la petite route privée menant à la villa. Herman Rogers se doute que leur amie aura du mal à leur échapper.

D'ailleurs, le couple n'a pas cessé une minute, durant tout le temps qu'a duré le voyage, de redouter quelque accident. Leur angoisse est presque égale à celle de Wallis. C'est donc avec un immense soulagement qu'il l'accueille avec Lord Brownlow. Wallis, pâle, épuisée, l'air fragile sous son chapeau brun, dans son manteau trois-quarts de zibeline, n'est plus que l'ombre d'elle-même. Et qu'en est-il d'Edward en Angleterre ?

LA VÉRITABLE DUCHESSE DE WINDSOR

Sitôt Wallis partie, le roi se rend à Buckingham Palace pour y rencontrer Baldwin. Il l'informe du contenu de l'allocution qu'il prononcera à la radio et lui fait lire le texte. Le but du roi est simple : « C'était de présenter mon problème sous un jour véritable qui n'était pas celui d'une question constitutionnelle abstraite et compliquée. J'avais pensé à un de ces appels du cœur que d'innombrables personnes de toutes conditions ont entendus, soit dans leurs vies soit dans celles de leurs amis, et qu'hommes et femmes continueront d'entendre, aussi longtemps qu'il y aura des hommes et des femmes pour s'aimer. J'étais persuadé que si l'on me laissait parler à mon peuple en simples termes humains, ce ne serait pas en vain. Je n'avais rien à cacher. Je ne réclamais pas de privilèges. Ce que je désirais, c'était quelque chose que la loi fondamentale du royaume accordait à mes sujets, mais que le Premier ministre voulait me refuser. Mes auditeurs, j'en étais sûr, me connaissaient assez maintenant pour se rendre compte que je ne ferais jamais un mariage de convenance. Je leur dirais que j'avais mis très longtemps à trouver celle dont je voulais faire ma femme, et que, l'ayant enfin trouvée, j'étais décidé à l'épouser. »

Ensuite, viennent deux paragraphes essentiels :

« Ni Mrs Simpson ni moi n'avons jamais insisté pour qu'elle devienne reine. Tout ce que nous désirons est que notre bonheur conjugal s'accompagne pour elle d'un titre et d'un rang dignes de la femme du roi.

Maintenant qu'il m'a enfin été possible de vous mettre dans ma confidence, je sens qu'il est préférable que je m'absente quelque temps, afin que vous puissiez réfléchir tranquillement à ce que je viens de vous dire. Je n'aurai pas de plus cher désir que de revenir, mais quoi qu'il arrive, j'éprouverai toujours une affection profonde pour mon pays, pour l'Empire, pour vous tous. »

En somme, il offre de se retirer pour peu de temps de cette atmosphère surchauffée. Il pense à s'installer juste de l'autre côté de la Manche, en Belgique, pour y attendre le verdict. Quant à ses fonctions constitutionnelles, il pense qu'elles pourraient être assurées en son absence par un conseil d'Etat, comme il en avait déjà existé pendant les deux graves maladies de son père. Edward VIII se rend compte que son message est sans précédent dans la procédure constitutionnelle. Il se berce de l'espoir que le Premier ministre, si attaché aux traditions, l'accueille comme une solution désirable de la crise dans laquelle ils se trouvent.

La réaction de Baldwin est logique : il lui promet de réunir dans la matinée un conseil de Cabinet extraordinaire pour en discuter, mais sans lui donner aucune raison de penser qu'il parrainera son plan. Le Cabinet se réunit. A l'ordre du jour : la proposition du roi de s'adresser à son peuple par la voix de la radio. Refus. Le Cabinet se montre de moins en moins disposé à accepter une quelconque concession. Certains ministres proposent même que le roi soit mis en demeure de ne plus faire traîner les choses et de prendre sa décision avant minuit. Mais Baldwin s'y oppose. A ses yeux, point n'est besoin d'ultimatum. Il sait parfaitement où il va.

Au début de l'après-midi, le roi apprend par Walter Monckton qu'il doit renoncer à s'exprimer à la radio : suivant sa propre expression, c'est un « rude coup » que lui porte le Premier ministre. « Avec ce rejet, écrira-t-il, disparaît la seule possibilité de faire appel à la nation entière. » En l'isolant, Baldwin et ses ministres s'éloignent définitivement de lui ! Un observateur notera : « Ils étaient comme des saltimbanques qui ont mis le feu à leur tente, et qui s'enfuient en abandonnant aux flammes un lion en cage... La plus grande crainte de ces saltimbanques, c'est que le lion s'échappe de sa cage avant d'être brûlé à mort, les laissant en proie au doute : l'assurance paierait-elle la tente ? »

Un seul homme aux Communes semble défendre la cause du roi : Winston Churchill. Celui-ci, constatant que le Premier ministre persiste à se taire, lui demande de ne rien faire « d'irrévocable » avant qu'il y ait eu une discussion à la Chambre.

Le 5 décembre, Edward VIII le reçoit à Fort Belvedere. Winston Churchill, avec qui il est lié depuis des années, publie le jour suivant le premier et dernier plaidoyer en faveur du roi qui paraît à l'époque. C'est une pièce magistrale par sa forme et son contenu :

« Je demande du temps et de la patience. La nation doit comprendre le caractère de ce problème constitutionnel. Il n'est question d'aucun conflit entre le roi et le Parlement. Le Parlement n'a été consulté en aucune façon, et on ne lui a pas permis d'exprimer son opinion. Le roi doit-il abdiquer pour se conformer à l'avis du ministère existant ? Jamais un tel avis n'a été donné à un souverain depuis l'époque parlementaire...

Il ne s'agit pas ici d'un différend quelconque entre le souverain et ses ministres, à propos d'une mesure déterminée. Un tel différend pourrait certainement être résolu par la procédure parlementaire normale, ou par la dissolution. Mais nous sommes en présence d'un vœu exprimé par le souverain : il veut accomplir un acte qui, en aucun cas, ne pourra être accompli avant près de cinq mois et qui, pour diverses raisons, ne sera peut-être jamais accompli. Exiger, sur une base si vague et hypothétique, le sacrifice suprême de l'abdication et de l'exil éventuel du souverain, cela n'est nullement fondé à l'égard de la constitution britannique. Aucun ministère n'a le pouvoir de conseiller l'abdication au souverain. Seule la procédure parlementaire la plus sérieuse pourrait soulever une telle question...

Si le roi refuse de se conformer à l'avis de ses ministres, ceux-ci, naturellement, sont libres de démissionner. Mais ils n'ont nullement le droit de faire pression sur lui, pour lui faire accepter leur avis, en sollicitant du leader de l'opposition l'assurance qu'il ne constituera pas de Cabinet s'ils démissionnent, et en signifiant ainsi un ultimatum au roi. Encore une fois, il faut du temps et de la patience. Pourquoi ne peut-on accorder du temps ? Puisqu'il n'est pas dans le pouvoir du roi d'accomplir avant fin avril l'acte auquel les ministres s'opposent, cela dépouille cette affaire de toute urgence constitutionnelle. Il y aura peut-être quelques difficultés, mais ces difficultés seront loin d'atteindre à la gravité des conséquences constitutionnelles auxquelles j'ai fait allusion...

Enfin, et ce n'est sûrement pas ce qui importe le moins, il faut considérer l'aspect humain et personnel de l'affaire. Pendant de longues semaines, le roi a subi la plus forte tension morale et mentale qu'un homme puisse supporter. Non seulement il a été soumis aux fatigues suprêmes de ses devoirs publics, mais encore à la torture de ses sentiments personnels. S'il demande du temps pour réfléchir à l'avis de ses ministres, maintenant que cette affaire a été si cruellement menée à son point critique, on ne le lui refusera sûrement pas... »

Mais le scepticisme accueille ce plaidoyer, cette défense chevaleresque. Après son entretien avec Churchill, Edward VIII prend dans ses bras le petit cairn de Wallis qu'il appelle « Mr Loo » et écrit à sa bien-aimée à Cannes :

« Ce soir, je me sens prêt à éclater d'amour et j'ai une telle nostalgie de vous tenir contre moi très serrée, encore plus que je ne l'ai jamais fait.

Mr Loo et moi nous sommes dans notre chambre bleue et vous nous manquez diaboliquement. C'est l'enfer, mais dans un sens c'est merveilleux aussi. Essayez de me faire confiance autant que vous m'aimez et n'éprouvez aucun doute. Je vous promets qu'il n'y en a pas la moindre raison. Si seulement vous pouviez lire dans ma tête, vous n'en auriez pas... Alors ne doutez pas de moi.

Je suis exténué maintenant et je vais essayer de m'endormir, comme vous le pourrez, j'espère, et je vais finir demain matin, afin d'envoyer ceci par avion, pour que vous puissiez lire tout ce que j'ai à vous dire, le plus tôt possible.

Dieu bénisse WE. »

Dans ses *Mémoires*, le roi évoquera le dilemme de sa nuit, la torture dramatique qu'il endure : « Je serais encore roi et je ne serais plus roi de par le libre consentement de tous. La Couronne aurait perdu, en conséquence, une large part de son prestige et de son utilité. L'idée chère au cœur anglais d'un souverain demeurant au-dessus de la politique serait ruinée et le système britannique des partis pourrait bien avoir reçu un coup fatal. Wallis et moi pouvions-nous espérer trouver le bonheur dans ces conditions ? Telle est la question que je me posai en conscience cette nuit-là. Ma réponse fut non. »

Il est évident qu'Edward a l'intention d'abandonner le combat. Tout délai n'aurait d'autre effet que causer d'autres souffrances à Wallis et à lui-même. Le roi ne peut pas non plus s'opposer au Commonwealth. Il est désormais hors de question qu'il puisse régner sur une nation unie. L'amertume, la fureur, la polémique domineraient son règne s'il s'obstinait. Enfin, s'il imposait le mariage avec Wallis, non seulement il mettrait sa vie en danger, mais son impopularité auprès des partis politiques et des personnalités de l'Eglise d'Angleterre rendrait sa position intenable. Après des mois de rêverie sur l'avenir qu'il se promettait pour lui et sa future épouse, il découvre d'amères vérités.

Le 6 décembre, Wallis lui écrit pour le dissuader d'abdiquer. Elle craint d'être blâmée « par le monde entier, car on me rendrait responsable de cette décision ». En fait, Wallis voit la conclusion des événements mieux qu'elle ne l'a jamais encore perçue. A chacun de ses coups de téléphone, elle répète à Edward de tenir bon, de ne pas abdiquer.

L'idée lui vient de faire une communication à la presse dans laquelle elle affirmerait se retirer, s'éloigner du roi ; ce ne serait pas une renonciation, mais un plaidoyer prudent destiné à corriger la position antipathique qu'est devenue la sienne. Au cours d'une conversation téléphonique, Edward admet le bien-fondé de cette déclaration avec quelques réticences.

Wallis, véritablement assiégée par les journalistes et les curieux, décide donc de remettre à la presse cette dépêche qu'elle a lue au roi par téléphone :

« *Au cours de ces dernières semaines, Mrs Simpson a toujours eu le désir d'éviter toute action ou tout projet qui serait de nature à faire tort au roi sur le trône. Aujourd'hui, son attitude n'a pas changé, et elle est toute disposée, si une telle décision devait résoudre le problème, à se retirer d'une situation qui est devenue malheureuse et intenable.* »

Mais Edward ne veut même pas envisager que la femme qu'il aime puisse se retirer. Il ignore d'ailleurs qu'elle projette de repartir pour les Etats-Unis depuis Gênes. Au terme d'une nuit blanche, Edward décide d'abdiquer le 7 décembre au matin. Un délicieux sentiment de soulagement l'envahit. Deux jours auparavant seulement, il était au bord du suicide et voilà qu'il reconnaît du fond de son cœur avoir pris la bonne décision. Il convoque Monckton et lui dit : « Allez à Londres immédiatement et informez le Premier ministre que lorsqu'il viendra cet après-midi à Fort Belvedere je lui communiquerai dans les formes ma décision d'abdiquer. » Trop proche de la pensée de son roi, Monckton n'éprouve pas de vraie surprise.

Le 7 décembre, le gouvernement et la famille royale apprennent que le problème est réglé. « L'affreuse et épouvantable incertitude de l'attente est terminée, écrit dans son journal le duc d'York, après être allé à Fort Belvedere à l'invitation de son frère. Je l'ai trouvé faisant les cent pas. Il m'a informé de sa décision de partir. » Une nouvelle qui le consterne. Le frère du roi ne se sent absolument pas prêt à assumer la tâche qui l'attend. Il se précipite chez sa mère pour y chercher du réconfort. « Je me suis effondré, et j'ai sangloté comme un enfant », écrit-il dans son *Journal*, deux jours plus tard. Selon la reine Mary, il est « épouvanté » par la perspective d'être roi – une réaction semblable à celle d'Edward quelques mois plus tôt. « Je ne suis qu'un simple officier de marine, se plaint-il devant Louis Mountbatten. C'est le seul métier que je connaisse ! »

Le 10 décembre, après d'ultimes tractations et tensions, le roi Edward VIII accomplit, à dix heures du matin, son avant-dernier acte de monarque. En présence de ses trois frères, de deux avocats et de deux hommes de Cour, il appose sa signature sur les sept exemplaires de la déclaration d'abdication. « *Moi, Edward VIII, roi de Grande-Bretagne, d'Irlande et des Dominions britanniques au-delà des mers, empereur des Indes, déclare ici Ma décision irrévocable de renoncer au trône, pour Moi-même et Mes descendants, et Mon désir que cet acte d'abdication prenne effet immédiatement...* »

Dans ce document, on ne trouve ni « par la grâce de Dieu », ni « défenseur de la foi ». Il est signé d'une main ferme et contresigné à gauche par les trois frères. Edward ne se réserve nullement le droit de revenir sur son abdication. Le prédicat « duc de Windsor » n'a été trouvé que deux jours plus tôt. Mais aucun des juristes qui s'occupent de la chose ne songe à étendre expressément à sa future femme le bénéfice de ce titre : c'est évident, et une confirmation écrite eût été le signe d'une méfiance injustifiée.

LA VÉRITABLE DUCHESSE DE WINDSOR

En signant le lendemain la loi d'abdication, le roi devient duc de Windsor. C'est son troisième titre, en même temps que son troisième rang dans la vie. Après un si prodigieux sacrifice, il veut encore dire quelque chose à son peuple. La radio, que l'on a interdite au roi, ne peut pas être refusée au duc. Auparavant, on lit une déclaration écrite que la mère des deux rois adresse au peuple et dont le ton est empreint de cordialité :

« Je n'ai pas besoin de vous dire la détresse qui emplit mon cœur de mère, lorsque je pense que mon cher fils a estimé devoir renoncer à sa charge... Vous lui garderez en vos cœurs un souvenir reconnaissant. Je vous recommande son frère... Je vous demande de lui donner la même généreuse loyauté que vous avez donnée à mon mari bien-aimé. »

Le discours qui suit du désormais duc de Windsor est resté « historique » :

« Voici enfin qu'il m'est permis de dire quelques mots personnels. Je n'ai jamais voulu taire quoi que ce soit, mais jusqu'à présent, il ne m'était pas possible de prendre la parole sans enfreindre la constitution.

Il y a quelques heures, j'ai rempli mon dernier devoir de roi et d'empereur. Maintenant que mon frère, le duc d'York, m'a succédé, mes premiers mots sont pour le reconnaître comme mon nouveau souverain. Je le fais de tout mon cœur.

Vous connaissez tous les raisons qui m'ont obligé à renoncer au trône, mais je désire que vous sachiez qu'en prenant cette décision, je n'oubliais pas le pays ni l'Empire que, comme prince de Galles et récemment comme roi, j'ai servi de mon mieux pendant vingt-cinq ans.

Mais vous devez me croire quand je vous dis que j'ai trouvé impossible de porter un lourd fardeau de responsabilités et d'assumer mes devoirs de roi, sans l'aide et le soutien de la femme que j'aime. Je veux aussi que vous sachiez que ma décision a été prise par moi et par moi seul. L'autre personne la plus directement intéressée a tenté jusqu'au dernier jour de me persuader de suivre une autre voie. Pour prendre cette décision, la plus grave de ma vie, je me suis seulement demandé quel serait en fin de compte l'intérêt de tous.

Cette décision m'a été rendue plus facile par la certitude que mon frère, avec la connaissance qu'il a acquise de longue date des affaires publiques de notre pays et avec ses magnifiques qualités, est capable de prendre immédiatement ma succession, sans rien interrompre, sans faire aucun tort à la vie et aux progrès de l'Empire. De plus, il jouit d'une bénédiction sans pareille, que tant d'autres parmi vous ont reçue également et qui ne m'a pas été accordée, celle de vivre dans un foyer heureux avec sa femme et ses enfants.

Pendant ces derniers jours, j'ai été réconforté par ma mère et par ma famille.

Les ministres de la Couronne, et en particulier Mr Baldwin, Premier ministre, m'ont toujours traité avec une entière considération. Il n'a jamais existé de différend constitutionnel entre eux et moi, ni entre moi et le Parlement. Elevé par mon père dans les traditions de la monarchie constitutionnelle, jamais je n'aurais laissé un tel conflit prendre naissance.

Comme prince de Galles, puis comme roi, j'ai été traité avec la plus grande bienveillance par toutes les classes sociales partout où j'ai vécu ou voyagé à travers l'Empire. J'en éprouve une vive reconnaissance.

De ce jour, je cesse toute activité publique et je dépose mon fardeau. Il peut se passer quelque temps avant que je revienne dans mon pays natal, mais je suivrai toujours les destinées de la race britannique et de l'Empire avec un intérêt profond. Si jamais, dans l'avenir, on estime que je puisse me rendre utile, en quelque poste, au service de Sa Majesté, je répondrai à l'appel.

Et maintenant, nous avons un nouveau roi.

De tout cœur, je Lui souhaite, ainsi qu'à vous, Son peuple, bonheur et prospérité.

Que Dieu vous bénisse,

Que Dieu garde le Roi. »

Au même moment, Wallis écoute ce message d'adieu à la radio. Elle est dans le salon de *Lou Viei* avec ses amis, autour de l'appareil. La voix du duc s'élève, calme, émouvante. Wallis est assise sur le sofa, le visage dans les mains, s'efforçant de retenir ses larmes lorsque la voix se tait. Chacun se retire, la laissant seule. Elle reste longtemps prostrée avant de retrouver assez de force pour traverser la maison et monter dans sa chambre.

Tout est fini ! Pour certains, c'est l'acte final d'une des plus extraordinaires histoires d'amour du siècle et pour d'autres le résultat d'un beau gâchis. Qu'ont-ils voulu, qu'ont-ils choisi l'un et l'autre ? Si l'on en croit les apparences, leurs propos, leurs déclarations à des tiers et la plupart de leurs actes, il est clair qu'Edward est follement, obsessionnellement amoureux de Wallis, mais qu'elle, c'est presque certain, ne le lui rend pas tout à fait. Elle a tout tenté pour l'empêcher d'abdiquer et de l'épouser. Elle lui est très attachée, très reconnaissante, elle est très flattée de ses attentions, et son ego se délecte de l'adoration d'un des hommes les plus riches et les plus célèbres du monde. Mais elle a essayé pourtant, avec l'énergie du désespoir, d'échapper à la menace d'un nouveau joug conjugal dont elle découvre maintenant, avec horreur, qu'il est inévitable. En décembre, elle écrira à son amie Sybil Colefax qu'elle a supplié Edward de reculer d'un an toute discussion sur le mariage.

A l'évidence, Wallis aurait voulu rester la maîtresse du roi. Elle va devoir, désormais, affronter le rôle d'épouse d'un ex-roi, qui a tout sacrifié pour elle.

XII

SÉPARATION ET MARIAGE

L E 12 décembre 1936, à deux heures du matin, le contre-torpilleur *Fury* glisse silencieusement et sans escorte hors de la rade de Portsmouth. Bien des émotions remuent le cœur du duc de Windsor en voyant s'éloigner la côte. S'il a été dur pour lui de renoncer au trône, ce l'est encore plus de renoncer à la Grande-Bretagne. Il sait qu'il se retrouve livré à lui-même. Car la triste ironie est que celui qui vient de renoncer au trône pour Wallis ne peut rejoindre sa bien-aimée, en raison de la loi sur le divorce [1].

Edward VIII a d'abord voulu se rendre chez son ami, le duc de Westminster, qui vit à Biarritz. Celui-ci l'a invité ; mais le gouvernement refuse : la station se trouve trop près de l'Espagne où sévit la guerre. On veut l'humilier, et on lui propose un hôtel en Suisse. Quand il téléphone cela à Wallis, elle lui répond qu'elle ne peut

---

1. Le couple doit attendre que soit prononcé le divorce définitif de Wallis. Pendant six mois les lettres et le téléphone vont constituer leur seul lien.

quitter sa chambre depuis une semaine, à cause des reporters ; que serait-ce pour lui, dans un hôtel de Zurich ? Elle appelle à Vienne son amie, la baronne de Rothschild et lui demande si elle peut transmettre à Edward une invitation en son nom.

« Je vous donne la réponse dans dix minutes ! » dit la baronne.

Vingt minutes plus tard, le roi reçoit l'invitation transmise de Vienne à Cannes et l'accepte aussitôt. Le roi détrôné laisse donc l'Angleterre derrière lui pour se rendre à quarante kilomètres de Vienne, au château de Enzesfeld, domaine du baron Eugène de Rothschild et de son épouse américaine Kitty. Le 13 décembre, à son arrivée en Autriche, Edward téléphone à Cannes. Les deux communications téléphoniques journalières entre Edward et Wallis vont constituer leur seul lien pendant six mois.

A Cannes, la villa *Lou Viei* connaît maintenant un calme relatif. A part quelques obstinés résolus à maintenir leur garde derrière les barrières de cyprès, la plupart des journalistes ont levé le siège. Désormais, le principal souci quotidien de Mrs Simpson est l'arrivée du facteur ployant sous la charge d'un courrier que n'aurait assurément pas dédaigné une souveraine...

Vers la fin du mois de décembre, dans le monceau des lettres qui lui sont adressées de tous les coins de l'Empire et du monde, elle découvre une enveloppe portant l'écriture bien connue d'Ernest Simpson. Celui avec qui elle est alors en procédure de divorce lui écrit en gentleman :

« *Mes pensées ne vous ont pas quittée au cours de votre épreuve et, je vous l'assure, personne n'a ressenti plus profondément que moi ce que vous éprouviez...* »

Il n'ignore pas qu'elle a tout fait pour sauver la monarchie, et il ajoute :

LA VÉRITABLE DUCHESSE DE WINDSOR

« Et votre vie serait-elle redevenue la même si vous étiez revenue en arrière ? Je veux dire par là, auriez-vous pu reprendre votre vie d'autrefois et oublier le pays féerique où vous vous étiez aventurée ? Mon enfant, je ne le crois pas. »

Un rayon de soleil que ces quelques lignes parmi ce courrier déferlant à *Lou Viei* et n'apportant à la malheureuse exilée que la majorité d'une vague de « haine et de furie d'une humanité déchaînée »... Forte proportion, bien sûr, de jaloux, de détraqués ou de fous.

« L'amplitude de la haine que j'avais inspirée et l'image atroce que les gens se faisaient de moi dans le monde entier, dira-t-elle, dépassaient tout ce que j'avais imaginé dans mes pires moments de détresse... Je trouvais ma vie en lambeaux... »

Son hôte et ami, Herman Rogers, essaye alors la leçon de philosophie :

« Que vous le vouliez ou non, le monde est en train de vous découvrir.

– Me découvrir ? s'écrie Mrs Simpson. Vous voulez dire, me détruire !

– Vous ne pouvez pas fuir, réplique son ami avec calme. Il n'existe pas de lieu où vous puissiez vous réfugier. Mettez-vous bien dans la tête qu'il faut vous mettre au-dessus de cela. »

Et il lui faut bien désormais « se mettre dans la tête » qu'elle ne doit plus se laisser abattre et se cuirasser contre le flot d'injures voulant salir les plus purs sentiments humains.

Wallis gardera de ces mois passés à *Lou Viei* l'impression d'un grand vide de l'âme et de l'esprit. Elle reste pendant des heures dans sa chambre à regarder dans le vide et tente vainement de trouver le sommeil. Edward est exilé volontairement du pays sur lequel il a régné, Wallis se cache des regards dans une villa de l'arrière-pays cannois et chacun d'eux est condamné à attendre, frustré de la présence de l'autre, dans l'inaction et la solitude.

Wallis trouve un peu de consolation dans l'appel téléphonique qui, chaque soir, lui arrive d'Autriche – d'Enzesfeld. Mais la crainte que leurs conversations ne soient surveillées impose certaines limites à l'intimité des propos. Des deux amis séparés, c'est assurément Edward le plus isolé et c'est bien lui qui traverse les moments les plus pénibles. N'a-t-il pas recueilli, lui aussi, dans ces dernières semaines, son lot de témoignages de l'opportunisme – ou de la lâcheté – de certains de ses compatriotes ? L'Eglise elle-même, oubliant son apostolat, va aller un peu trop loin en invoquant la voix de Dieu qui s'est fait entendre « dans tous les événements de ces jours mémorables ! »...

« Ce qui est encore plus étrange et plus triste, déclare l'archevêque de Canterbury, en parlant de son ex-souverain, c'est qu'il ait recherché le bonheur d'une manière incompatible avec les principes chrétiens du mariage, et dans un milieu social dont le niveau et le genre de vie sont étrangers aux meilleurs instincts et traditions de son peuple... »

Le lynchage de l'Eglise va d'ailleurs crescendo. L'évêque de Portsmouth, le Dr Partridge, chapelain du roi, prêchant dans sa cathédrale, deux jours après le départ d'Edward, dit que des choses terribles se sont passées : « Presque partout, on a frémi devant l'indécence et l'incorrection d'une conduite déréglée, qui ne connaissait pas de lois... Dans l'Histoire, il n'est qu'une autre scène que l'on puisse comparer à celle de la nuit de vendredi dernier à Portsmouth, et c'est celle où Napoléon, se tenant sur le pont du *Bellerophon*, après Waterloo, regardait s'éloigner le beau pays de France. »

Mais le « peuple », cette fois, semble trouver que l'Eglise anglicane n'est pas « fair-play » et l'aide de camp du roi George VI va même jusqu'à élever une protestation publique qui contraint l'archevêque à se rétracter... Fort heureusement, d'autres manifestations plus sympathiques s'étaient produites dans le genre de cette dépêche adressée de la Jamaïque par Lloyd George au duc de Windsor, à l'occasion de Noël :

« *Meilleurs vœux de Noël d'un ancien ministre de la Couronne qui vous tient en aussi haute estime que jamais, vous considère avec une profonde et loyale affection, déplore le traitement sordide et stupide qui vous a été infligé, souffre des basses et ignobles attaques dirigées contre vous et regrette que l'Empire britannique ait perdu un monarque qui sympathisait avec les moindres de ses sujets.* »

Mais la tendance générale est à l'oubli. On interdit les disques reproduisant le discours radiodiffusé d'Edward VIII. La *News Review* écrit : « Le roi George VI, d'esprit si sérieux, a maintes qualités qui doivent le faire chérir de son peuple. Il est meilleur boxeur qu'Edward, joue mieux au tennis, quoiqu'il tienne sa raquette de la main gauche. » On retrouve partout ce reproche amer : « Nous avons investi tant d'argent dans ce prince de Galles. »

Le *Woman Illustrated* fait ainsi apparaître cette annonce, business oblige : « Des milliers d'entre vous, qui ont commandé notre service à thé de couronnement, apprendront avec intérêt que nous avons maintenant pris nos dispositions pour vous fournir ce service sous trois formes différentes :

1° Avec des portraits du roi Edward VIII sur les soucoupes, comme nous l'avions précédemment annoncé ;

2° Avec un portrait du roi George VI et de la reine Elizabeth sur les soucoupes ;

3° Pour les lectrices qui aimeraient avoir les soucoupes portant les portraits d'Edward, de George et de la reine Elizabeth, nous pouvons fournir le service à thé et les deux modèles de soucoupes moyennant un supplément de 6 pence, portant le prix total du service à 5 shillings au lieu de 4 shillings 6. »

Mais Wallis, elle aussi, subit l'opprobre. Elle écrit même au duc : « Il s'est murmuré à mon propos tant de choses scandaleuses, on a été jusqu'à dire que je suis une espionne que tout le monde fuit et que je dois me cacher jusqu'à ce que votre nom m'assure protection. » Elle exprime le désir de toujours plus d'obscurité, souhait alors pathétiquement vain. Mais elle exprime aussi l'espoir que leur amour triomphera de tous les obstacles. Car le plus urgent est d'obtenir le divorce.

Or, une étrange affaire va ajouter à l'impression de persécution dont elle se sent victime. En janvier 1937, un obscur employé judiciaire, Francis Stephenson, s'élève contre la procédure, apparemment inattaquable. Elle est, selon lui, entachée d'irrégularité et il se fait fort de démontrer que le divorce n'aurait jamais dû être accordé. De quelle information disposait-il pour montrer tant d'assurance ? La chose ne sera jamais éclaircie et Stephenson battra en retraite.

Dans sa correspondance au duc, Wallis laisse percer son accablement : « Je ne pensais pas que le monde puisse s'acharner à ce point sur deux êtres dont le seul crime est de s'aimer. » Elle ajoute qu'elle a l'air d'avoir cent ans et qu'elle ne pèse plus que cinquante kilos. Elle écrit encore : « Le monde entier est contre moi et contre moi seule. »

Mais cet hiver si dur s'achève enfin, faisant place aux promesses d'un printemps qui verra la réunion des deux héros. On songe sérieusement au mariage et au lieu où se déroulera la cérémonie. Tous deux, d'un commun accord, ont choisi la France, mais le duc de Windsor aurait volontiers opté pour le château de La Croë, au cap d'Antibes, que le propriétaire est tout disposé à louer à l'ex-souverain. D'autre part, un industriel franco-américain met à la disposition du duc son château de Candé, non loin de Tours...

Lequel choisir ? Le duc de Windsor s'en remet à l'avis de son frère George VI. Le nouveau roi lui répond « qu'il préférait ne pas le voir se marier sur la Côte d'Azur, célèbre pour ses casinos, et qu'un vieux château au centre de la France lui paraissait un cadre plus digne de cette cérémonie ».

Et c'est ainsi que Candé l'emporte. Fort de l'opinion du roi, Herman Rogers écrit à Charles Bedaux que son offre a été agréée, mais il attire son attention sur le fait que ce choix ne manquera pas d'être largement commenté par la presse et que, par conséquent, si, pour un motif ou pour un autre, M. Bedaux a une raison quelconque de redouter cette publicité, il ferait bien d'en mesurer toutes les conséquences, tant dans son propre intérêt que dans celui du duc de Windsor et de Mrs Simpson. La réponse est certainement satisfaisante, car Herman informe bientôt Wallis que Candé est à leur disposition.

Le château de Charles Bedaux est pourtant un choix bien malheureux en raison de la personnalité de son propriétaire. Philanthrope et multimillionnaire américain, Charles-Eugène Bedaux n'est pas aussi innocent qu'il le prétend. Il a un passé qui, si on lui avait dévoilé la vérité, aurait fait dresser les cheveux sur la tête de George VI. Car quand Charles Bedaux propose son château à Wallis, il ne faut pas voir là le geste charitable d'un Américain envers une expatriée comme lui. Ce personnage flamboyant de la bonne société européenne des années trente offre une façade en trompe l'œil. Il a probablement été un espion au service de l'Allemagne pendant la Première Guerre mondiale. Quand prospèrent ses compagnies, Bedaux, dès 1919, se retrouve en contact avec les plus grosses entreprises allemandes : Krupps, Mercedes, IG Farben, toutes sociétés qui vont devenir les commanditaires du parti nazi. Et lorsque Hitler devient chancelier en 1933, Bedaux est d'ores et déjà disciple des nazis. Il séjourne fréquemment dans la capitale du Reich. Vers 1934, il est connu comme un homme engageant des discussions passionnées sur l'idéologie nazie et abreuvant de littérature tous ceux qu'il pense susceptibles d'être gagnés à sa cause. D'ailleurs, Bedaux acquiert bientôt une villa à Berchtesgaden.

Que George VI ait pu donner son accord pour un mariage au château de Candé est donc bien incroyable, car c'est précipiter le duc de Windsor tête baissée dans les rangs des nazis, de leurs agitateurs et manipulateurs. Que personne ne l'ait fait remarquer au roi George VI demeure l'un des mystères de l'époque.

C'est donc à Candé que Wallis, qui a quitté Cannes au début du mois de mars, vient s'installer, toujours en compagnie de ses amis Rogers. Durant les deux mois qu'il lui reste à vivre séparée du duc de Windsor, elle résout, avec l'aide du dévoué Herman Rogers, toutes les questions relatives à son futur mariage. « Questions, dit-elle, dont un grand nombre exigeaient l'opinion ou l'approbation d'Edward. » Il n'est point question, hélas ! qu'il communique avec Candé autrement que par téléphone, avant le délai officiel exigé par la procédure de divorce. Aussi, le désir qu'il exprime de se rendre auprès de Mrs Simpson, ne fût-ce que quelques heures, est-il aussitôt désapprouvé par ses conseillers qui en lèvent les bras au ciel... Ce serait tout compromettre !

Devant le désarroi de son amie, le duc de Windsor a alors l'idée de lui renvoyer « Slipper »... Et le petit cairn-terrier fait le voyage de Vienne à Candé dans les bras d'un sérieux détective de Scotland Yard attaché à la personne du duc. Petit compagnon et témoin de leurs joies et de leurs tourments, « Slipper » ne va pourtant pas assister à la fin des tribulations de ses maîtres. Le lendemain de son arrivée en Touraine, fouinant dans une garenne voisine, il se fait piquer par une vipère et meurt presque aussitôt dans les bras de sa maîtresse en larmes... Elle croit voir là un « mauvais présage ».

Cependant, au matin du 3 mai suivant, la nouvelle attendue lui parvient enfin : le divorce est prononcé définitivement ! Il est dix heures trente-trois quand elle l'apprend par téléphone. A dix heures cinquante, Wallis obtient une ligne en Autriche. Dès quatre heures de l'après-midi, le duc quitte Salzbourg et, cinquante minutes plus tard, monte dans l'Orient-Express à destination de Paris. Le 4 mai 1937, la Buick de Wallis attend son arrivée à Verneuil. La longue séparation de ces cinq mois semée d'affronts et d'angoisses de toutes sortes est achevée.

Lorsque le véhicule franchit les grilles du château, plusieurs journalistes français saluent d'un hourra le duc qui répond d'un geste. Edward et Wallis s'étreignent en haut du perron et, se donnant le bras, pénètrent dans le château. Ils ont beaucoup à se raconter. Wallis trouve le duc amaigri, ses traits tirés.

Dès l'après-midi, ils partent se promener. Le château de Candé s'élève sur une colline. Le couple explore ses pentes boisées et suit de capricieux sentiers. Le soir, il dîne devant la cheminée, mais les murs épais du château retiennent une telle humidité en ce printemps tourangeau que les grands feux de bois ont du mal à réchauffer l'air.

Le château est romantique. Son salon, lambrissé de chêne, immense et haut de plafond, est solennel. Un orgue se dresse dans le fond. Faisant suite à cette pièce se trouve un petit salon, délicieusement français, couvert de lambris clairs et meublé Louis XVI. Wallis a décidé de s'y marier. La salle à manger est au rez-de-chaussée. C'est une sorte de salle des gardes avec de vieilles et massives poutres apparentes, une longue table en vieux chêne, flanquée de bancs longs et bas. Dans une aile, reliée au corps principal par un étroit passage et une volée d'escaliers de pierre, se trouve un petit appartement indépendant destiné aux invités : celui du duc. Wallis a sa propre chambre à coucher : une pièce spacieuse aux boiseries gris Trianon qui jouit d'une très belle vue sur les jardins.

Comme George VI doit être couronné le 12 mai, il paraît préférable d'attendre le mois de juin pour le mariage. Le 8 mai, une déclaration du château annonce que la cérémonie aura lieu le 2 juin. Ce même jour, par acte unilatéral, Wallis reprend son nom de Mrs Wallis Warfield, pour essayer d'éloigner celui de Simpson. Le 12 mai, un petit groupe intime, réuni dans la salle d'armes du château de Candé, écoute silencieusement à la radio le déroulement du couronnement du roi George VI. Les Bedaux sont présents ainsi que tante Bessie, les Rogers et Dudley Forwood, le nouvel officier de la maison du duc.

Qui peut savoir exactement ce qui se passe alors dans l'esprit des principaux personnages, acteurs ou témoins de cette scène historique ? Que pense le nouveau roi vêtu de pourpre, tenant le sceptre et le globe, assis sur un trône qu'il n'avait ni espéré ni désiré ? Que pense sa mère, la reine Mary qui, drapée dans sa royale majesté, ne voit sans doute pas sans émotion, sous la voûte de l'antique abbaye de Westminster, cet échange de ses deux fils sous la couronne de Charles II ? Que pense enfin celui qui aurait dû être le principal acteur de cette cérémonie et qui, en simple particulier, écoute religieusement, au fond d'un petit château tourangeau, le récit de l'ancestral cérémonial ?

Lorsque la retransmission des cérémonies est terminée, le duc de Windsor se tourne vers Wallis :

« N'ayez pas de regrets, lui dit-il... moi je n'en ai point. Je ne sais qu'une chose, c'est que je ne puis concevoir le bonheur sans vous. »

Le soir du 12 mai, Wallis et le duc écoutent à la radio l'hésitant discours du roi George VI après son

221

couronnement ; dehors, une lourde pluie d'orage fouette le château. Ni Wallis ni le duc n'éprouvent la moindre envie de porter un toast comme le font à ce moment des millions de personnes dans le monde. Et lorsque le téléphone sonne, c'est un reporter qui désire savoir si le duc de Windsor consentirait à donner son opinion sur le discours de son jeune frère. Le duc prie Rogers de transmettre une brève appréciation : pour lui, « le discours était encourageant ». L'occasion est trop solennelle pour se perdre en vaines flatteries.

Les préparatifs de mariage reprennent leur cours. Le 16 mai, Wallis et le duc signent leur contrat de mariage, sous le régime de la séparation de biens. Ni l'un ni l'autre des conjoints ne pourrait réclamer quoi que ce soit des biens de son alter ego en cas de divorce. Herman Rogers annonce qu'il n'y aura pas de cérémonie religieuse, mais seulement un mariage civil célébré par le maire du village voisin. Mais cette décision est promptement rapportée.

Ils reçoivent en effet de Darlington une lettre du vicaire de St Paul. Le révérend R. Anderson Jardine offre de venir en France bénir leur mariage. Le duc, enchanté, téléphone pour se mettre en rapport avec ce clergyman. Celui-ci arrive au château la veille du mariage. Par l'apparence et les manières, c'est le type même du curé de campagne. Wallis le trouve courageux de braver son évêque pour les bénir.

Détails matériels : quelle est la tenue de Wallis ? « Mainbocher » fait son trousseau. Sur des croquis envoyés, elle choisit une robe de mariage toute simple, en satin bleu. « Reboux » fait son chapeau. Wallis demande à Constance Spry, la célèbre fleuriste londonienne, de décorer le château. Elle amène avec elle son aide et, en quelques heures, transforme l'atmosphère de Candé.

Le photographe mondain Cecil Beaton, qui arrive au château la veille de la cérémonie, note assez bien l'ambiance électrique avant le jour J : « Nous avons commencé par prendre le duc seul. Il se pliait à tout, posant facilement, faisant de son mieux pour me faciliter les choses... Il ne laisse pas photographier son profil droit et n'aime que lorsqu'on voit sa raie. Il est très ridé, mais fondamentalement jeune, avec un air de collégien, une grande vitalité et beaucoup de vivacité. Il a accepté de s'asseoir sur un coussin parce que cela changeait du traditionnel fauteuil. Il n'a pas voulu qu'on le voie fumer une cigarette – et, bien qu'il ait été attentif, il avait un air profondément triste, un regard tragique que dément un nez retroussé avec impertinence. Il a des mains ordinaires – comme celles d'un petit mécanicien – tannées, qui pèlent un peu, et l'ongle d'un pouce est déformé. A quarante-trois ans, il a une chevelure aussi abondante et dorée qu'à seize. Ses yeux bleu vif ne semblent pas bien fixer les choses – ils sont troubles malgré leur éclat et l'un est beaucoup plus bas que l'autre. Lorsque Wallis entre, pour être photographiée à son tour, le duc se met en quête d'un crucifix pour orner l'autel improvisé qu'on a installé pour la cérémonie du lendemain. Avec un solide accent "cockney", la domestique londonienne appelle au téléphone la chambre du duc :

"C'est Votre Altesse Royale ?... Bon, ben, vous pourriez venir tout de suite ?"

Dès qu'il apparut, Wallis ne fit aucun effort pour cacher son énervement et, après un échange de propos un peu vifs, il s'excusa. Ils s'assirent côte à côte sur un énorme coussin, hanches serrées, la main du duc passée autour de la taille de la duchesse tandis que je les prenais ensemble. »

L'atmosphère est pourtant à l'orage quand, le soir, le duc essuie son plus cinglant affront de la part du palais de Buckingham. Walter Monckton transmet une lettre de George VI qui informe froidement Edward que

LA VÉRITABLE DUCHESSE DE WINDSOR

Wallis ne sera pas autorisée à user du titre d'« Altesse Royale [1] ».

Comme le duc lit la lettre, Monckton racontera plus tard : « Il était pétrifié, comme assommé. Et un juron lui échappa : "Qu'ils aillent se faire voir ! Tous autant qu'ils sont ! Je leur ferai payer ça !" » Après des mois d'inquiétude et d'angoisse, Edward finit par craquer et éclate en sanglots.

« Edward serait donc, dorénavant, Son Altesse Royale le duc de Windsor, et, quant à moi, je serais simplement la duchesse de Windsor, notera Wallis. Cette décision m'interdisait, au mépris de toute tradition, de partager les privilèges de mon royal époux et privait également tout enfant né de notre mariage d'hériter de son titre. »

En apparence, la duchesse a l'intelligence de ne pas attacher trop d'importance à ces mesquineries, mais le duc en est tout retourné. C'est là, à ses yeux, une ultime offense infligée à sa femme et par conséquent à lui-même. Il ne peut se résigner à faire porter tout le blâme sur son frère qui a agi, il le sait, à la suite de fortes pressions. Mais un froid en résultera toute leur vie.

En privé, le duc de Windsor insiste sur les égards et la courtoisie normalement dus à Wallis. « Je connais Bertie, s'exclame-t-il quand il reçoit le décret. Je sais qu'il n'a pas pu écrire ceci de sa propre initiative. » Mais qui pourrait influencer son frère ? « Ses proches », répond-il. Tout le monde comprend à qui il fait allusion. Cela ne peut venir que de la reine Elizabeth !

---

1. « *Le roi est heureux, par lettres patentes scellées du Grand Sceau, à la date du 27 mai 1937, de déclarer que le duc de Windsor, malgré l'acte d'abdication... et la déclaration de Sa Majesté de l'acte d'abdication, 1936, en foi de quoi l'Acte a pris effet, est autorisé à porter pour lui-même le titre d'Altesse Royale, dont il possédera seul qualité et apanage* » ; ainsi, quoi qu'il en soit, son épouse et ses descendants, s'il en a, ne porteront pas ce titre et n'en posséderont ni la qualité, ni l'apanage.

LA VÉRITABLE DUCHESSE DE WINDSOR

« Wallis a été vaincue par la souveraine, qui s'est montrée très intelligente et très habile », remarque Angela Fox, partageant une opinion largement répandue : la femme du roi George a fait en sorte de dépouiller Wallis de ses privilèges royaux, et elle est responsable d'une scission définitive au sein de la famille. « Wallis était une femme authentique, beaucoup plus raffinée que la plupart des princesses royales – et le palais a répandu le mythe selon lequel elle était obsédée par le pouvoir. [...] Son mari et elle, en fait, ont été victimes d'une volonté de royale vengeance qui dépasse l'imagination. »

Autre mesquinerie des nouveaux locataires de Buckingham Palace : les arrangements financiers avec l'ancien roi – une rente annuelle de vingt mille livres – lui interdisant de remettre les pieds sur sa terre natale sans la permission de son successeur. On peut ainsi être débarrassé à jamais de ce couple par des artifices protocolaires et financiers. Tant que la duchesse de Windsor sera considérée comme une épouse morganatique, de rang non royal, la reine Elizabeth ne sera pas tenue de la recevoir. Et la nouvelle reine pense, à juste titre, qu'Edward ne peut apparaître publiquement en Angleterre sans Wallis à ses côtés ; elle est certaine qu'il ne reviendra jamais.

Enfin, arrive le 3 juin, jour du mariage. Contrairement aux secrets espoirs qu'a gardés l'ex-souverain, aucun membre de la famille royale ne se manifeste. « Il y a quelque chose d'inflexible et d'inhumain dans le principe même de la monarchie, écrira plus tard la duchesse... Edward s'était dérobé à la charge qui lui revenait de droit de par sa naissance et qu'il devait remplir jusqu'à sa mort... Un rideau de velours et d'hermine était tombé entre lui et son passé...

Quant à moi, ajoutera-t-elle, je n'existais purement et simplement pas. »

Seuls, des amis fidèles du duc de Windsor, ceux des « heures sombres », sont venus. On compte seize invités

225

en tout, dont plus de la moitié sont américains. Parmi eux, figurent les Rothschild, les Bedaux, les Rogers, Sir Walter Monckton, George Allen, Lady Selby, femme du ministre britannique à Vienne, Dudley Forwood et quelques autres. Tante Bessie est la seule parente de Wallis. Un ami du duc brave délibérément l'interdit, Hugh Lloyd Thomas, ancien secrétaire du duc, alors à l'ambassade britannique à Paris.

Le mariage civil commence à 11 h 42 précises. Le duc porte une jaquette noire et un pantalon rayé. Moulée dans une ravissante robe de crêpe satin bleu pâle de « Mainbocher », coiffée d'un chapeau de même teinte, la nouvelle duchesse de Windsor est quelque peu raide et compassée. Avec sa ceinture tricolore, le maire de Monts, le docteur Charles Marcier, officie. Le duc glisse au doigt de sa fiancée l'anneau nuptial. Ils se trouvent dès lors unis devant la loi française. Ils se rendent ensuite, la main dans la main, jusqu'à la salle de musique où le révérend Robert Anderson Jardine [1] les attend pour leur donner la bénédiction de l'Eglise d'Angleterre.

Les assistants remarquent que le duc et sa femme sont pâles et tendus. La réponse du duc : « Oui, je le veux », faite à Jardine, est lancée dans une tonalité si élevée que l'assistance sursaute. Wallis a plus de maîtrise d'elle-même. Elle répond doucement, sans trace de nervosité ; à peine si on l'entend. Le révérend Jardine donne le texte intégral du service. Le duc et Mrs Simpson sont agenouillés sur des coussins de satin brodé, et pour finir l'orgue entonne l'hymne *O Parfait Amour*. Lorsque Herman Rogers apparaît sous le porche du

---

1. Cet homme courageux – courageux au point de braver son évêque et l'Eglise anglicane tout entière –, venu s'offrir pour bénir l'union de son ex-souverain, sera un peu plus tard, pour cet acte de témérité, dans l'obligation de s'embarquer pour les Etats-Unis.

château pour annoncer que le mariage est achevé et que le couple a rejoint ses invités au buffet du déjeuner qui se compose de homards, de salades, de poulet à la royale et de fraises, la vieille gardienne prend une bouteille de champagne et la brise contre la grille, comme le veut la tradition locale.

C'est alors qu'est prise la photo demeurée célèbre du couple sur le perron du château de Candé. A visage découvert, il affronte les journalistes... Seul Cecil Beaton, après le déjeuner, a le privilège d'une ultime séance de photos... Dans ses carnets, il notera : « En haut, dans la penderie de la salle de bains, la robe de mariée de Wallis était accrochée – et, sur un porte-chapeaux, près de la fenêtre, le chapeau, une couronne de plumes bleu pâle ornée de tulle du même ton faisant l'effet d'une auréole. Pas joli du tout, mais la robe était ravissante, d'une coupe très simple et très seyante. La serviette de bain, humide, était roulée en boule dans un coin et, au bord de la baignoire, un rasoir Gillette : "Puis-je regarder votre coffret à bijoux ?", et elle me fit voir tout ce qu'elle put avant que nous ne soyons de nouveau interrompus. Ses bagues sont des pierres merveilleuses, diamants, turquoises et émeraudes. Il y a plusieurs niveaux de tiroirs tapissés de velours avec beaucoup de pièces modernes, en général des montures très belles, toutes très modernes. Lorsqu'elle fut habillée, nous avons pris les photos. "Oh ! Voilà donc la fameuse robe... c'est ravissant... très joli", approuva le duc. Je pris dans un vase plusieurs petites fleurs roses pour faire croire qu'il portait un gros œillet à la boutonnière, mais la domestique nous offrit un œillet de sa fabrication, qui me convint tout à fait... Le soleil sombra. Des photos, encore des photos – je détestais le chapeau de Wallis, mais n'ai pas osé le dire. »

Puis, vers 16 h 30, le duc et la duchesse disent adieu à leurs invités et montent dans la Buick, avec George

LA VÉRITABLE DUCHESSE DE WINDSOR

Ladbrook au volant, pour passer leur lune de miel en Carinthie, au château de Wasserleonberg [1]. Avec leur nombreuse suite, ils gagnent en convoi la gare de Laroche-Migennes pour y prendre l'Orient-Express. La lune de miel des Windsor débute par l'embarquement d'un cortège royal comprenant 226 bagages, 7 serviteurs et 2 chiens, pour gagner l'Italie et Venise.

Toutes les précautions ont été prises pour pallier les inconvénients de l'exil (les Windsor conserveront toujours cette habitude de voyager lourdement). Mais la presse prendra un malin plaisir à souligner le sans-gêne d'un comportement aussi ostentatoire dans un monde qui sort à peine de la crise économique.

Le couple arrive le lendemain à Venise, où il est accueilli par une foule d'Italiens en liesse qui ne cessent de leur faire le salut fasciste. Le temps de visiter la place Saint-Marc et de prendre le thé à l'Excelsior, le couple reprend un autre train qui arrive à Villach en Autriche, un peu avant minuit. Le château de Wasserleonberg est-il un bon choix pour un voyage de noces ? Edward l'espère, tandis que Wallis est plus dubitative.

Mais à l'arrivée, tandis que la Buick monte une colline escarpée en suivant une route étroite et caillouteuse, ils atteignent brusquement le sommet de la colline et devant eux se dresse une admirable demeure – non pas un château au sens britannique du mot, mais un merveilleux manoir de style autrichien, avec sa vaste cour pavée, son court de tennis et sa piscine, avec tout autour d'eux les hauts pics des Alpes autrichiennes s'élançant vers le ciel. Wallis est aux anges. Leur mariage commence sous de bons auspices !

---

1. Ce château appartenait à Paul Munster, noble autrichien marié à Pegy Ward, cousine du comte de Dudley, l'ami des Windsor.

XIII

LIAISONS DANGEREUSES

CROYANT que leur exil va être de courte durée, les Windsor s'organisent une vie agréable. En toute bonne foi, l'ancien roi pense pouvoir bientôt jouer le rôle d'un frère auprès du souverain. Ce n'est que peu à peu qu'il comprend la vanité de ses espoirs. Les Windsor se retrouvent donc livrés à eux-mêmes, face à une décevante et frustrante réalité.

Certes, le séjour à Wasserleonberg se déroule dans l'harmonie. Le couple fait de longues promenades, se baigne, joue au tennis. Trois mois coupés de randonnées à travers l'Autriche, de brefs séjours en Hongrie et en Tchécoslovaquie. Une seule ombre sur cet été ensoleillé : Edward et Wallis ne peuvent s'empêcher de revenir en arrière et de revivre les moments qui ont abouti à l'abdication. Une réaction naturelle. Mais cet incessant rappel du passé devient si obsessionnel que le duc, à bout d'arguments, explose devant Wallis : « Chérie, si nous continuons à discuter ainsi, nous ne nous entendrons jamais. Cessons une fois pour toutes. » Il n'y aura plus de : « Si j'avais fait ceci... », « Si j'avais su... » ou

229

LA VÉRITABLE DUCHESSE DE WINDSOR

« Si vous m'aviez écouté… ». Le duc a certes tout loisir de ressasser son infortune, mais en son for intérieur.

Wallis a d'ailleurs bien d'autres soucis. Il faut désormais prouver au monde que ce bouleversement n'a pas été vain, qu'Edward s'habitue à sa nouvelle vie, que les nombreux problèmes qu'il affronte ne sont pas fondamentaux. Une rude tâche, car c'est sur elle que repose entièrement la responsabilité du bien-être et du bonheur du duc. A elle donc de prendre les décisions, de diriger la maison, de trouver des amis : bref, reconstruire une existence nouvelle sur les ruines de l'ancienne. Encore faut-il avoir toutes les cartes en main. Or, l'indécision pèse sur chaque moment de leur vie.

Vers la fin du mois de septembre 1937, le couple s'installe provisoirement à l'hôtel Meurice à Paris. Le mois suivant, il se rend en Allemagne. Un voyage conçu sous une bien mauvaise étoile. Il va coûter cher à Edward et faire dire à un député travailliste : « Pour les rois détrônés, il n'y a d'autre alternative que de disparaître de la scène ou d'être néfastes. Quels sont les conseillers du duc ? Je l'ignore, mais ou ils sont mauvais, ou lui ne veut pas retenir les sages avis. »

En l'occurrence, le mauvais génie est Charles Bedaux. Pendant la lune de miel des Windsor, Bedaux s'est souvent rendu en Allemagne et a pris des dispositions en coulisse pour venir en aide à l'ancien roi d'Angleterre. Après une série de rencontres avec les hommes du Reich, un plan est mis au point. Le duc de Windsor se rendra en Allemagne nazie, prétendument comme invité du Front du Travail allemand. Ce voyage aura le double effet de rehausser la position du duc de Windsor sur la scène internationale et de le remettre sous le feu des projecteurs. Ce sera en même temps un superbe coup de propagande pour le Reich. Au cours de leur conversation, le duc et Bedaux projettent de faire un périple similaire aux Etats-Unis.

LA VÉRITABLE DUCHESSE DE WINDSOR

Pour les Windsor, ce voyage a un caractère d'ordre purement mondain et il ne s'agit que d'une visite privée. Charles Bedaux exulte pour avoir fait tomber dans ses bras des personnalités aussi importantes que les Windsor. Il pense avoir réussi le plus grand coup de sa carrière ! Mais toutes les chancelleries internationales sont consternées. Afficher ses sympathies nazies en octobre 1937 et rendre hommage au dictateur du IIIe Reich n'est guère habile !

Le duc et la duchesse de Windsor entament leur visite en Allemagne nazie le 11 octobre 1937, arrivant à Berlin à la gare de Friedrichstrasse où les accueillent plusieurs centaines d'Allemands rassemblés, faisant le salut nazi et clamant en chœur « Heil Windsor » et « Heil Edward ». Ribbentrop est également là, mais pas Goebbels.

Edward et Wallis traversent la gare au milieu d'une foule en liesse, jusqu'à une Mercedes-Benz noire décapotable qui les emmène au Kaiserhof Hotel où les attend une suite face à la Chancellerie du Reich. Wallis reste à l'hôtel pour se reposer, tandis que peu après midi le duc s'en va visiter l'usine de mécanique Stock, à Grünewald. Le soir, le Dr Ley [1] donne une superbe réception dans sa maison de Grünewald. On y remarque le Dr Goebbels, Ribbentrop, Georlitzer, Himmler et Hess. Le lendemain, tandis que Wallis reste à l'hôtel, ne rompant sa solitude que pour un bref aller et retour à Potsdam, le duc est entraîné dans une série d'inspections et de visites épuisantes. Le reste du voyage est dans le même ton.

---

1. A la tête du Front du Travail allemand, le Dr Robert Ley est l'un des hommes puissants dans l'Allemagne hitlérienne de la fin des années trente. Le Dr Ley fut omniprésent pendant ce voyage : c'était vraiment sa grande parade. Pourtant, il était un homme tellement rustre et grossier que Wallis ne fit aucun effort pour montrer qu'elle n'appréciait pas sa compagnie.

LA VÉRITABLE DUCHESSE DE WINDSOR

Le 14 octobre, Edward et Wallis rendent visite au Feldmarschall Hermann Goering dans sa résidence de Karinhall, près de Berlin. Le duc bavarde avec lui en allemand, tandis que la duchesse bénéficie d'une traduction.

Goering leur fait découvrir son gymnasium parfaitement équipé. Puis il les emmène dans le grenier, où le duc peut admirer un train électrique géant construit pour le neveu de Goering, et les deux hommes s'en donnent à cœur joie. Le dignitaire nazi pousse même le bon goût jusqu'à montrer au duc son dernier joujou : une maquette d'avion radio-contrôlé qui peut lâcher des bombes en bois.

Une autre surprise attend les visiteurs, si l'on en croit l'assistant du duc : « On nous servit un repas à Karinhall. Goering, le duc et la duchesse prirent place à une table particulière, sur une estrade surélevée, tandis que nous nous installions à un niveau inférieur. Il y avait derrière le bureau de Goering une carte en marqueterie. Angleterre exceptée, tout ce que représentait cette carte était désigné comme possessions allemandes. Mon maître regarda Goering et lui dit : "N'est-ce pas un peu impertinent ? Un peu prématuré ?" »

Le 16 octobre, à Düsseldorf, les Windsor visitent l'exposition « L'Allemagne créatrice ». On les fait rapidement passer devant les slogans anti-britanniques que l'on n'a pas retirés à temps. Escorté par une garde d'honneur de SS vêtus de noir, Edward se promène dans les travées, s'arrêtant pour regarder les objets exposés, se faisant expliquer, démonstration à l'appui, le tissage de textiles artificiels, tout en ayant la mauvaise idée de rendre leur salut fasciste à tous ceux qu'il croise.

Pour les observateurs neutres de ce voyage, Edward et Wallis se sentent en Allemagne comme deux poissons dans l'eau. Elle surtout, qui éprouve enfin le délicieux frisson que procurent la célébrité, la gloire ordinairement réservée aux rois et aux reines. Certes, Wallis ne se déplace pas dans le carrosse armorié du couronnement, mais dans une Mercedes où flotte un fanion à croix gammée. Cependant, la curiosité, les applaudissements qu'elle déchaîne sont aussi intenses et gratifiants que ceux accordés à un individu de sang royal. La femme de Rudolf Hess (lequel, pendant la guerre, rallia la Grande-Bretagne à bord de son avion et devint après son arrestation « le plus vieux prisonnier du monde ») écrira à une amie combien elle était impressionnée à la pensée de rencontrer la duchesse de Windsor à l'occasion d'un dîner. Eh bien, ses craintes furent vraiment infondées : « Wallis est d'une grande simplicité, d'une grande amabilité. Et très humaine. »

Edward se montre absolument ravi de cette adulation. Les politiciens d'Angleterre l'ont rejeté, le palais de Buckingham a insulté sa nouvelle épouse : il n'y a qu'en Allemagne nazie que la duchesse et lui sont traités avec le respect qui leur est dû. Sachant combien se sentir estimé compte aux yeux des faibles, les nazis se dépensent sans compter afin de l'éblouir.

Prise dans le tourbillon des inaugurations, des rencontres et des escapades dans les magasins, Wallis est aussi aveugle que son mari. Loin de ses ennemis, de ses amis (Winston Churchill, qui avait tant lutté pour qu'Edward n'abdique pas et puisse épouser la femme qu'il aime, condamne violemment ce périple), elle est le symbole déformé de cette royauté à laquelle elle n'accédera jamais. En 1937, dans les cinémas allemands, les spectateurs acclament le nom des Windsor quand les actualités montrent le couple encadré par les dignitaires nazis.

Le point d'orgue de ce voyage est la visite à Hitler, le 22 octobre, dans son fief de Berchtesgaden. Selon certains historiens, Eva Braun, la maîtresse du Führer, aurait rêvé d'y assister, mais à son grand désappointement, elle n'est pas conviée à accueillir les Windsor sur les marches de la résidence-forteresse gardée par des hommes en armes et une escouade de jeunes et blonds SS. Ceux-ci escortent le couple jusqu'aux salons dont les fenêtres s'ouvrent sur les montagnes et la ville de Salzbourg.

Hitler et le duc sont une curiosité l'un pour l'autre, curiosité dénuée de sympathie s'entend. Dans ses *Mémoires*, le duc décrit Hitler en ces termes : « Personnage un peu ridicule avec ses postures théâtrales et ses prétentions démesurées. » La personnalité du Führer l'impressionne néanmoins, lui qui comprend l'âme allemande tellement mieux que la plupart des Anglais. Hitler de son côté méprise l'ex-roi, mais sent qu'il pourrait lui être un jour de quelque utilité.

En fait, Hitler a suivi jour par jour les péripéties de l'abdication avec passion, et a envoyé quérir à Londres de plus amples détails. L'ambassade d'Allemagne lui a même adressé deux films qu'Hitler regarda bien des fois. Sur l'un, Edward veillait aux préparatifs des funérailles de son père. Mrs Simpson était avec lui. L'autre film montrait Edward et Wallis en costumes de bains, dans l'Adriatique, pendant la croisière du *Nahlin*. Le seul commentaire d'Hitler avait été : « Pas vilaine silhouette. »

Le duc et Hitler commencent à s'entretenir pendant que Hess tient compagnie à Wallis. Dès le début de l'entretien qui va durer officiellement deux heures, le duc marque une légère irritation en notant la présence d'un interprète. Sa connaissance de la langue allemande est telle qu'il peut s'en passer. « Vous déformez mes paroles », lance-t-il à plusieurs reprises à l'homme qui se tient auprès du Führer.

Des témoins assistent à l'entrevue. Ils consignent cet étrange échange de vues sur l'ordre de l'univers (« L'architecture nazie fera un jour d'aussi splendides ruines que celles laissées par les Grecs », affirme Hitler) et notent ces paroles du duc : « La race allemande et la race anglaise sont une seule et même race. »

Puis les deux hommes regagnent le salon où les attendent Wallis et Rudolf Hess. On sert le thé. Wallis ne peut quitter Hitler du regard. Elle laisse de lui une description contrastée : « Il portait l'uniforme brun du parti. Son visage était d'une pâleur malsaine et, sous sa moustache, sa bouche se crispait en une sorte de rictus. Cependant, vu de près, il donnait une impression de grande force intérieure. Ses mains étaient longues et minces, des mains de musicien, et son regard vraiment extraordinaire... intense, fixe, magnétique ; j'y retrouvai le même feu que dans les yeux de Kemal Ataturk. A une ou deux reprises, je sentis son regard se poser sur moi. Mais, lorsque j'essayai de le rencontrer, il baissa les paupières et je n'eus devant moi qu'un masque. J'en conclus que les femmes n'intéressaient pas Hitler. »

La conversation roule alors sur des lieux communs, et le duc exprime son admiration pour le bien-être social obtenu par l'administration nazie. La duchesse parle peu, mais Hitler paraît plus impressionné par elle que par son mari.

« Elle aurait fait une bonne reine », dira-t-il à Paul Schmidt, l'interprète, quand ils seront partis.

Bien des années plus tard, le duc de Windsor s'expliquera dans un journal américain sur l'opportunité de ce rendez-vous : « Mon but en me rendant en Allemagne était de me rendre compte des progrès accomplis en faveur du peuple. Tel a été le sujet de ma conversation avec Hitler. Mais je me suis vite aperçu que ce dernier ne me montrait qu'une partie de l'iceberg. »

Les Windsor sont ensuite reçus à dîner par Rudolf Hess [1]. De ce dernier, Wallis déclarera qu'elle l'a trouvé

---

1. Selon Charles Higham, dont le père fut un homme politique influent en Angleterre, la duchesse et le duc, qui ne s'étaient jamais privés de certaines plaisanteries d'un goût douteux à la limite de l'antisémitisme, parlèrent ouvertement à Rudolf Hess du « problème juif ».

235

« beau… charmant… un gentleman des plus convain-cants et raffinés… ».

Le duc tire la leçon de son voyage lors d'un discours qu'il prononce au cours d'une assemblée du Front national du travail nazi à Leipzig :

« J'ai parcouru le monde, leur dit-il en allemand, et mon éducation m'a familiarisé avec les plus grands travaux de l'homme. Mais les choses que j'ai vues en Allemagne, je les avais crues impossibles à réaliser jus-qu'alors. C'est incompréhensible et c'est un miracle. On peut cependant commencer à le comprendre si l'on mesure que derrière tout cela il y a un homme et une volonté. »

Il veut naturellement parler de Hitler ; le duc ignore en effet complètement l'existence des autres forces qui œuvrent autour de lui. Préoccupé par le bien-être des ouvriers, persuadé d'avoir réussi à convaincre Hitler qu'il peut encore jouer un rôle dans un conflit inéluc-table, le duc de Windsor est totalement imperméable aux drames qui se déroulent autour de lui.

Quant à Wallis, elle joue à la reine consort sans trop se rendre compte du grotesque de son voyage. Son der-nier geste en quittant le sol allemand, alors qu'elle s'apprête à franchir la frontière autrichienne, est encore très « royal ». Elle remet à un officier SS une bourse contenant une forte somme d'argent en disant : « Ceci est pour la fondation "La force par la joie". »

Les Windsor quittent l'Allemagne et le correspon-dant à Berlin du *New York Times*, Albion Ross, câble à son journal : « La décision du duc de voir par lui-même les industries et les institutions du Troisième Reich, son comportement et ses remarques pendant les deux der-nières semaines, ont amplement démontré que l'abdica-tion avait privé l'Allemagne d'un ami sincère, sinon d'un admirateur dévoué. Peut-être inconsciemment, mais sans difficulté, il s'est prêté à la propagande du national-socialisme. Sans aucun doute, ce voyage n'a pu que fortifier l'emprise du régime nazi sur les classes laborieuses. »

Devant l'évidente sympathie du couple pour les nazis et l'aspect totalement inopportun de ce périple, force est de conclure que ce voyage a été une totale erreur, une grande faute. La visite des Windsor en Allemagne, leur présence aux côtés de Goebbels, le redoutable ministre de l'Information nazi, les gloussements de joie de l'épouse du gros maréchal Goering devant ces deux stars de l'actualité du cœur, l'attention que le duc semble témoigner aux usines Krupp, à un camp de concentration vidé de ses occupants ou à l'une de ces institutions où est dressée la fine fleur de la jeunesse hitlérienne, choquent et épouvantent le monde entier, l'Angleterre et les Etats-Unis.

Mais les Windsor ne vont pas savoir tirer la leçon de leur erreur ni même émettre un regret. Bien au contraire, dès leur retour en France, ils recommencent à bâtir des projets, de nouveau avec le trouble Bedaux, cette fois-ci en projetant une visite du même type aux Etats-Unis.

Le tollé qui s'élève de l'Amérique a fini par annihiler le projet. Les photos du duc passant en revue des soldats nazis y paraît trop *shocking* ! Certes, le duc, comme d'habitude, entend visiter les usines et les taudis américains, mais les syndicats américains se dressent violemment contre lui, et davantage contre Wallis : « Du temps où la duchesse vivait aux Etats-Unis, déclare le secrétaire général de la Confédération du travail de Baltimore, elle ne s'est jamais penchée sur le cas des prolétaires. Pourquoi le ferait-elle aujourd'hui ? »

Plus humiliante encore pour Wallis est la réponse négative du Département d'Etat de Washington auquel le duc a demandé qu'on s'adresse à Wallis par le titre d'« Altesse Royale ». Autre anecdote qui illustre parfaitement l'hostilité américaine : Eleonore Roosevelt, l'épouse du président des Etats-Unis, demande que le train amenant les Windsor de New York à Washington, le 11 novembre 1937, soit retardé. La présence du duc et de la duchesse au cimetière militaire d'Arlington aurait considérablement agacé les vétérans de 14-18.

Bientôt, Charles Bedaux, affolé, câble au duc : « Sire, en toute honnêteté, je suis contraint de vous avertir que par suite du jugement erroné et des attaques dont je suis l'objet, le voyage que vous vous proposez de faire, organisé par moi, se révèle extrêmement difficile. Je suggère très respectueusement... je vous supplie de me décharger de toute obligation le concernant. » La mort dans l'âme, les Windsor se résignent à remettre ce voyage. Pour effacer la fâcheuse impression produite par l'équipée nazie, ils parlent de se rendre en Union soviétique, projet qui reste aussi sans suite.

Les premiers mois d'exil du duc de Windsor sont donc consternants. Comme l'écrira la duchesse dans ses *Mémoires* : « L'hiver 1937-1938 fut gris et maussade. » Heureusement, Wallis se lance dans un domaine qu'elle affectionne : trouver une résidence de choix. Elle explore chaque jour les environs de Paris, visitant des maisons de tout genre et de tout style. Inutile de le dire, ces courses assomment Edward. Il la laisse d'abord procéder à une première élimination, puis vient avec elle, en galopant, visiter les trois ou quatre résidences qui restent possibles. Et à chaque fois, elle l'entend dire : « Mais, chérie, ça ne va pas du tout ! »

Ces maisons sont ou trop grandes ou trop petites à son gré, les plafonds trop hauts ou trop bas, et par-dessus tout, les jardins en sont ou trop ordonnés ou pas assez. Le duc lui affirme qu'il sait exactement le genre de maison qu'il désire. Enfin, alors que Wallis est au bord du désespoir, elle lui fait visiter une propriété à Versailles et, à son grand étonnement, il s'exclame : « Ce

n'est pas encore l'idéal, mais cela fera l'affaire en attendant que nous ayons réglé la fameuse question : maison
de campagne ou maison de ville. » « Je suppose qu'il dut
voir là, dira la duchesse – Versailles n'étant qu'à vingt
minutes de Paris – un compromis entre ses désirs et les
miens. La maison, très joliment meublée, était entourée
d'un jardin ravissant et d'un parc. »

Le 20 avril 1938, les Windsor descendent sur la Côte
d'Azur. Ils se décident à louer au cap d'Antibes, avec
un bail de dix ans, le château de La Croë, une magnifique demeure toute blanche, s'élevant sur une petite
éminence dominant la mer. La propriété est pourvue
d'un court de tennis, d'une piscine taillée dans le roc,
tout au bord de l'eau et d'un grand jardin.

Appartenant à Lady Burton, veuve de Sir Pomeroy
Burton, la villa a acquis aujourd'hui, dans la région, le
sobriquet de « château des rois », après avoir été successivement occupée par le duc de Windsor, Léopold, roi
des Belges, et la reine Marie-José d'Italie. Les Burton la
firent construire entre 1930 et 1932, après avoir racheté
les lopins de terre de dix-huit propriétaires différents.

Dans ses *Mémoires*, la duchesse joue la carte de
la modestie en disant : « Mon unique contribution à
la décoration fut d'y ajouter des taches de couleur
blanches et bleues qui s'harmonisaient avec le bleu de la
mer et les nuages blancs qui flottaient dans un ciel éter-
nellement bleu. » Lady Mendl vient appliquer sa célèbre
touche de décoratrice : débauche de miroirs, de moulures baroques blanc et or, de draperies jaunes, blanches
et bleues ; flots de satin, de soie, de dentelle ; profusion
de laques et de tapisseries. La chambre royale est noire,
écarlate et or et les meubles peints en trompe l'œil.
« La vue étendue de cette villa-paquebot, se souvient
Alexandre, le célèbre coiffeur, fascinait la duchesse. La
Croë était vraiment grande, toute dorée et blanche avec
des miroirs. »

239

LA VÉRITABLE DUCHESSE DE WINDSOR

Le duc se plaît dans ce lieu où il recrée le décor de sa jeunesse avec ses trophées de concours hippiques et sa collection de pièces d'argenterie ancienne. Ses essais de bricolage sont un peu ratés et ses achats d'autant plus comiques qu'il croit les objets moins chers quand on les commande par douzaines. Wallis regarde, attendrie, l'ex-roi essayer de vivre comme M. Tout-le-Monde. Elle est aussi ignorante que lui dans l'art de gérer une fortune : dotation et vente des biens anglais comprises, ils disposent d'un revenu de 300 000 dollars par an.

Mais on tient à un standing royal. A La Croë, les valets de pied portent la livrée aux couleurs de la Maison royale britannique, rouge et or. Comme dans un hôtel, les tables de nuit des chambres d'amis offrent la liste des nombreux services de la maison, dont ceux d'un coiffeur, de trois secrétaires, d'un valet de pied et d'une manucure spécialisée. On essaie de recréer une partie du charme de Fort Belvedere en faisant venir des malles d'Angleterre. « Avant que j'aie eu le temps de comprendre ce qui arrivait, la pelouse avait pratiquement disparu sous une avalanche d'harasses, de paniers de linge, de meubles, de malles de vêtements, de ballots de tentures, de caisses d'argenterie. » Wallis se souvient en ces termes du jour où les camions de déménagement contenant tout ce qui avait été à Fort Belvedere et tout ce qui concernait le passé royal de son mari arrivèrent à La Croë.

Dans ses *Mémoires*, Diana Hood donne une description très vivante de la vie au cap d'Antibes : « Le duc a baptisé "Belvedere" ses appartements du dernier étage et il dispose d'un télescope qui accentue le caractère nautique de l'endroit. » Le charme de la propriété est en partie dû au fait que le château comporte une piscine taillée dans les rochers, agrémentée de cabines et de sièges de vives couleurs sur une terrasse proche de la mer.

LA VÉRITABLE DUCHESSE DE WINDSOR

Le couple lézarde au soleil pendant des heures en sirotant des cocktails. Harold Nicolson qui réside épisodiquement sur la Riviera décrit le charme du lieu : « Ce sont véritablement les vacances parfaites : une forte chaleur, un jardin adorable, une chaise longue reposante, un jus de citron vert en main, une piscine pour celui qui désirerait y plonger, une vue imprenable, des livres, des disques, des gens agréables et par-dessus tout, la certitude que tout cela ne durera pas trop longtemps. »

Le duc et la duchesse s'épanouissent dans la douceur du climat et Wallis observe : « Si je ne pouvais évidemment pas espérer reproduire sur la Riviera les splendeurs de la vie qui avait été celle de David depuis sa naissance, du moins semblait-il heureux dans son nouveau rôle d'époux et de maître de maison. » Sous le bronzage azuréen, les bleus à l'âme passent davantage inaperçus. Le duc a reporté sur le golf sa passion pour le sport, et comme il ne déjeune jamais, il va souvent jouer au milieu de la journée, pendant que Wallis fait sa sieste.

Pour Noël 1938, le couple décide de donner sa première grande réception au château, suivie d'un bal. C'est la première d'une longue série qui instaure la légende des Windsor, le style Wallis. Le ton « Riviera » va se mettre au diapason du duc et de la duchesse. A chaque saison au cap d'Antibes, le duc et la duchesse de Windsor vont lancer la mode.

Les soirs de réception, à dix-huit heures, Alexandre vient coiffer la duchesse. Le duc part jouer au golf. Lorsque la nuit tombe, les invités commencent à arriver. Le couple les accueille du haut du perron. Smoking pour les hommes, robes longues et rang de perles pour les femmes. Les domestiques annoncent : « Son Altesse Royale est servie. » Pendant le dîner, la conversation est détendue et les grands éclats de rire de Wallis fusent sous le ciel étoilé. Puis, tout le monde s'entasse dans les limousines et part danser ou jouer au casino. Cette vie

241

très *glamour* est alors le quotidien du duc et de la duchesse de Windsor.

« Vous ne pouvez imaginer le luxe de La Croë », affirme la baronne de Cabrol. Wallis contrôle son univers avec précision en dirigeant sa maison avec autorité. Chaque matin, après avoir dicté son courrier, elle s'entretient avec le chef. Il lui soumet les menus du jour et elle les examine avec soin, les approuve parfois ou les modifie et les complète. Puis, elle ne cesse d'aller et venir dans la maison, comme sa grand-mère le faisait à Baltimore, vérifiant le bon fonctionnement du moindre détail. Plus sereinement, elle passe des heures à confectionner des bouquets, à inspecter la vaisselle, les bibelots, le linge impeccablement rangé. Son obsession de l'ordre agace et fascine son personnel. Fidèle à ses habitudes, elle change de bijoux plusieurs fois par jour.

La Riviera brille alors de ses derniers feux. La Côte d'Azur est peuplée de gens riches et fascinants, installés à demeure, tels l'actrice Maxine Elliott (ancienne maîtresse du roi Edward VII) ou l'écrivain Somerset Maugham. Les casinos sont florissants, tout le monde se fait bronzer ou s'essaye à une nouvelle folie, le ski nautique. On s'amuse, on nage, on rit ! Qui peut croire que des nuages s'amoncellent à l'horizon ?

Début 1939, les Windsor décident de louer une résidence à Paris, au 24, boulevard Suchet, à l'extrémité de l'avenue Henri Martin et à l'orée du bois de Boulogne. La maison de style Louis XV est lumineuse grâce à ses nombreuses fenêtres qui ouvrent sur une grande cour intérieure. Le couple passe l'hiver et le printemps à dresser des plans pour la décoration et l'installation de cette maison de trois étages.

Wallis décore l'ensemble avec beaucoup de goût. Le hall d'entrée comprend un sol à damier de marbre de Carrare blanc et noir. On y remarque une belle pendule Louis XVI. A chaque coin, des statues féminines portent des chandeliers circulaires d'argent. Au-delà, le vestibule est décoré d'un paravent japonais. A gauche, se tient un ascenseur peint dont les motifs représentent des roses, et à droite, un escalier de marbre blanc. Au premier étage, figurent un immense salon Louis XIV dont les fenêtres donnent sur l'avenue, un autre salon Louis XVI dans un décor Louis XV et la salle à manger.

« Rien n'était trop bien pour elle, dira Diana Hood, la secrétaire du prince. Il recherchait en tout son bonheur. »

Le duc ne rêve que de retour en Angleterre avec Wallis où, pense-t-il, il parviendra enfin à ce qu'elle soit reconnue comme « Son Altesse Royale la Duchesse de Windsor ». Selon un témoin de l'époque : « Cette obsession était si profonde, et si absolue l'ignorance des réalités du duc, que ceux qui en traitaient avec lui ne pouvaient guère faire autre chose que tenter d'apaiser cette espèce de folie en feignant de s'y prêter. »

Bientôt, la pensée de la guerre devient obsessionnelle chez le duc. « L'atmosphère, cet été-là, était inquiétante, écrira la duchesse. Alors que la plupart de nos amis anglais et américains croyaient la guerre impossible, nos amis français, avec ce sixième sens du désastre imminent dont les avaient dotés des siècles de guerres et d'invasions, avaient une tout autre opinion. En apparence, rien dans leur vie n'avait changé mais, vers la fin de l'été, la confiance qu'ils affichaient fit place à une sorte de fatalisme résigné. »

Le duc téléphone de plus en plus souvent dans la capitale britannique, et passe de plus en plus de temps à capter à la radio les nouvelles de Londres, Paris, Berlin et même Washington. Le couple Windsor qui a applaudi de tout son cœur, l'année précédente, au voyage de Neville Chamberlain à Munich, continue à défendre avec ardeur sa politique d'apaisement, même après son abandon de la Tchécoslovaquie, alors que ses partisans de la première heure ont commencé à se reprendre [1].

Edward veut jouer un rôle dans cette partition complexe. En mai, à l'époque où le roi et la reine s'embarquent pour le Canada, il visite Verdun. Profondément et sincèrement ému par son pèlerinage sur les tranchées, il a l'idée d'un appel à la paix, lancé à la radio, sur le site même du vieux champ de bataille. Celui-ci s'adresse surtout aux Etats-Unis, le pays le plus apte, par son potentiel de guerre énorme, à empêcher de nouvelles hostilités en Europe. Mais la BBC refuse de retransmettre le discours. Buckingham Palace se profile derrière ce veto, tant il est vrai qu'au même moment, le nouveau roi est en route pour l'Amérique. L'intervention de son frère aîné ne pourrait que le gêner.

Edward et Wallis ont beau se plaindre, rien n'y fait. Un éditorial du *Daily Express*, le 8 mai 1939, exprime l'opinion générale : « La décision du duc de Windsor de lancer aujourd'hui un appel aux Etats-Unis est regrettable. Le moment est mal choisi. Le roi fait voile vers l'Amérique. Lui seul a le droit de parler actuellement aux Etats-Unis. Le duc aurait mieux fait d'attendre. On annonce que le duc doit consacrer son émission à un appel pour la paix. Cet appel eût été mieux à sa place lorsqu'aura été accompli la mission pacifique du roi dans les Dominions. »

Les Windsor veulent alors à tout prix rendre quelqu'un responsable de cet échec, bien qu'ils ne puissent blâmer personne. Une fois de plus, ils se montrent brouillons et naïfs ; obstinés dans leurs erreurs, ils interprètent à contresens ce qu'ils lisent ; bien informés par

---

1. Malgré tout, il faut reconnaître que si l'on peut critiquer l'attitude des Windsor, elle n'est pas plus exagérée que celle de Chamberlain lui-même, Premier ministre de Grande-Bretagne, disposé à tout accorder à Hitler, pourvu que la guerre puisse être évitée.

quelques-uns des meilleurs esprits du monde, ils ne comprennent pas ce qu'on leur dit. Comme l'a écrit avec sévérité Geoffroy Bocca : « Le harnais des obligations royales était nécessaire au duc, comme il avait besoin de conseils péremptoires. Seul, il était perdu. La duchesse pouvait le rendre heureux dans sa vie privée, elle ne l'aidait en rien dans sa vie publique. »

Tout cela passe bientôt au second plan. A la fin août, éclate comme une bombe la nouvelle stupéfiante du pacte de non-agression germano-russe, suivi, quelques jours plus tard, de l'invasion de la Pologne par les Allemands. Jusqu'à ce moment, le couple espère encore que diplomatie et sang-froid éviteront la catastrophe d'une guerre mondiale. Mais en écoutant le communiqué annonçant que l'Allemagne vient de franchir la frontière polonaise, le duc dit à Wallis : « Tout cela me rappelle étrangement 1914. »

Dans la matinée du dimanche 3 septembre 1939, il fait exceptionnellement chaud au château de La Croë. Vers midi, un valet de chambre vient annoncer au duc que l'ambassadeur de Grande-Bretagne à Paris le demande au téléphone. Un quart d'heure plus tard, le maître de maison rejoint ses invités qui, en compagnie de la duchesse, l'attendent au bord de la piscine. A sa mine, ils comprennent que l'inéluctable est arrivé...

« La Grande-Bretagne vient de déclarer la guerre à l'Allemagne », annonce le duc avec flegme avant de plonger, tête la première, dans l'eau transparente.

Deux heures plus tard, la radio annonce – ainsi qu'il est prévu – que la France suit son alliée dans la déclaration de guerre.

Le 3 septembre, le duc entre en communication avec Londres ; il y retrouve son fidèle ami et conseiller, Walter Monckton qui, ainsi qu'il l'a fait trois ans auparavant, au moment de la crise, sert à nouveau d'agent de liaison entre le duc et le gouvernement. L'ex-roi Edward VIII lui rappelle cette phrase de son message d'adieu à son peuple :

« *Si* [...] *on estime que je puisse me rendre utile, en quelque poste, au service de Sa Majesté, je répondrai à l'appel...* »

« Je tiens à retourner en Angleterre, précise-t-il à Monckton, et à servir mon pays dans tout poste que mon frère jugera bon de me confier. »

Le roi George VI répond en exprimant le désir de voir son frère regagner l'Angleterre : le duc de Windsor pourrait ensuite choisir soit un poste de membre de la mission militaire britannique attachée au G.Q.G. français de Vincennes, soit celui de « haut-commissaire à la Défense du Pays de Galles ». Le duc de Windsor, à cette nouvelle, ne cache pas sa préférence pour la seconde mission, qui lui permettrait de vivre à nouveau dans son pays... Mais cela serait-il possible ?

« Je ne sais comment tout cela finira, dit-il à Wallis. La guerre devrait rapprocher les familles, même la Famille royale. Mais cela... »

Le 8 septembre 1939, le couple part en voiture (car Wallis, depuis son séjour à Pensacola, craint trop l'avion). Ils arrivent à Cherbourg le 12 septembre. Un destroyer, le *Kelly*, dont le commandant n'est autre que Lord Mountbatten, a été envoyé en France pour les ramener en Angleterre. Le bateau part à toute vapeur et arrive à Portsmouth vers 9 heures du soir. Les Windsor tentent d'apercevoir leur royaume dans l'obscurité totale du black-out. Edward retrouve cette même rade de Portsmouth qu'il a quittée presque trois années auparavant. Une fois qu'il a posé le pied sur le sol anglais, il soupire : « C'est bon d'être à nouveau chez soi ! »

Quant à Wallis, ses pensées sont mélangées. Appréhension et interrogation se succèdent dans son esprit. Que lui ménage ce retour ? De quelle manière la famille royale va-t-elle la traiter ? Le duc va-t-il pouvoir servir réellement son pays ? Autant de questions sans réponses évidentes...

XIV

DRÔLE DE GUERRE

Dès leur arrivée, Wallis et Edward s'installent dans le Sussex, chez leurs amis, les Metcalfe, faute de pouvoir être accueillis au château de Windsor.

Il y a neuf jours que l'Angleterre est en guerre et pour le duc, c'est une occasion de trouver enfin un emploi digne de son rang. Officieusement, comme on l'a dit, on pense lui offrir la possibilité entre deux postes : soit celui de haut-commissaire à la Défense du pays de Galles, soit celui d'officier de liaison auprès de la Mission militaire britannique à Paris. C'est pour la première affectation que penche Edward. Mais le 14 septembre, à Buckingham Palace, quand le roi accueille son frère – sans la duchesse, bien sûr –, il approuve son choix, mais paraît désormais montrer de la prudence dans ses propos :

« Voyons d'abord comment tournent les choses, lui dit-il. Entre-temps, j'étudierai la question avec le gouvernement. »

Le temps d'un pèlerinage à Fort Belvedere, où les portes closes et le jardin envahi de mauvaises herbes

247

mettent un peu plus de mélancolie au cœur du duc, et la réponse de la Cour arrive. Son Altesse Royale, le duc de Windsor, est affecté à la Mission militaire en France ! Il y a deux avantages à une telle décision : le duc quitte ainsi l'Angleterre, et surtout, il sera facile de le garder à l'œil. « Peut-être à tort, ainsi que le dira plus tard la duchesse, Edward et moi avons toujours supposé que, craignant de voir renaître la popularité de leur ancien roi, quelques hauts dignitaires de la Cour avaient insisté pour qu'on lui donnât à l'étranger un poste obscur et de tout repos... »

Une fois de plus, le duc doit faire bon cœur contre mauvaise fortune. Au 10 Downing Street, Chamberlain le reçoit cordialement et le conduit auprès d'Hore-Belisha, le ministre de la Guerre. Ultime petite humiliation : à l'issue de la rencontre est publié le communiqué suivant : « *Afin que Son Altesse Royale puisse assumer une fonction, le roi a eu le plaisir de l'autoriser provisoirement à renoncer à son titre de Feld-Maréchal de l'Armée britannique, pour prendre celui de Major Général.* » En d'autres termes, le duc recule volontairement de deux crans dans la hiérarchie militaire, et dès ce moment doit travailler comme un des rouages d'une armée qu'il a autrefois commandée. Officiellement, il doit être attaché, sous les ordres du général Sir Richard Howard-Vyse, à l'une des deux missions militaires britanniques en liaison avec l'Armée française.

Outre la persévérance que montre le roi à ne pas laisser Edward demeurer sur le sol britannique, l'Intelligence Service a aussi besoin d'un personnage auquel les Français permettent d'inspecter leurs lignes, sous le prétexte d'une tournée d'amitié. Cependant, Buckingham Palace prévoit d'expédier Edward sur quelque front perdu où il ne pourra pas commettre de gaffe ni faire les gros titres dans la presse et mettre George VI dans une position délicate.

LA VÉRITABLE DUCHESSE DE WINDSOR

Le 29 septembre, à bord du destroyer *Express*, le couple regagne la France par un temps épouvantable. Wallis affronte pour la première fois une mer déchaînée. Dans la cabine du capitaine, elle reste assise par terre, tandis que ses valises sont projetées d'une cloison à l'autre. Le couple débarque épuisé à Cherbourg et rejoint Paris en voiture.

Durant tout l'hiver, il connaît alors le lot commun à la plupart des couples, celui de la séparation. La duchesse de Windsor partage son temps entre l'œuvre du « Colis de Trianon [1] » et un rôle de convoyeuse de la Croix-Rouge française jusqu'aux hôpitaux situés derrière la ligne Maginot. Une activité très prenante, puisqu'elle racontera : « Mon rôle consistait à me rendre fréquemment dans les hôpitaux situés à l'arrière de la ligne Maginot pour y apporter du plasma, du matériel de pansements et des cigarettes. Je n'ai jamais été plus occupée et je ne me suis jamais sentie plus utile qu'à cette époque de ma vie où je partageais mes activités entre la "Section Sanitaire" et le "Colis de Trianon". Des semaines se passaient sans que je voie mon mari ; mais il me téléphonait chaque fois qu'il le pouvait. Lui aussi faisait continuellement la navette entre Vincennes et les lignes françaises. »

Wallis se rend à l'arrière de la ligne Maginot tous les dix jours environ et l'expédition elle-même prend généralement trois jours. On lui donne pour chauffeur la comtesse de Ganay, baptisée « Pincky » par ses amis. On leur adjoint généralement une autre volontaire de la Croix-Rouge pour les aider à décharger et à distribuer leur cargaison. Elles se lèvent à cinq heures et demie et se mettent en route avant sept heures.

---

1. Créée par Elsie Mendl, cette œuvre a pour but de distribuer aux soldats français des colis contenant entre autres des chandails, des chaussettes et des objets de toilette.

249

LA VÉRITABLE DUCHESSE DE WINDSOR

Le duc n'est pas en reste. Attaché au quartier général à Paris, il a un bureau où il se rend chaque jour. Mais c'est un soulagement pour lui de quitter la capitale et de visiter les divers postes de commandement de l'Armée française dans la ligne Maginot. Il passe quatre ou cinq jours sur le front, s'entretenant avec les généraux, inspectant les défenses, et bien qu'on ne se batte point, il revit un peu les jours de sa jeunesse dans les tranchées de 1914. A son retour, il adresse de longs et minutieux rapports au ministère de la Guerre, sur ce qu'il a vu, mais il a l'impression justifiée que ceux-ci ne sont guère utilisés.

C'est « la drôle de guerre » et Wallis reprend ses bonnes habitudes mondaines. A Paris, la veille de Noël, elle donne une grande réception derrière des fenêtres camouflées. On en oublie presque les hostilités. Noel Coward se met au piano, le duc enfile un kilt et joue de la cornemuse. Wallis supervise, comme à son habitude, son étincelante table.

Quelques semaines plus tard, Edward se remet à jouer au golf à Saint-Cloud et passe de longues permissions à Biarritz ou au cap d'Antibes. Le printemps 1940 est précoce, les marronniers bientôt en fleurs. En mai, alors que les Windsor se trouvent encore à Paris, deux fâcheux incidents surviennent. Lors d'un dîner avec eux, l'écrivain américain Clare Booth Luce (femme du propriétaire du *Time*, qui est aussi ambassadeur des Etats-Unis à Paris) fustige amèrement l'aviation allemande qui vient de bombarder Londres et la côte anglaise. « Eh bien, soupire la duchesse, après tout ce que les Anglais m'ont fait subir, j'avoue que cela me laisse froide ! »

Quelques jours plus tard, Anna Wolkoff, l'une des couturières de Wallis, est arrêtée et accusée d'intelligences avec l'ennemi. Elle aurait vendu aux Allemands les plans de l'invasion de la Norvège par la Grande-

Bretagne. Wallis n'y est pour rien, mais cela fait un peu désordre !

Pourtant, la duchesse ne semble pas trop préoccupée par l'ambiance étrange du Paris de l'époque. On n'a pas eu depuis longtemps un printemps aussi beau, aussi chaud, un ciel aussi pur qu'en ce mois de mai 1940 où « la drôle de guerre » se clôture par l'attaque allemande et met fin à l'équivoque... La débâcle, sous les bombes, commence par le Nord. Vers le 20 mai, le duc de Windsor arrive en coup de vent à son hôtel du boulevard Suchet :

« Vous quittez Paris ce soir, dit-il à sa femme. Je vous donne deux heures pour emballer, pas une seconde de plus. »

La région parisienne n'est pas encore sur les routes... Wallis juge son exode prématuré. Les conseils affluent cependant, préconisant le Centre de la France comme étant l'endroit le plus sûr pour « attendre et voir ». Le duc et la duchesse de Windsor sentent s'envoler leur optimisme en arrivant à Blois – lieu de refuge choisi par la duchesse en souvenir de l'accueillant hôtelier qui l'a hébergée trois ans plus tôt. Mais celui-ci, bien qu'ayant reconnu sa cliente et l'ayant reçue avec un large sourire, n'en a pas moins levé les bras au ciel !

« La population entière de la Belgique a essayé de se loger chez moi, dit-il. Je n'ai plus un lit de libre, mais je vais voir ce que je peux faire pour vous. »

Deux lits de camp dressés dans un salon sauvent assurément, cette nuit-là, le duc et la duchesse de Windsor de l'épreuve du campement, à la belle étoile... Puis la course reprend. Wallis demeure à Biarritz, pendant que le duc remonte sur Paris pour refluer ensuite vers le Sud avec le restant de la population. Le couple part pour La Croë.

Il y arrive le 29 mai. La guerre, qui le matin encore semblait marcher sur leurs talons, leur paraît tout à coup irréelle et lointaine à la vue de la Méditerranée déserte et sereine. Puis, le 10 juin, alors que le couple déjeune en compagnie de Maurice Chevalier, l'Italie annonce son entrée dans le conflit. Les Windsor commencent à tout empaqueter (le hall est vite bourré jusqu'au plafond de malles, valises, sacs et boîtes, si bien que le duc louera un camion pour transporter le tout) et le 19 juin, la maisonnée est enfin sur le pied de départ. La Buick des Windsor ouvre la marche avec George Ladbrook au volant et la femme de chambre de la duchesse auprès de lui, tandis que le duc et la duchesse occupent la banquette arrière. Derrière eux, la Citroën de leurs amis, les Wood, avec les quatre chiens, dont les trois terriers des Windsor. Et enfin le camion, surchargé.

Ils atteignent Arles le soir, plongée dans la plus totale obscurité, et le lendemain, sur la route jusqu'à Perpignan, se heurtent à des hordes de réfugiés. Après maintes difficultés, au consulat, le convoi est autorisé à entrer en Espagne. Ils roulent vers Barcelone. La route est mauvaise, tous sont fatigués. L'arrivée à l'hôtel Ritz est paradisiaque. Les Windsor s'y reposent pendant quarante-huit heures, malgré l'appréhension constante de trouver les troupes allemandes ou italiennes à leur réveil. Le temps d'une étape à Saragosse, ils arrivent le 23 juin à Madrid où l'ambassade britannique leur a retenu des chambres au Ritz. Le couple se retrouve alors à peu près au même point qu'en décembre 1936 : sans résidence fixe, dans un pays étranger, avec des biens éparpillés et pour le duc sans poste, un avenir incertain.

Dans ce Madrid franquiste, la situation du couple ressemble à un terrain miné. Tandis qu'il dîne au Ritz, un convive leur prête la plus grande attention. Il s'agit du Dr Eberhard von Stohrer, l'ambassadeur d'Hitler à Madrid. Il y a sa table. Chaque soir, Anglais et Allemands dînent en même temps, dans la même salle, s'ignorant mutuellement, malgré la présence d'amis communs qui s'arrêtent à une table d'abord, à l'autre ensuite.

Tandis que Churchill, le nouveau Premier ministre, câble au duc : « Nous aimerions que Votre Altesse Royale regagne l'Angleterre le plus tôt possible », l'ambassadeur d'Allemagne câble à Berlin : « Comment faut-il agir avec les Windsor ? Nous aurions peut-être intérêt à retenir le duc... ici et, éventuellement, à prendre contact avec lui. » Ribbentrop répond le lendemain : « Serait-il possible de retenir le duc et la duchesse de Windsor avant qu'il leur soit fourni un visa de sortie ? Il faudrait en tout cas prendre toutes les précautions nécessaires pour que la suggestion ne paraisse pas venir d'Allemagne. » Churchill insiste : deux hydravions de la défense côtière vont être envoyés à Lisbonne pour les ramener en Angleterre. Puis, tout est mystérieusement annulé. La cause en est probablement la présence à l'époque dans la capitale portugaise du duc de Kent et les possibles problèmes de sécurité. Comme l'indiquent certains documents portugais, le Dr Salazar, Premier ministre du Portugal, craint en effet une tentative d'enlèvement des deux frères par les services allemands. Les Windsor en sont informés et retenus à Madrid [1].

Obligé de patienter, le couple goûte aux joies du tourisme madrilène. Edward n'observe pas la sacro-sainte sieste et entraîne Wallis à l'Escurial, au Prado ou dans les parcs et faubourgs de la ville. Le couple participe à plusieurs soirées mondaines sur la terrasse du Ritz avec la sœur du duc d'Albe et l'infant Alfonso (mari de la sœur de la reine de Roumanie). Un témoin notera : « La veille de leur départ, on donna une réception ; il devait y avoir au moins cent cinquante invités. C'était le

---

1. Les Allemands auraient pu tenter de les enlever et de s'en servir comme moyens de pression pour obtenir de l'Angleterre une paix négociée.

beau-frère de Franco qui recevait. Il y avait un orchestre. Et trente valets de pied. Le duc d'Albe, cousin du duc de Windsor et aussi "britannique" que possible, assistait à la soirée. De même l'infant Alfonso, vêtu comme un cadet de l'armée de l'air. [...] Le duc était pâle. Il avait toujours la même chevelure entièrement tissée d'or et ses yeux, bien que leur éclat fût terni par une fatigue tout à fait normale, avaient toujours cette nuance magique de bleu. »

Quant à Wallis, malgré l'exil et les événements, elle réussit des prodiges d'élégance et de sophistication. « Elle avait un chignon très recherché – je n'en avais jamais vu de semblable – que maintenaient en place de meurtrières épingles ; son corps était gainé d'une soie bleu ciel sur laquelle elle portait une tunique de mandarin où était brodé un vol d'oiseau. »

Mais les chancelleries bruissent de commentaires moins mondains. On est inquiet à Londres des menées allemandes en Espagne, spécialement à Madrid ; des instructions impérieuses parviennent au duc de se rendre au Portugal. La presse européenne abonde déjà en commentaires comme quoi les Windsor veulent rencontrer Ribbentrop pour rechercher une paix négociée.

Le 2 juillet, le couple quitte Madrid sous les yeux proprement hypnotisés des nazis. Les espions de von Stohrer assistent à leur passage à la frontière et aussitôt ceux de von Hoyningen-Huehne, l'ambassadeur d'Allemagne à Lisbonne, prennent le relais. Originellement, les Windsor doivent descendre dans le plus grand hôtel de Lisbonne, l'Aviz, mais comme le flot des réfugiés européens ne cesse de grossir, on les escorte hors de la ville, dans le romantique petit village de Cascais, tout proche d'Estoril, demeure de leur hôte, le Dr Ricardo de Espirito-Sancto Silva, banquier portugais, féru d'art. Il a surnommé sa maison « Boca do Inferno », « La Bouche de l'Enfer », du nom d'une caverne rocheuse du voisinage, et par contraste avec le sien propre : « Saint-Esprit. »

Ce choix est sans doute judicieux (en apparence !), car Lisbonne constitue en 1940 un véritable foyer d'intrigues dignes du film *Casablanca*. Tous les gens s'entassent dans les hôtels, les pensions de famille et les résidences privées, réclamant à grands cris de traverser l'Atlantique pour gagner l'Amérique. L'existence y est précaire : les prêteurs sur gages font des affaires en or, la valeur des fourrures et des bijoux de famille s'effondre dans un marché saturé ; trafiquants et escrocs s'y côtoient.

L'hôte des Windsor n'est-il pas lui-même un actif pro-nazi ? Prenant en compte des « considérations » qu'il refusera toujours de dévoiler, le Dr Ricardo a accepté d'accueillir les Windsor. La villa en stuc rose crénelé incarne l'esprit même de la décadence ibérique. Elle est entourée de jardins en terrasses et d'épais murs de pierre. La duchesse, qui n'a jamais aimé la réclusion, déteste l'endroit. Il est convenu au départ que les Windsor resteraient une semaine dans cette propriété bourrée de trésors. (Pendant ce temps, les propriétaires retournent dans leur villa de Lisbonne.) Le duc désire attendre son prochain lieu d'affectation, mais c'est finalement un mois entier que le couple passe au Portugal, espérant une hypothétique bonne nouvelle.

C'est au large de la côte portugaise qu'arrivent enfin des hydravions britanniques envoyés par Winston Churchill, le Premier ministre. Son plus cher désir, dit-il, est de voir le duc regagner l'Angleterre sans tarder ! Mais l'ex-souverain n'a pas oublié la fraîcheur de la réception qui lui a été faite au mois de septembre précédent. Il décide donc de « mettre certaines questions au point avant de rentrer en Angleterre »...

1. Quel poste le gouvernement confierait-il au duc, très désireux de servir son pays ?

2. Serait-il ou non accordé à la duchesse de Windsor « les mêmes honneurs qu'aux femmes de ses frères » ?

C'est trop demander au Premier ministre... Malgré son influence, Winston Churchill ne peut obtenir de Buckingham Palace la réalisation des vœux de l'ex-souverain. Mais, puisque celui-ci désire servir sa patrie « dans quelque point de l'Empire ou du Commonwealth – ainsi qu'il l'a demandé –, il sera satisfait. Le roi, en effet, se "fait un plaisir" de nommer son frère gouverneur des îles Bahamas » !

Gouverneur des Bahamas est un poste de si peu d'importance qu'il en reste consterné [1]. Si bien qu'au lieu d'une semaine, il prolonge son séjour dans ce domaine trop bien nommé pour la circonstance, où il est en lutte avec sa conscience, ses aspirations, et le « démon allemand ». Il est hors de doute que les Windsor ne veulent pas partir. Wallis parlera de « Sainte-Hélène de 1940 » à propos de cette nomination [2].

Dans ce chaudron qu'est le Portugal en cet été 1940 (il ne tombe pas une goutte de pluie pendant trois semaines), toutes sortes de complots sont dans l'air. On sent l'intrigue où que l'on aille. Selon plusieurs historiens, Ribbentrop concocte même un projet d'enlèvement du duc et de la duchesse pour les faire revenir en Espagne. Les Allemands ont décidé de les amener à collaborer carrément avec eux en leur faisant miroiter l'accès au trône d'Angleterre [3].

---

1. Selon certains historiens, se considérant trop important pour gâcher ses talents dans une fonction dérisoire au milieu de nulle part, Edward fut plus que jamais persuadé que c'était à lui, en tant qu'ancien chef d'Etat britannique, de sortir l'Angleterre de la guerre, par un accord amiable avec l'Allemagne. Mais ses intrigues de salon n'aboutirent pas.

2. Wallis aurait eu ce mot d'esprit : « Ce n'est pas une prime qu'on nous offre, c'est une déprime. »

3. Officiellement, aux avances qu'on lui fit, le duc se contenta de

LA VÉRITABLE DUCHESSE DE WINDSOR

Dans une note, le ministre des Affaires étrangères d'Hitler précise : « Le duc aurait-il d'autres plans, il n'en demeurerait pas moins, selon toute vraisemblance, disposé à coopérer à la restauration de bonnes relations entre l'Angleterre et l'Allemagne, aussi devrions-nous nous tenir prêts à lui assurer, à lui et à sa femme, une existence en rapport avec la dignité royale, qu'il reste personne privée ou qu'il accède à un autre statut. »

Mais à Walter Schellenberg, le chef du principal service de renseignements allemand (le SD), Ribbentrop assure qu'il ne s'agit pas d'un enlèvement, mais bien de la protection du couple. Il ressort des instructions de Schellenberg que « Hitler a décidé d'envoyer le SD pour aider le duc à quitter le Portugal et à échapper à la surveillance des Anglais pour se réfugier dans un pays de son choix ». La force – à laquelle on dit à Schellenberg de recourir éventuellement – doit s'exercer contre quiconque essaierait d'empêcher le départ des Windsor, et non pas contre les Windsor.

Pendant ce temps, le duc, probablement ignorant de la tension qu'il a créée à Londres et à Berlin, se laisse vivre, jouant au golf l'après-midi, se montrant à l'occasion au casino d'Estoril ; une fois même on le voit aux courses de taureaux, et la foule l'ayant reconnu se lève et l'acclame.

Il reste que le gouvernement de Londres est fort ennuyé de son séjour prolongé à Lisbonne et de sa réticence à se rendre aux Bahamas. Le gouvernement a constamment présente à l'esprit l'éventualité d'un débarquement et d'une occupation. Pour les Anglais, celui dont les Allemands ne doivent à aucun prix s'emparer reste le duc de Windsor. La situation se complique en outre d'un différend qui s'élève entre Churchill et le

---

répondre qu'il n'avait en vue qu'un but, les intérêts de son pays, et voulait le servir de son mieux. Mais la vérité est plus nuancée.

duc, décidé à se rendre aux Bahamas en rechignant. Le duc considère qu'un vaisseau de guerre doit l'y emmener. Churchill réplique à juste titre que la marine militaire est débordée, étant donné le nombre de convoyages nécessaires, que le duc doit prendre passage sur un navire neutre. Edward ne veut rien savoir. A l'évidence, le déroulement des événements internationaux lui reste complètement étranger.

Il finit par céder aux pressions anglaises, refuse de croire aux complots ou tentatives d'enlèvement et décide d'obéir à Churchill. Les quelques jours qui restent avant le départ sont consacrés à une frénésie d'achats de vêtements et d'équipement. Des billets sont retenus sur le paquebot américain *Exalibur*, qui fait voile vers les Bermudes avec un chargement d'ex-ambassadeurs et d'opulents réfugiés américains. Les Windsor prennent un appartement composé de six cabines de deux couchettes chacune et donnant sur une véranda. Ils emportent quatre-vingt-cinq malles ou valises. Le Dr Salazar reçoit le duc quelques minutes avant son départ et les Windsor sont les derniers à monter à bord, avec une demi-heure de retard.

Edward et Wallis finissent donc par quitter l'Europe le 1ᵉʳ août 1940, onze mois après que les forces hitlériennes, déferlant sur la frontière polonaise, ont déclenché la Seconde Guerre mondiale. Buckingham Palace peut respirer !

XV

BAHAMAS AND CO

L E 17 août 1940, le duc et la duchesse de Windsor
– dix-sept jours exactement après leur départ de
Lisbonne – arrivent en vue de Nassau, capitale de
l'archipel des Bahamas. C'est dans le palais du gouverneur – une grande maison de style colonial située sur
une colline et entourée de verdure – qu'ils vont élire
domicile durant toute la guerre.

A son arrivée, Wallis juge la résidence officielle inhabitable. Elle n'en aime pas la décoration et refuse fermement d'aller vivre dans « toutes ces pièces rose-
rouge » et de poser les pieds sur ces tapis moisis aux
couleurs équivoques. Il y a de l'humidité partout, sauf
dans les canalisations. Lorsqu'on ouvre les robinets, ils
crachotent quelques gouttes d'eau rouillée et se mettent à cogner et à gémir. La maison est minée par les
termites et infestée de bestioles rampantes. Quant aux
appartements privés, ils semblent avoir été conçus par
quelqu'un qui ne voit le monde qu'à la lumière des éclai-
rages au néon. La duchesse va entreprendre elle-même la
redécoration de toute la résidence et, en attendant la fin

259

des travaux, s'arranger pour habiter momentanément chez Sir et Lady Oakes. C'est exactement le genre d'occupation qui lui convient.

Les seize premiers mois de leur vie à Nassau sont relativement calmes. A l'exception des nouvelles de Londres que le couple capte sur les ondes courtes, et des bulletins d'informations de Miami, il leur est difficile d'imaginer que l'Europe vit un cauchemar. Les Etats-Unis ne sont pas encore entrés en guerre ; les touristes américains affluent au cours de ce premier hiver 1940-1941 et les boutiques de Bay Street font des affaires en or. Le duc, grâce à sa longue expérience des devoirs officiels, s'initie vite à ses fonctions de gouverneur, et Wallis elle-même a la surprise et le plaisir de découvrir qu'elle se familiarise rapidement avec les devoirs qui incombent, par tradition, à l'épouse de celui-ci. Elle est donc automatiquement nommée présidente de la Croix-Rouge des Bahamas, et présidente honoraire de l'association des « Filles de l'Empire britannique ». En s'initiant aux dessous de la politique coloniale, elle découvre qu'il se déchaîne autant de passions dans un Parlement en miniature qu'à Westminster.

Au début, elle trouve du charme à l'endroit. Nassau est orientée au nord et protégée de la mer par une basse et mince bande de terre appelée Hog Island. Les plages de cette île sont superbes ; ce sont de longues étendues ondulées de sable de pur corail. Le port de Nassau s'élargit de l'autre côté de la ville, offrant ainsi un mouillage aux yachts privés et aux vedettes et suffisamment d'espace pour que les bateaux de plaisance puissent manœuvrer librement dans le port au milieu d'une nuée de bateaux de pêche et d'embarcations déchargeant leurs cargaisons de poissons et de crabes.

On ne manque de rien. Beaucoup de cargos arrivent de Cuba et d'Amérique du Sud, leurs cales remplies de tabac, de café et de rhum. D'autres, venus des ports du

Golfe, apportent du pétrole ou de l'essence. De Boston, de New York et de Charleston proviennent des marchandises plus raffinées : du scotch, des toiles de fil, des cigarettes Philip Morris et des cœurs d'artichaut en boîtes.

Pour pouvoir visiter les îles de l'archipel, dont la plupart sont encore inhabitées, le duc et la duchesse font l'achat d'un petit yacht, *Les Gémeaux* (du nom du signe du Zodiaque sous lequel Wallis est née). Tout cela est exotique ! Du matin au soir, on entend des cris d'oiseaux, des cloches, des clameurs et des sifflements de vapeur qui se mêlent aux appels des marchands sur la place du marché et aux chants des femmes noires qui attachent et empaquettent des éponges sous les portiques en bois des quais.

Mais Wallis ne voit pas que les bons côtés de l'endroit. Elle se plaint d'emblée de la chaleur et des moustiques et le côté « Ile d'Elbe » de l'endroit lui saute aux yeux. En 1940, elle se montre si virulente auprès d'une journaliste américaine que la question sera soulevée à la Chambre des Communes. Wallis se serait écriée :

« Comment voulez-vous que le duc vive ? Moi aussi je préférerais que nous fassions notre devoir. Mais comment peut-il utiliser ses dons, ses idées, sa longue formation dans ce coin perdu ? Je ne suis qu'une femme, mais je suis son épouse, et je ne pense pas qu'à Nassau il soit en mesure de servir l'Empire comme il pourrait effectivement le faire. »

Très vite, elle ne cache pas son antipathie pour les Bahamas. Et les indigènes et habitants célèbres de l'île ne font rien pour corriger cette impression. Les Windsor paraissent pour la première fois à un dîner de gala où Sir Frederick Williams-Taylor, vieux Canadien millionnaire (dont la femme donne le ton à la société mondaine de Nassau), préside la réception. Il fait un discours de bienvenue... adressé au duc seulement. Sans que l'on sache pourquoi, le nom de la duchesse n'est pas prononcé. Selon un témoin : « ... Le duc, furieux de l'affront fait à son épouse, se leva et déclara que, dans le discours présenté au préalable par Sir Frederick, la duchesse était présente. Le duc se demandait si la lumière trop faible n'expliquait pas l'omission de Sir Frederick, omission que, pour son propre compte, il ne pouvait laisser passer. Puis il continua son discours, sans manquer de saluer avec beaucoup de grâce Lady Jane, la femme de Sir Frederick, Première Dame de Nassau, avant l'arrivée de la duchesse. Les convives d'Emerald Beach assurent qu'ils vécurent alors le moment le plus embarrassant de leur existence... Plus tard dans la soirée, la duchesse se leva avec les autres en l'honneur du duc. "Tu n'as pas à te lever pour moi, chérie, lui conseilla le duc plein de sollicitude. – C'est un plaisir pour moi de me lever pour toi, chéri", répliqua-t-elle, impliquant également qu'elle prenait du même coup fait et cause pour lui. »

Peut-être faut-il voir l'influence de Londres dans les instructions stipulant qu'en aucun cas Wallis ne doit être traitée en Altesse Royale. Selon Franck Giles, l'aide de camp du gouverneur, cela n'entame en rien la complicité du couple : « C'était passionnant d'observer ces époux célèbres et d'évaluer les oppositions de leurs personnalités. Il était plus amoureux d'elle qu'elle ne l'était de lui, observai-je. Mais elle veillait sur lui avec des attentions presque maternelles. Tous les soirs, avant que nous nous séparions pour la nuit, elle me demandait le programme du lendemain, et notamment l'heure du premier rendez-vous du duc – car j'étais pour eux un réveille-matin. Quant à elle, c'était un chien de garde. »

C'est probablement l'une des explications du caractère agressif de Wallis à l'égard des indigènes. Elle cède très vite à ses humeurs ; elle dit du mal de presque tout le monde et se fait des ennemis. La série de ses « vacheries » commence par celle qui demeurera sans doute la plus célèbre. Quand on lui demande, après lui avoir présenté la société des Bahamas, ce qu'elle pense de « la crème de la crème » de Nassau, la duchesse répond : « Comment répondre à une pareille question ? Je crois bien n'avoir rencontré que "le lait du lait". »

Wallis supporte mal le charme colonial suranné de l'endroit, l'isolement et la vacuité qu'on y respire. Les lettres qu'elle écrit à tante Bessie sont pleines de récriminations. La chaleur, l'isolement, l'humidité, le sentiment de rejet pèsent davantage sur elle que les tourments de l'Europe en plein conflit mondial. Pour calmer sa dépression et son sentiment d'inutilité et améliorer son image aux yeux du monde, elle se jette à corps perdu dans le travail, dirigeant son personnel avec l'efficacité d'un général, s'activant des journées entières au « Bahamas Assistance Fund ».

Mais personne ne semble lui en savoir gré. Au contraire, on multiplie les mesquineries et les perfidies, comme le racontera un témoin : « On se vengeait en nature, sinon en paroles, puisque personne n'osait employer à voix haute le même langage qu'elle. » Un jour, pendant une revue de la garde d'honneur, la duchesse est placée au niveau du sol, cependant qu'on aide le duc à monter sur une estrade si haut perchée qu'elle cache presque sa femme : on ne voit en cette circonstance que le chapeau de celle-ci. Son extravagance fait aussi l'objet de jugements amers : si elle repousse ses mets préférés et si elle change si souvent de vêtements – quatre fois par jour –, c'est tout simplement parce qu'elle ne peut supporter l'humidité du climat.

Oui, les Bahamas sont bien son île d'Elbe. Elle est surveillée par le FBI qui lui interdit, par exemple, d'envoyer ses vêtements à nettoyer à New York. Elle n'est pas libre. Winston Churchill ne souhaite pas qu'elle se rende immédiatement aux Etats-Unis. Les bals, les réceptions, le soin maniaque apporté à ses chiens, dont les manteaux sont taillés dans de riches fourrures et les colliers sertis de diamants, les heures passées à la Croix-Rouge ne comblent pas le vide de sa vie.

La tragédie de la guerre arrive presque comme une diversion, car soudain, après seize mois relativement calmes, Pearl Harbor entraîne les Américains dans le conflit. La mer des Caraïbes et les alentours des côtes proches de la Floride voient l'apparition des sous-marins allemands venus traquer cargos et pétroliers, et bientôt une base aérienne est installée dans l'île où déferlent les cadets de la RAF et un contingent américain. La Croix-Rouge et l'administration d'une cantine militaire occupent alors tous les instants de la duchesse de Windsor. Le gouverneur des Bahamas a sa part de difficultés avec les troubles qui éclatent à Nassau à la suite d'une révolte des ouvriers indigènes de la base aérienne et l'incendie – provoqué – d'un quartier entier de la ville.

Enfin, ce sont les chagrins personnels qui, en cette année 1942, touchent le duc de Windsor au plus profond de lui-même. La mort de son grand-oncle le duc de Connaught (il était âgé de quatre-vingt-douze ans et fils de la reine Victoria...) lui fait infiniment de peine. Il l'aimait profondément. Celle enfin, plus tragique, de son frère préféré, le duc de Kent, dont l'avion va s'écraser dans les montagnes d'Ecosse au mois d'août suivant, le laisse anéanti. Le duc de Connaught représentait pour son mari, dira la duchesse de Windsor, « cet âge d'or de la monarchie au sein de laquelle s'était écoulée sa brillante jeunesse » – la fin de toute une époque !

Heureusement, les Windsor vont, au rythme d'un ou deux voyages par an, trouver un dérivatif à leur langueur en se rendant aux Etats-Unis, tantôt aux fins de propagande britannique, tantôt pour des achats, tantôt pour soigner la duchesse qui souffre de son ulcère à l'estomac. Quel que soit le but de ces visites, elles représentent pour eux une heureuse échappatoire à la triste monotonie des Bahamas, monotonie qui cesse d'ailleurs brusquement après trois ans de règne.

Une nuit de juillet 1943, la police découvre dans leur luxueuse résidence le corps ensanglanté de Sir Harry Oakes, un puissant homme d'affaires, leur ami. Tout désigne Harold Christie, l'un de ses partenaires, comme coupable. Mais les inspecteurs appréhendent Alfred de Marigny, un jeune agent immobilier, très en vue à Nassau, qui ne dissimule pas son antisémitisme et sa xénophobie. Wallis, murmure-t-on, s'intéressait beaucoup à Alfred de Marigny, qui a épousé la fille de Harry Oakes. Confondu par ses empreintes retrouvées sur un paravent chinois, preuve que son avocat démolit au cours du procès, Marigny est-il le bouc émissaire d'un complot dont les ramifications s'étendraient jusqu'à la mafia, et même jusqu'au bureau du duc de Windsor [1] ? Après l'acquittement d'Alfred de Marigny, le duc de Windsor se débarrassera de ce témoin gênant en l'exilant à Cuba. Quant à Harold Christie, il gardera son secret que les Windsor ont peut-être partagé.

Pour oublier cette sinistre affaire, le duc et la duchesse repartent en voyage aux Etats-Unis. Une certaine presse prend un malin plaisir à blâmer leur style de vie, leurs innombrables bagages. Des critiques acides en cette période de guerre. Comble de maladresse : à un journaliste, qui se plaint du poids des bagages qu'ils traînent à leur suite, la duchesse répond par une doléance piquante : « Personne n'a jamais fait mention de la quantité de bagages que Mr Churchill avait avec lui quand il est venu aux Etats-Unis ! »

---

1. Le duc, qui aurait dû faire appel à Scotland Yard à Londres ou à la police américaine, n'en fit rien : une grave erreur dans cette affaire.

LA VÉRITABLE DUCHESSE DE WINDSOR

Le journaliste est stupéfait d'entendre comparer la visite de Winston Churchill, lourde de conséquences historiques, avec celle de la duchesse de Windsor en quête seulement de quelques emplettes. Un article, paru dans l'*American Mercury*, met finalement le feu aux poudres en évoquant les reproches célèbres faits à la duchesse : trop de bagages, trop d'achats, trop de dépenses ostentatoires en cette période de guerre, et des amitiés pro-nazies (avec une photo de Ribbentrop dans la chambre de Wallis)... A la lecture du journal, le duc est tellement furieux qu'il prend la plume et répond :

« *Monsieur,*

Je viens de lire, avec un étonnement sans pareil et quelque déplaisir, l'article de votre numéro de juin intitulé "La Duchesse de Windsor". L'auteur, Miss Helen Worden, prétend avoir observé la duchesse depuis 1936 et s'être entretenue avec elle, lors de ses récents voyages en Amérique. Le fait est que la duchesse a rencontré une fois Miss Worden, dans un thé de presse officiel à New York, mais en dehors d'une poignée de main lorsqu'elle lui a été présentée, elle ne lui a accordé aucun entretien et ne l'a jamais revue.

En dehors des histoires absolument fantastiques et parfaitement fausses concernant les dépenses de la duchesse pour ses toilettes, ses bijoux et ses fourrures, Miss Worden a fabriqué deux déclarations criminellement calomnieuses que je tiens à démentir ; elle affirme que :

1/ Le Département d'Etat règle les notes des Windsor sur un mode prêt-bail.

2/ Une photographie dédicacée de von Ribbentrop est suspendue au-dessus de la coiffeuse de la duchesse, à Nassau.

Un simple coup de téléphone au Département d'Etat réfutera immédiatement la première allégation. Je ne peux que vous donner ma parole que la seconde est également fausse, mais la duchesse et moi serions particulièrement heureux de savoir si vous, ou Miss Worden, pouvez nommer "l'ami" qui est censé avoir vu cette photo.

J'ai bien dit "criminellement calomnieuses" pour qualifier ces assertions. La première en effet accuse ma femme de s'adonner en quelque façon au marché noir, en échappant à la réglementation des devises, et la seconde la dépeint comme sympathisant avec l'ennemi. Ces accusations sont extrêmement graves, quelle que soit la personne visée ; elles le sont davantage s'il s'agit de l'épouse du gouverneur d'une colonie britannique.

*Je comprends les difficultés que peut rencontrer en temps de guerre Miss Worden, à l'instar des spécialistes de potins mondains, quand il s'agit de dépister une actualité valable. Aisée en période normale, cette tâche se révèle fort ardue quand la vie est devenue, comme maintenant, plus souvent sinistre que brillante. Automatiquement, elle doit s'en remettre à son imagination. Mais ce qui me surprend, c'est qu'un journal aux traditions correctes, comme l'*American Mercury, *ose donner corps à ces fantaisies en les publiant dans ses colonnes.*

Edward, Duc de Windsor. »

Autres commentaires de la presse qui agacent l'ex-roi : les cercles qui se dessinent sous ses yeux. N'abuserait-il pas de l'alcool ? Edward réfute cette allusion. Ces poches, dit-il, sont héréditaires, et il signale un portrait de son arrière-grand-mère, la reine Victoria : « Regardez ! Elle aussi avait des poches sous les yeux. » Wallis, quant à elle, trouve le temps d'aller à New York pour son premier lifting (il y en aura trois). A l'hôpital, elle se fait inscrire sous le nom de Mrs Robertson – moyen espiègle de taquiner son amie Cordelia Biddle Robertson, connue pour son aspect juvénile.

Trois mois plus tard, ils sont toujours là. La duchesse, vêtue d'une robe « bleu Wallis » et d'une écharpe de zibeline, offre mille cinq cents boutons de roses à des combattants blessés à l'hôpital général de Valley Forge. Le duc, quand on lui demande quelques mots sur la mode, assène : « Je crois que c'est une règle folle que d'abolir les revers de pantalon. » La presse américaine ne les quitte pas d'une semelle.

Lorsqu'ils sont de retour à Nassau, l'intérêt ne fléchit pas. Le couple constitue la meilleure attraction de l'île. Des hordes d'Américains séjournent aux Bahamas dans l'espoir d'entrevoir les célèbres Windsor. Les touristes sont rarement déçus. Le duc est réellement très séduisant avec son visage de garçon sérieux et son regard triste et railleur, impeccable dans son uniforme colonial. La duchesse est constamment souriante, toujours en pleine possession d'elle-même. Ou presque toujours. Une Américaine est justement récompensée d'avoir fait son long voyage, car elle assiste à un incident plein de couleurs. Elle se promène à travers l'île, quand elle voit passer la voiture du gouverneur : le duc joue de la cornemuse, donnant une sérénade à la duchesse, et celle-ci rit aux éclats en se bouchant les oreilles.

A Nassau, ils trompent l'ennui. Ils lisent les journaux anglais et américains, font des patiences et des réussites, jouent au poker et la duchesse bat souvent le duc. Au mois de février 1944, ils reçoivent Herbert Hoover, en vacances, pour le déjeuner ; en juillet, ils sont de retour à New York pour un mois. Neuvième visite du duc depuis sa nomination de gouverneur quatre ans plus tôt, et septième de Wallis. Leur but : dépenser beaucoup et fréquenter les boîtes de nuit. Quand on suggère à Wallis que ses dépenses font l'objet de critiques en Angleterre et en Amérique, elle succombe encore une fois à ses impulsions et explique d'une manière exagérée qu'elle achète « seulement à peu près cent » robes nouvelles par an, dont la plupart ne valent « que deux cent cinquante dollars chacune », bien qu'elle admette que certaines coûtent beaucoup plus. De ce commentaire, bien sûr, on peut évaluer son budget annuel consacré aux vêtements à vingt-cinq mille dollars, ce qui, en temps de guerre, semble beaucoup.

En octobre, le couple se rend à Calgary, en Alberta, pour voir le ranch du duc. Dès le début d'octobre, les vents qui soufflent autour des constructions de bois annoncent la froidure de l'hiver canadien. Quelque plaisir qu'éprouve Edward à revenir sur son domaine après tant d'années, il leur faut reconnaître que le ranch ne leur plaît guère ; il n'est pas question d'en faire une demeure pour l'après-guerre. Wallis décide que la maison est trop peu confortable et « trop petite » et ajoute qu'elle ne pourra jamais faire sa vie au Canada. Ceci ne la fera pas aimer des Canadiens. Ils reviennent donc à New York. Le Waldorf Astoria leur offre le vingt-neuvième étage tout entier du Waldorf Towers. Cette résidence cadre mieux avec les goûts du couple que la ferme canadienne ; dans les années qui suivent, le Waldorf devient leur résidence préférée à New York.

Mais il leur faut regagner Nassau la mort dans l'âme. On comprend mieux pourquoi, sans préambule, en mars 1945, Edward donne, cinq mois avant que son mandat ne prenne fin, sa démission de gouverneur. Par radio, il dit adieu aux populations des îles, parle « *d'un heureux et intéressant chapitre de nos existences* », et reçoit de la Chambre de l'Assemblée une adresse élogieuse. On ironisera, en parlant de ce départ, comme d'une « seconde abdication ». Le duc explique alors : « Ma démission ne signifie pas une séparation complète de la vie publique. Après la guerre, on aura grand besoin d'hommes d'expérience, et je m'intégrerai là où je pourrai être utile. J'irai en Angleterre un jour. » Il ajoute : « La duchesse et moi, nous aimons beaucoup voyager. Presque cinq ans à Nassau, c'est le séjour le plus long que j'aie fait dans le même endroit depuis mon adolescence, et j'espère qu'il le restera. Nous n'avons pas de projets immédiats, sauf une visite à New York, et probablement à mon ranch au Canada. »

Il y a sans doute d'autres raisons dans cette démission, ajoutées au fait que cinq des mois les plus chauds l'attendaient avant la fin de son terme complet. Après tout, la guerre est presque finie, et les dessinateurs de Londres et de Paris préparent déjà leurs nouvelles collections. Il y a des tâches, remises depuis trop longtemps, auxquelles Wallis veut maintenant s'atteler. Dans son discours d'adieu au peuple des Bahamas, le duc dit : « *Vous ne nous voyez pas pour la dernière fois... au revoir.* » Mais les Bahamas ne les reverront plus jamais.

« Je ne suis pas technologiquement incapable de travailler, réplique le duc de Windsor aux journalistes. Je ne suis pas un homme démodé. » Mais que peut-il bien faire ? Bientôt, il va avoir cinquante et un ans. Il évoque toujours avec une tristesse rêveuse les fonctions de Gouverneur général du Canada, mais sous Mackenzie King c'est une impossibilité. Son frère, le duc de Gloucester, est déjà Gouverneur général d'Australie, et il est improbable que les Britanniques accordent à la duchesse les fonctions de Vice-Reine d'Inde. D'ailleurs, Wallis déteste la chaleur et le poste à Delhi va finalement échoir aux Mountbatten. La guerre s'achève, laissant le duc de Windsor profondément blessé et déçu du peu de soutien reçu durant ces cinq années d'éloignement et sans certitude d'un avenir meilleur [1]. A la fin de l'été 1945, le duc et la duchesse regagnent l'Europe.

---

1. Le fait le plus saillant que l'on puisse retenir du séjour des Windsor aux Bahamas, au moment où ils s'embarquèrent pour la France alors libérée, était que cinq ans de services de guerre n'avaient en aucune manière contribué à leur mériter la faveur du gouvernement britannique. On continuait à leur tourner le dos, tant à Buckingham Palace qu'à Downing Street, qu'à Ottawa, à Capetown et à Canberra.

LA VÉRITABLE DUCHESSE DE WINDSOR

Wallis est aussi efficace et bien organisée dans son rôle de voyageuse que de maîtresse de maison. A l'intérieur du couvercle de chaque malle et de chaque valise qui sont numérotées se trouve une liste des choses contenues, et à ces listes individuelles s'ajoute une liste principale, donnant les détails de chaque article pour le voyage. Des sous-listes détaillent quels vêtements seront portés pour telle ou telle occasion, avec des sélections alternatives dans le cas de changements inattendus de météo, et à l'intérieur de chaque caisse d'emballage chacun est marqué de la date où il sera porté, avec un renvoi aux chaussures, écharpes, chapeaux, sweaters, manteaux et bijoux qui vont avec. On ne laisse rien au hasard !

Le duc de Windsor et sa femme rejoignent la France au mois de septembre 1945, pour retrouver à Paris leur hôtel du boulevard Suchet miraculeusement épargné de tout pillage – grâce aux protections successives des ambassades américaine et suisse. Mais un nouveau propriétaire désireux d'occuper les lieux demande un déménagement d'urgence et, tandis que la duchesse se débat parmi les caisses, le duc de Windsor se rend à Londres...

Peut-être, après l'épreuve de la guerre, Buckingham Palace s'humanisera-t-il ? A Londres, le duc va immédiatement à Marlborough House voir sa mère. On les photographie se promenant au jardin. La reine lui dit que le feutre rond vert qu'il porte ne lui plaît pas. « Un melon gris serait plus approprié », dit-elle. On organise, le soir, un dîner à Buckingham Palace avec la reine Mary, George VI et la princesse royale. On évite soigneusement de parler de Wallis. Le lendemain, le duc joue au golf et visite ensuite les endroits bombardés de l'East End. Puis une audience a lieu entre le roi George VI et l'ex-roi Edward VIII.

Le duc de Windsor lui pose à nouveau la question de l'admission de Wallis à la Cour. Une fois encore, un silence glacial accueille sa demande.

271

« Alors, je crois qu'il me vaudrait mieux renoncer à vivre en Angleterre, laisse enfin tomber le duc de Windsor.

– Oui, cela vaudra mieux... »

Les deux frères s'affrontent presque. L'aîné lit dans le regard de son cadet l'implacable volonté de maintenir la barrière de l'ostracisme. Le duc de Windsor revient en France s'installer avec sa femme au Ritz en attendant de pouvoir trouver un autre logis parisien. A Paris, entre-temps, la duchesse a fait ce qu'elle semble aimer faire le mieux : des courses. Elle achète nombre de robes de Schiaparelli, y compris une longue tenue du soir en taffetas vert avec un décolleté plongeant, guère recommandé à ses clavicules saillantes [1].

Ne sachant encore trop quoi faire, les Windsor errent de réception en réception pendant la saison parisienne d'hiver. Des bruits continuent à circuler sur le fait que le duc boit beaucoup. Qu'en est-il vraiment ? A certaines réceptions, il refuse toute boisson et ne demande que de l'eau de Vichy. Et personne ne le voit s'enivrer. Mais, parfois, il semble ivre et désorienté et, à de telles occasions, on observe Wallis qui lui jette de petits regards aigus d'avertissement. Wallis absorbe elle-même beaucoup d'alcool. Dans un tel milieu, il est impossible de ne pas boire ; mais elle espace soigneusement ses scotchs pour ne pas perdre – du moins en public – sa maîtrise, ni son aptitude extraordinaire à se rappeler les noms et les visages.

Au mois de décembre, les Windsor quittent Paris pour le Midi, et Wallis emporte avec elle de nouveaux ensembles fabriqués par Hermès, y compris un pyjama de plage, des écharpes et des manteaux en couleurs

---

1. Le séjour aux Bahamas avait coûté quelques kilos tant au duc qu'à la duchesse qui, tous les deux, avaient souffert du climat. La duchesse était passée de 50 à 43 kilos.

coordonnées, des maillots de bain, et une ceinture large avec « Wallis » brodé sur le devant.

Le château de La Croë, au cap d'Antibes, a eu moins de chance que l'hôtel du boulevard Suchet. Des blockhaus installés sur la plage et un radar allemand sur le toit du château – sans compter les mines truffant les pelouses du parc – rendent, pour l'instant, la demeure inhabitable. Les locataires devront attendre quelques mois pour lui redonner une allure. Mais le charme a disparu, et si le climat de la Côte demeure délicieux, l'ambiance, elle, a changé depuis la guerre...

« Les vieux domaines, les villas changeaient de main, dira la duchesse, un nouveau type de touristes envahissait la Côte en été... David, passionné de golf, jouait sans plaisir, en été, sur des greens grillés par manque d'eau... »

Bref, ce sera le duc, qui, fatigué le premier du cap d'Antibes, emportera la décision. La Croë sera abandonné. Mais, pour l'instant, on y redonne des parties à la « Gatsby ». Clementine Paddleford, du *Herald Tribune*, se souvient : « Deux seaux en argent pleins de glace, de minuscules sandwichs et une série interminable de plateaux en argent avec de nouveaux verres de champagne pétillant ! Pendant la soirée, quelqu'un a fait remarquer que Gromyko avait regardé le match de boxe entre Louis et Conn, et le duc a dit : "Voilà une décision à laquelle Gromyko n'a pas pu opposer son veto !" Tout le monde a éclaté de rire. Plus tard, le duc a heurté en chancelant une jardinière et a failli tomber. La duchesse lui a saisi le bras. Il était ivre. »

En octobre 1946, Wallis accompagne le duc en Angleterre. Ils séjournent à Ednam Lodge, chez le comte de Dudley, à Sunningdale, près d'Ascot, pas très loin de Fort Belvedere. Le duc espère probablement persuader son frère de rencontrer sa femme (qu'il n'a pas revue depuis la lointaine rencontre de Royal Lodge,

273

au printemps 1936). Les Windsor reçoivent un accueil désagréable. A Mayfair, ils donnent un petit cocktail pour la presse, pendant lequel ils expliquent qu'ils ne veulent qu'une publicité minimum à leur visite.

Mais même cet effort s'avère vain. Peu de temps après, le couple fait la une des journaux du monde entier. Un soir (le 16 octobre), pendant une absence des Windsor, un cambrioleur acrobate grimpe le long de la gouttière et s'introduit dans la chambre de la duchesse où il dérobe son coffret à bijoux [1]. Les policiers retrouvent le coffret dans le parc de la propriété, où le voleur l'a jeté pour s'en débarrasser. On récupère un ou deux bijoux, mais le vol se monte quand même à 60 000 dollars (colliers, bracelets, boucles d'oreilles, clips, broches). En gros titres, le *Daily Mail* de Londres annonce un chiffre de plus de deux millions de dollars. Le duc le nie comme « énormément exagéré ».

Selon la duchesse de Marlborough : « Wallis manifesta une fureur sans égale. Au grand désagrément des Dudley, elle insista pour que tous leurs vieux domestiques, leurs femmes de chambre et leur cuisinière soient minutieusement fouillés et cuisinés par la police. Seule une fille de cuisine avait été engagée peu de temps auparavant. La police l'interrogea sans merci, mais ne trouva rien contre elle. L'une des broches de la duchesse, qui ne se trouvait pas dans le coffret, était introuvable. Wallis obligea le duc à fouiller partout. Il retourna les coussins, se mit à quatre pattes pour regarder sous les sièges, vida des placards, mit enfin sens dessus dessous une maison merveilleusement ordonnée et entretenue. »

---

1. Même en voyage, la duchesse ne se séparait jamais d'une grande partie de ses bijoux, qu'elle rangeait dans un coffret de la taille d'une petite valise, que l'on glissait généralement sous le lit de sa femme de chambre.

On dresse alors une liste des bijoux disparus. Ils comprennent une bague en or sertie d'un saphir jaune de 41,4 carats ; une paire de boucles d'oreilles en diamants et l'autre de saphirs jaunes ; un double collier en chaîne d'or avec un gros saphir bleu et un gros saphir jaune ; une bague incrustée d'un solitaire taillé en émeraude de 7,81 carats ; une broche d'aigue-marine et de diamants ; une bague d'aigue-marine et de diamants ; un bracelet en platine et diamants ; la célèbre broche de la duchesse en forme de cigogne ; et la liste se terminait par « etc. ».

Scotland Yard et R. M. Howe (l'un des plus grands criminologue d'Angleterre) sont chargés de l'enquête. Une récompense de 8 000 dollars est offerte pour toute information. Malgré sa réputation, Scotland Yard ne va rien trouver. Le nom du cambrioleur n'a jamais été donné.

Il apparaît des événements curieux dans cette affaire. Après le cambriolage, certains bijoux sont retrouvés sur le fairway du terrain de golf de Sunningdale, à côté d'Ednam Lodge. Aucune des boucles d'oreilles n'est en paire. Ces bijoux ont une valeur considérable, mais le cambrioleur semble les avoir jetés comme s'il n'en voulait pas.

Quelques mois plus tard, Mrs Samuel Goldwyn, la femme du producteur de cinéma, se rend chez un bijoutier de Londres où on lui montre des photographies. Frances Goldwyn a un coup d'œil aigu pour les pierres, et elle connaît la duchesse. Elle tombe sur une photo représentant un bijou familier. Elle est certaine d'avoir vu Wallis le porter et demande des renseignements au vendeur. « Excusez-moi, dit-il rapidement, cette photographie se trouve dans le mauvais fichier. Cette pièce n'est pas à vendre. » Poliment, il reprend la photographie de la main de Mrs Goldwyn et la met dans un tiroir.

LA VÉRITABLE DUCHESSE DE WINDSOR

Depuis longtemps, les personnes qui ont admiré les bijoux de la reine Alexandra assurent qu'ils ont reconnu certaines pierres dans la collection de Wallis (resserties d'une façon plus moderne). Le bruit court (jamais confirmé) que le cambrioleur était Scotland Yard lui-même, à qui Buckingham Palace aurait confié la tâche de récupérer les pierres de la reine Alexandra. A cet effet, Scotland Yard aurait requis l'expertise des bijoutiers de Londres – une explication, peut-être, de cette photographie mal classée.

Heureusement, tout étant impeccablement assuré, Wallis est remboursée somptueusement et elle peut reconstituer son trésor. Mais pendant des années, certains assureront avoir vu sur elle des pierres censées avoir disparu. Elles étaient juste montées différemment et portées régulièrement.

D'ailleurs, selon l'auteur de *The Queen's Jewels* [1], la duchesse de Windsor aurait escroqué les assureurs en surestimant la valeur du larcin. « Une trentaine au moins des bijoux qu'elle avait donnés pour volés figuraient au catalogue de Sotheby pour la vente de Genève, en 1987. Ils furent vendus à des prix très élevés. Elle ne pouvait évidemment plus les porter après avoir touché avec son mari la somme pour laquelle elle les avait déclarés. Ils n'ont sans doute jamais quitté le coffre où elle les avait mis à Paris. »

Toute cette affaire sert bien mal la cause des Windsor. Le tapage, ajouté aux commentaires malavisés que le duc et Wallis elle-même ont faits, a tué toute chance d'offrir au duc un poste de responsabilités. L'étalage d'un tel luxe n'est pas très bien reçu par les Britanniques souffrant de l'austérité de l'après-guerre et du rationnement d'articles quotidiens tels que le savon et les œufs.

---

1. Lesley Field, *The Queen's Jewels, The Personal Collection of Elizabeth II*, Abrams, 1987.

LA VÉRITABLE DUCHESSE DE WINDSOR

La frivolité de la duchesse passe pour de la provocation. A son arrivée à New York, elle décrit elle-même à la presse sa tenue : « Je porte un costume en laine bleue avec un jersey en laine rouge, un chapeau de soie rayé avec un voile. Et voici un sac à main en peau d'alligator. Ceci est une étole de vison. »

L'année suivante, les Windsor reparaissent en Angleterre pour célébrer leur dixième anniversaire de mariage.

Ils le fêtent dans l'intimité à Sunningdale. Pas un membre de la famille royale n'y assiste. Cette même année, en novembre 1947, la princesse Elizabeth épouse le prince Philippe de Grèce. Les Windsor ne sont pas invités [1].

Ils se rendent compte que leur cause est perdue à jamais en Angleterre. La famille royale les tient à l'écart ; ils n'ont d'intérêt pour aucun des partis politiques.

Au mois de février 1948, les Windsor se rendent à Palm Beach pour la saison. A New York et à Newport, ils n'ont pas pu se faire accepter par les milieux les plus élevés de la société, mais dans l'ambiance plus hétérogène et plus libertine de Palm Beach on les traite en vrais princes. On exige que les invités se rassemblent quinze minutes avant l'arrivée du duc et de la duchesse. Quand le couple fait son apparition, les hommes s'inclinent et les femmes font une révérence profonde. Tant que le duc et la duchesse restent debout, personne ne s'assied. Au dîner, le duc et la duchesse président la table et sont servis les premiers. Personne ne peut partir d'une réception avant eux, et puisque le duc aime à s'attarder, surgissent des problèmes de protocole. Une fois, lors d'une réception qui s'éternise, l'hôtesse

---

1. La duchesse, elle aussi, fut blessée par l'attitude de sa belle-famille, et plus d'une fois laissa voir le ressentiment qu'elle en éprouvait. Aucune des avanies qui lui avaient été faites ne lui avait échappé ; elle n'ignorait pas qu'elle était visée beaucoup plus que le duc. Mais elle continua à se comporter avec une correction ostentatoire.

chuchote à son invité d'honneur : « Monseigneur, certains commencent à avoir l'air extrêmement fatigué. Pourquoi ne pas feindre de dire bonsoir, faire un tour en voiture dans le coin et puis revenir après le départ des autres ? » Le duc trouve cette idée splendide.

Wallis, qui connaît la manie du duc de traîner, met au point sa propre technique. Quand elle sent l'heure du départ venir, elle se tourne vers lui en disant doucement : « Chéri, n'as-tu pas de foyer ? » Immédiatement, il consulte sa montre, avale son dernier cognac, et souhaite la bonne nuit. Parfois, aux réceptions, il insiste pour parler seulement en allemand, une langue que la colonie d'hiver de Palm Beach ne connaît pas. Au cours de certaines soirées, personne n'a la moindre idée de ce qu'il raconte.

En Floride, pendant la journée, les membres de l'Everglades Club tirent à la courte paille pour décider qui va jouer au golf avec le duc. Celui qui perd l'a pour partenaire. Il est, semble-t-il, un joueur lent, préparant et discutant ses coups pendant des heures. Wallis, elle aussi, manque de souplesse. Quand il devient parfois impérieux, elle le reprend avec un : « Rappelle-toi – tu n'es plus roi ! » Toujours avide d'être à la mode, elle a proscrit le port de certains vêtements. Mais le duc insiste pour porter un smoking blanc aux réceptions jusqu'à ce que, à une soirée, sa femme arrache tout d'un coup un plateau de hors-d'œuvre des mains d'un serveur et le donne au duc en disant : « Voilà, si tu veux t'habiller en garçon, il vaut mieux que tu agisses comme tel ! » Cette scène, comme les autres, alarme leurs amis, mais le duc l'accepte de bonne grâce. Il ne portera jamais plus de smoking blanc.

La masseuse de la duchesse, Miss Dupont, a raconté quelques scènes révélatrices : « Une fois, pendant le massage, il y eut un tapage terrible dans la chambre d'à côté, des bruits causés par quelqu'un qui ouvrait et fermait bruyamment les tiroirs des commodes et les portes des armoires. "C'est le duc, dit Wallis. Il a perdu quelque chose encore une fois. Il perd toujours tout." Quelque temps après, on frappa à la porte, et le duc entra, vêtu d'une robe de chambre en soie rouge aux pois blancs et d'un *ascot* en soie blanche. "Chérie, dit-il, je ne trouve ni notre itinéraire, ni nos passeports, ni aucun de nos documents." Inutile de dire que Wallis les trouva rapidement, tout en le réprimandant : "Darling, tu égares toujours tout !" Une autre fois, la duchesse n'était pas de bonne humeur ! Le duc avait renversé un vase qui contenait un bouquet qu'elle venait d'achever. Le récipient s'est cassé en mille morceaux. Et pourriez-vous le croire ? Il s'est mis à quatre pattes et a tout ramassé. La bonne m'a expliqué : "Elle n'est pas facile. Alors que lui est si gentil pour tout le monde. On dirait que c'est elle qui est l'Altesse Royale, et pas lui – elle est si orgueilleuse." »

D'autres réfutent ce rapport de forces, tel Hubert de Givenchy : « On a si souvent répété qu'elle se comportait durement avec le duc. Après les avoir côtoyés pendant des années, je n'ai rien noté de semblable, bien au contraire. Jamais je n'oublierai que lorsqu'il souffrait atrocement des yeux, à la fin de sa vie, elle allait jusqu'à changer plusieurs fois la position des chandeliers pour le soulager. Chaque instant amenait une nouvelle attention. Enfin, la duchesse n'avait rien de la femme sèche et désagréable que certains décrivent. Elle était très divertissante, avec un esprit de repartie où se mêlait toujours de l'autodérision. » La duchesse de Marlborough va d'ailleurs dans ce sens : « Elle savait aussi soutenir son ego. Pendant un jeu de rami après le dîner, un de ses partenaires lui a dit : "Je ne comprends pas ce que vous faites. Vous avez jeté trois rois !" En clignant de l'œil, Wallis a répondu : "Mais j'ai gardé le meilleur, n'est-ce pas !" » Pourtant, aux yeux des témoins de l'époque, il devient de plus en plus évident qu'elle domine complètement le duc. Quant à leurs amis, qui l'appellent maintenant en privé « le pauvre duc », leur affection pour lui se mêle de pitié.

A Palm Beach, cet hiver-là, il laisse entendre qu'il allait écrire son autobiographie. Mais cette tâche pourrait prendre longtemps, dit-il. Pendant ses loisirs (bien entendu considérables), il parcourt de vieilles lettres et contemple des photographies qu'il étale par terre autour de sa chaise. A chaque fois que Wallis entre dans la pièce, il ramasse vite les documents et les met en tas, bien rangés sur son bureau.

En mars, quand la saison décline, les Windsor retournent à New York. On reparle d'eux brièvement dans la presse quand le duc aide à éteindre un incendie dans l'appartement de ses amis, le baron et la baronne Egmont van Zuylen van Nuyvelt, deux étages au-dessus de la suite des Windsor, au Waldorf Towers. Il a entendu l'alarme et, en smoking, a aidé les pompiers à sortir les tuyaux d'eau.

Au mois de mai 1948, après six mois aux Etats-Unis, les Windsor traversent de nouveau l'Atlantique. Quand on interroge le duc sur un éventuel nouvel emploi, la réponse reste invariable au fil des années : « Eh bien, dit-il, je pourrais faire quelque chose n'importe quand, mais il n'y a rien de décidé. » En route vers Paris, les Windsor s'arrêtent à Londres pour une visite « privée » ; et quand on questionne Wallis sur les trois camions militaires et les deux jeeps qui ont déposé ce qui semble représenter deux tonnes de bagages devant le Claridge, où ils séjournent, elle précise : « Nous n'avons presque rien apporté ! »

De retour à Paris, le duc s'attelle pour de bon à la rédaction de ses mémoires. Les éditeurs font le choix d'un rédacteur de *Time Life*, Charles J.V. Murphy, pour l'aider. Dans leur propre livre, *The Windsor Story*, Murphy et son collaborateur, J. Bryan III, ont raconté leurs trois ans et demi de dur labeur. Car la capacité de concentration du duc n'est pas grande. Il est facilement distrait. A la fin, Murphy écrira pratiquement le livre.

En France, le duc fit un choix curieux pour l'édition de son livre, comme l'a souligné André Castelot. Les plus importantes maisons d'éditions, alertées, avaient déjà ouvert grandes leurs portes à un auteur aussi illustre ; mais l'ex-souverain avait jusque-là refusé toutes les offres et préféra choisir une maison d'éditions située rue Pasquier, à Paris, que dirigeaient Pierre Amiot et Jean Dumont et dont le directeur littéraire s'appelait Georges Roditi. A leur étonnement, « Son Altesse Royale » ne fut pas le moins du monde rebutée par la façade lépreuse, par le petit escalier crasseux et par la simplicité des locaux qui se composaient de quatre pièces et d'une entrée microscopique où deux secrétaires travaillaient avec les visiteurs et l'unique coursier. Et c'est ainsi que parurent, au mois de décembre 1951, les premiers *Mémoires* écrits par le duc de Windsor, sous le titre de *Histoire d'un roi*.

La duchesse copie bientôt son mari en rédigeant un article en novembre 1949 dans *Vogue*. Puis elle se décide à écrire elle aussi ses mémoires qui paraîtront sous le joli titre : *Le Cœur a ses raisons*. Dans la préface, elle note avec pertinence :

« *Je n'ai donc pas les qualités idéales requises pour écrire une biographie, fût-ce la mienne. De plus, et mon mari considère cela comme un terrible handicap, je n'ai jusqu'à présent jamais conservé une lettre, tenu un journal, gardé des notes ou des documents personnels. Mais peut-être, après tout, est-ce là un avantage, car les événements qui comptent dans la vie d'une femme ne se classent pas dans l'ordre logique si cher à l'esprit masculin.* »

Cela explique peut-être le long calvaire (sur plusieurs années) que représentera la rédaction. Charles Murphy, le « nègre » du duc, commence la rédaction avec Wallis.

Il travaille dix-huit mois avant de choisir de rendre son tablier. En privé, il confiera : « Elle était éreintante. Elle me faisait travailler tous les jours jusqu'à sept heures du soir, et alors qu'un homme se fût arrêté pour dîner, elle faisait simplement monter des sandwichs. Lorsque les choses n'allaient pas, elle se levait et marchait avec agitation, disant très souvent : "Aucune femme ne penserait ainsi ! Je n'ai jamais pensé cela. N'écrivons pas de phrases compliquées, je vous en prie, faites *comme je le veux* !" Ces petites disputes sur chaque détail ont fini par exaspérer tous ceux qui travaillaient avec elle. Car elle était nette, impitoyable, précise, et voulait réaliser immédiatement ses fantaisies. »

Bientôt, Cleveland Amory remplace le trop rigide Charles Murphy. Mais tout se passe mal. C'est très vite le clash. Mr Amory, ayant quitté la duchesse après une scène assez violente, arrive à New York et il est fort surpris de lire ce communiqué : « La duchesse de Windsor a employé Mr Amory pour l'aider à écrire et la conseiller pour la publication de ses mémoires. Il a fourni maintenant toute l'assistance que la duchesse jugeait utile et son emploi (*sic*) est par conséquent terminé. La duchesse de Windsor continue à écrire son livre et elle espère qu'il sera prêt à être publié l'année prochaine. »

C'est sec, et cela traite en somme Mr Cleveland Amory comme un employé renvoyé. Cet écrivain connu, qui a écrit de bons livres, réagit alors vivement. « La duchesse m'a dit qu'il y avait diverses raisons pour qu'elle publie ses mémoires. Elle voulait d'abord montrer qu'elle était née du "bon côté des rails [1]"... Ensuite,

---

1. Expression purement américaine : en Amérique, où il est très fréquent qu'un quartier blanc soit très voisin d'un quartier noir, et ne soit séparé que par une voie de chemin de fer, il y a un bon côté des rails et un mauvais. Il ne faut pas être né chez les Noirs ni dans le quartier populaire. La duchesse tient à affirmer qu'elle est née dans une bonne famille. Personne n'en a jamais douté.

affirme-t-il, elle voulait prouver que le duc n'était pas pro-allemand. Encore une vieille histoire, que tout le monde a oubliée. Le livre de la duchesse risque d'être amer, prévient-il. Ce qu'elle regrette surtout, c'est que son époux n'ait jamais reçu un emploi digne de ses capacités. Ce qu'elle n'admet pas, c'est qu'on dise qu'elle a voulu régner sur l'Angleterre... »

Finalement, Kenneth Rawson est engagé pour terminer le livre. Mais les démêlés avec les différents « nègres » sont une trop belle occasion pour la presse anglaise de se déchaîner. « Comment ose-t-elle ? » titrent les tabloïds londoniens. « Le duc avait des excuses pour écrire ses mémoires ; il voulait expliquer les raisons de son abdication et il toucha, de plus, 200 millions. Mais pourquoi la reine et sa famille souffriraient-elles l'indignité de lire les histoires d'une femme jalouse ? Si, comme Américaine, elle veut expliquer aux Américains qu'elle est de haute naissance, que les Américains paient avec leurs dollars pour cela. Mais ce sera une insulte grave pour la famille royale si un éditeur de ce pays achète son histoire partiale. Personne ne veut la lire !... » Bien qu'elle ait promis de tout raconter dans son livre, Wallis prend un soin méticuleux à gommer certains souvenirs, à modifier dates et lieux, à dissimuler tout ce qui est désagréable. « Elle voulait un soap opera », témoignera Amory.

A beaucoup d'égards, son livre reste cependant meilleur que celui du duc. Si elle esquive certains sujets, il révèle une femme de caractère. En lisant entre les lignes, on sent bien son amertume profonde et terrible à l'égard de la famille royale. Certains trouveront à l'ouvrage une « véracité presque aveuglante ». Mais la critique sera féroce. Un journaliste suggéra que le titre opportun pour ces mémoires aurait pu être : *Cher Moi*. Ce livre connaît un succès bien moindre que celui du duc. L'hebdomadaire *Mc Call* le publie en extraits.

C'est au même magazine qu'elle réservera quelques années plus tard sa plus féroce attaque, son plus virulent réquisitoire contre la famille royale :

« Je veux dire au monde entier ce que je pense de la façon dont mon mari a été traité par la famille royale, le gouvernement britannique et beaucoup de ses compatriotes... Le manque de dignité de la monarchie à son égard a quelque chose d'offensant. Pendant un quart de siècle, mon mari a été puni comme un petit garçon qui reçoit une fessée chaque jour de sa vie pour avoir commis une seule faute. Je me suis tout à coup rendue compte combien il était ridicule de garder le silence, d'emboîter le pas à une famille qui nous a isolés derrière un rideau d'amiante afin de protéger le Commonwealth de nos dangereuses personnes. C'est un cauchemar pour n'importe quelle femme de voir tous les jours son mari humilié, calomnié et diminué systématiquement dans l'esprit des gens. Non seulement parce qu'il s'agit de l'homme qu'elle aime, mais parce que, si cet homme perd la face aux yeux du monde, son épouse se sent coupable. »

Que la duchesse se plaigne de la « punition infligée à son mari comme à un petit garçon, depuis un quart de siècle », c'est là une chose normale. Qu'elle ajoute que tant d'années de persécution soient plus qu'il n'en faut pour briser une âme, mais qu'elle a l'orgueil de dire que la sienne est toujours intacte, c'est là tout à son honneur. « J'ai eu souvent envie de pleurer », avoue-t-elle plus loin. A plusieurs reprises, elle laisse échapper de semblables cris du cœur. Mais confessions, livre et interviews n'y font rien. Pour l'Establishment britannique, Wallis demeure l'importune, « l'Américaine divorcée que le prince de Galles n'aurait jamais dû trouver sur sa route... ».

XVI

UN MODÈLE D'ÉLÉGANCE

COMME le fera remarquer un jour l'hebdomadaire *Elle*, Wallis porte la modération au niveau de l'art, tant son style vestimentaire se définit par la simplicité de ses coupes et de ses lignes. Et par un goût très sûr. Rencontrant un jour la duchesse de Windsor dans l'un de ses salons, Christian Dior remarque : « Je n'ai pas l'habitude d'admirer les modèles de mes concurrents, mais ce que vous portez est vraiment remarquable ! – Mais, s'exclame la duchesse avec une lueur d'ironie dans le regard, c'est l'une de vos créations ! Vous me l'aviez exécutée en velours ; moi, je l'ai fait recopier dans un tissu plus léger. J'ai trouvé que cela serait plus simple ! »

La recette de la duchesse, c'est l'absolue simplicité avec une touche d'esprit et un zeste de sophistication. Son goût lui vaut de figurer pendant des décennies sur la liste des femmes les mieux habillées du monde. Certes, elle sait choisir ses couturiers ! Dans ses *Mémoires*, elle explique qu'au moment de son premier divorce, elle songe à travailler. N'ayant aucune qualification particulière, le

285

choix est difficile. Elle participe un jour à un concours organisé par un journal de mode qui offre un poste de rédactrice à la gagnante. Elle ne le remporte pas et confie : « Pour m'avoir ainsi évincée, sans ménagements, la haute couture perdit une chroniqueuse de mode, mais y gagna, par la suite, une cliente intéressante. L'industrie de la mode y gagna certainement, mais, sur le moment, mon amour-propre en souffrit. »

La duchesse de Windsor s'habille à New York chez Mainbocher, mais ses couturiers favoris ont leurs maisons à Paris, tels que Dior, Jacques Fath, Balenciaga, Dessès, Mme Grès, Givenchy ou Saint Laurent. Elle apprécie surtout les tons de bleu (le « bleu Wallis » devint célèbre), mais aussi le noir et le blanc. Ses vendeuses dans les différentes maisons gardent un excellent souvenir d'elle et affirment avoir rarement vu le duc dans leurs salons. Lorsque les essayages se déroulent dans l'hôtel particulier du bois de Boulogne, il y assiste parfois.

Agnès Bertrand, sa vendeuse attitrée chez Dior, se souvient : « La duchesse de Windsor était fidèle à la Maison depuis sa création. Je me suis toujours occupée d'elle. J'en garde un souvenir inoubliable. Elle était ma cliente favorite. Faisant toujours preuve d'humour, elle était d'un contact facile et n'avait pas deux sous de méchanceté. C'était un plaisir de s'occuper d'elle. M. Christian Dior, M. Saint Laurent, puis M. Bohan l'ont habillée. Elle venait aux collections, notait les modèles, puis revenait faire son choix. Les essayages se passaient avenue Montaigne. Je n'ai jamais vu le duc de Windsor l'accompagner. Je me sentais très libre auprès d'elle ; elle me demandait mon avis. Toute mince, toute menue, la duchesse avait la hantise de grossir. Sa couleur favorite était le bleu, et l'on créa pour elle le "bleu Wallis" dans des tissus aux dessins exclusifs. »

Les essayages chez les couturiers donnent lieu à de véritables expéditions, et le plus souvent la duchesse emporte avec elle une malle à pique-nique, partageant avec ses vendeuses de savoureux sandwichs préparés par son chef. Hubert de Givenchy garde un souvenir ébloui de ces essayages : « Son arrivée était un événement pour le personnel et les clientes présentes, toujours désireuses de l'apercevoir. Il faut imaginer que bien des femmes voulaient imiter ses choix, et cela nous mettait dans une situation délicate, car naturellement la duchesse souhaitait être unique. Or, ses amies complotaient pour connaître l'heure de ses essayages et venir soi-disant l'embrasser par hasard. Je me souviens que lors d'un bal chez la princesse d'Arenberg, une dizaine d'invitées portaient la même robe que celle que j'avais réalisée pour la duchesse – dans l'esprit d'un pull de marin à rayures marine et blanc mais en crêpe et organza superposés. Nous avons frisé l'incident diplomatique ! Néanmoins, la duchesse, amusée, a réagi avec bonne humeur et a demandé à toutes ces dames de se prendre par la main et de danser une farandole à travers les salons. Pour décourager les espionnes en herbe, j'ai fait fabriquer comme Cristobal [1] – confronté lui aussi à ce problème – une housse "bleu Wallis" brodée avec les trois plumes du prince de Galles et deux W entrelacés, afin de préserver le secret. »

Car la duchesse consacre de longues heures à sa garde-robe, ainsi que le rappellent ses proches. « Tous les matins, nous tenions "la conférence du temps", précise le coiffeur Alexandre. Elle choisissait trois tenues différentes pour chaque étape de la journée – ce qui pouvait faire plus de dix ensembles –, sans oublier les accessoires. Chapeaux, chaussures, gants, sacs, bijoux, fourrures, et jusqu'au mouchoir, qui changeait aussi. Bien entendu, nous tenions compte des variations de température les plus imprévues, car elle voulait être impeccable en toutes

---

1. Cristobal Balenciaga.

circonstances. Et vers dix-neuf heures, lorsque je revenais la coiffer, le rituel recommençait. Plusieurs robes du soir étaient déjà étalées sur le lit. Les créations Balenciaga et Givenchy étaient ses favorites. »

Pourtant, selon la papesse de la mode, Diana Vreeland, c'est le couturier Mainbocher qui est responsable de la merveilleuse simplicité vestimentaire et du brio de la duchesse. Dès le jour de son mariage, elle porte une longue robe en crêpe marocain du couturier Mainbocher, qui sera copiée et vendue à des milliers d'exemplaires (il faudra attendre la petite jupe vichy à carreaux de Brigitte Bardot pour que se reproduise pareil phénomène).

Ce rôle d'icône de la mode lui sied-il ? Oui, car Wallis aime être regardée et copiée. Après son mariage, toutes les femmes se coiffent comme elle, « à la Madone », raie au milieu et bandeaux, un style qui convient, selon elle, à sa petite taille, à sa minceur, et lui confère, pense-t-elle, intelligence et réflexion. Jusqu'en 1939, elle est fidèle à Mainbocher, cet ex-rédacteur en chef de *Vogue*, devenu l'un des grands de la couture de l'avant-guerre. C'est lui, elle le reconnaît, qui affine le goût qu'elle possède d'instinct. Mais, peu à peu, elle apprend à affirmer ses préférences... agrandir l'arrondi d'un col, abaisser une ceinture.

Wallis sait surtout affirmer sa personnalité dans les accessoires. Elle porte des gants qu'elle quitte rarement en public. Elle aime les chapeaux, mais les souhaite les plus petits possible pour qu'on les remarque à peine. Ils sont souvent agrémentés de voilettes, qui adoucissent son visage. Elle fait confiance au modiste Reboux. Chez Florelle, à New York, il lui arrive d'en commander quarante-quatre en une seule visite !

Ses penderies sont d'ailleurs proprement fascinantes. Jusqu'à sa maladie qui l'éloigne en 1975 des dîners et des bals, la duchesse est célèbre pour ses 2 000 paires de gants, ses 80 robes d'apparat, dont elle n'hésite pas à revendre celles qu'elle estime importables. On parle de trente-cinq mille livres consacrées par an à sa garde-robe. Une garde-robe d'où est exclue toute folie. Une collection énorme de paires de chaussures, la plupart étant assorties à ses tenues, en particulier aux robes du soir. Elle achète aussi ses sacs par dizaines ; en général à Paris. Elle les préfère de petite taille et adopte rapidement la mode des sacs en bandoulière.

Sur les photos, on la voit assez rarement vêtue de fourrure ; pourtant, elle possède, entre autres, un manteau et une cape d'hermine, un manteau de vison... En ce domaine aussi, elle s'y connaît. Un jour de 1934, George, duc de Kent, demande à Wallis de lui indiquer la fourrure la plus chère, car un de ses amis fortunés veut en offrir une à Marina de Grèce, la future duchesse de Kent, comme cadeau de mariage.

« L'hermine », rétorque Wallis, sûre de son choix.

En tant que femme élégante, l'un de ses soucis est de ne pas grossir. Elle suit un régime strict et écoute les conseils de son ami Gayelord Hauser. Tous les matins, un masseur se rend dans ses appartements. Sa minceur spectrale est pour Wallis une obsession, alors que de nombreux observateurs s'en gaussent. « Elle ressemble au squelette d'un oiseau minuscule lorsqu'elle sautille dans sa jupe entravée », écrira Nancy Mitford à sa sœur, Lady Mosley. La duchesse, qui sait qu'elle n'est pas une beauté, a deux priorités : que les robes, très souvent des fourreaux, mettent en valeur à la fois sa silhouette et ses bijoux qu'elle emporte toujours avec elle.

Ses journées sont strictement réglées comme un cérémonial de Cour. Massage, coiffeur, entretien avec les domestiques. Elle déjeune rarement chez elle, que ce soit au moulin de Gif-sur-Yvette, dans sa résidence parisienne, ou dans la maison du bois de Boulogne. « J'ai épousé le duc pour le meilleur et pour le pire, disait-elle, pas pour déjeuner avec lui. » Ses repas sont naturellement frugaux, et ses mensurations (84-58-84) ne varient pas de beaucoup jusqu'à sa mort.

C'est au Tropézien Alexandre que, dès 1946, la duchesse confie sa chevelure. Il lui applique une technique pour ne jamais être décoiffée. « Il fallait rouler les cheveux comme on tricote un rang à l'endroit, un rang à l'envers, se souvient-il ; les cheveux ainsi retenus ne glissaient plus comme lorsqu'on les roulait tous dans le même sens. » Pourtant, au début, Alexandre ne change rien à la célèbre coupe de la duchesse : « Je me contentais de donner de la souplesse à ses crans allongés en hauteur, tandis que je maintenais les cheveux roulés en arrière. Je donnais un dernier coup de peigne qui adoucissait le mouvement de la chevelure et qu'elle pourrait facilement refaire le lendemain matin. »

Il va s'imposer au fil des ans comme le Figaro de la duchesse et elle aura la gratitude d'inaugurer son salon parisien. A partir des années soixante, un élève d'Alexandre prend la relève : Edouard. « Je l'ai vue tous les jours pendant une heure, de 1962 à 1980. D'ailleurs, je m'appelle Edouard, alors que mon prénom est Jacques, parce qu'Alexandre, chez qui je travaillais alors, avait voulu que je prenne ce prénom pour plaire à la duchesse (qui n'appelait son mari que David…). J'allais la coiffer route du Champ d'Entraînement, mais elle venait au salon une fois par semaine. C'était une maîtresse femme à tout point de vue. Elle avait ce côté américain très organisé, doublé d'un raffinement tout à fait français. C'était une maîtresse de maison parfaite. Les relations entre époux étaient très étranges, car elle était très autoritaire. Il l'appelait toujours "Darling" et elle "David". Elle aurait voulu que je la coiffe le jour de la mort du duc, mais l'étiquette anglaise interdit que l'on voie un membre de la Famille royale le jour d'un décès royal. Elle a inauguré mon salon en 1973, dont elle fut la marraine jusqu'en 1980.

LA VÉRITABLE DUCHESSE DE WINDSOR

C'était une femme extrêmement coquette, qui tint à le rester malgré la maladie et ses troubles de lucidité. Elle se regardait dans son miroir où elle semblait retrouver son visage du passé. Elle parlait toujours en français, le duc, anglais et espagnol, à cause du personnel. Je l'ai suivie dans les voyages, et notamment chez les Nixon, où nous avions emmené un maquilleur. Je les accompagnais tous les hivers à Marbella, où ils passaient deux mois chez A. de Hohenlohe. Tous les quinze jours, je faisais une mise en plis. Elle n'avait confiance en personne et avait toujours ses produits, des produits américains qu'elle achetait elle-même. C'était la femme la plus élégante que j'aie vue. Elle avait l'œil à tout : c'était un ordinateur d'élégance et elle savait choisir tout ce qui lui allait. C'était une femme d'une très grande classe. Et Dieu sait que j'en ai rencontré en trente-trois ans de coiffure ! Elle était unique. »

La duchesse possède des cheveux difficiles qui prennent des faux plis. Elle ne peut se passer de coiffeur. « En mai 1968, se souvient Edouard, il y avait d'énormes embouteillages, impossible de circuler. Un orage terrible éclate, j'arrive tout ruisselant au salon, elle était là. "Mais que se passe-t-il, Edouard ? me jette-t-elle. Vous êtes très en retard !" »

Roger Vergne, à New York, Edouard, à Paris, tous deux s'occupent donc de sa chevelure. Elle ne change pas de coiffure et opte toujours pour la raie au milieu. On la voit pourtant une ou deux fois, chez elle, arborant une queue de cheval.

Pour le massage, la duchesse fait confiance à Elizabeth Dupont [1] de la célèbre Maison Elizabeth Arden. Cette dernière se souvient : « Elle était mince, presque comme un garçon, mais elle était obsédée par deux choses : un bourrelet imaginaire de graisse autour de

---

1. Aujourd'hui, Mrs Elizabeth Gatehell.

291

son ventre, et ses mains, qui étaient certes curieusement laides – larges, aux doigts courts, aux ongles très petits –, incongrues avec son corps impeccable. Quand c'était possible, elle portait toujours des gants. Elle disait : "Madame Dupont, mettez beaucoup de crème Vitae sur mes mains, mes bras et mes poignets, et manipulez les mains et les doigts. Les mains sont si importantes pour une femme. Et n'oubliez pas de faire tout votre possible pour cette cellulite, ce bourrelet de graisse autour de mon ventre." C'était une femme qui ne sourcillait ni tressaillait à ces traitements douloureux. Plus ça faisait mal, mieux c'était. Elle disait : "Faites tout ce que vous pouvez pour ce bourrelet de graisse !" Elle serrait les dents et disait : "Plus dur ! Plus dur ! Allez-y !" J'avais peur de lui faire des bleus. »

Au salon d'Elizabeth Arden, place Vendôme, où Wallis se rend régulièrement pour ses rendez-vous de maquillage, l'annonce de son arrivée imminente prélude à de nombreux va-et-vient. On commande un bouquet de ses fleurs favorites chez Harris, fleuriste de la rue Cambon, et on les place dans un vase spécial en cristal taillé dans sa salle de traitement particulière. On déroule un tapis spécial sur le plancher. Dans les coulisses n'attendent pas un, mais trois assistants, Claude, Roger et Manuel, prêts à savoir lequel d'entre eux elle allait choisir ce jour-là pour appliquer la teinture secrète spécialement formulée qu'elle porte sur elle quand elle voyage. L'attendait aussi Madeleine, spécialiste chez Arden du maquillage, qui tient prêt un fond de teint spécialement créé et destiné à mettre en valeur ses yeux pourpres. Toutes ces petites attentions, bien sûr, sont dictées par la redoutable Miss Arden elle-même.

Car la duchesse ne laisse jamais de pourboires royaux, mais à Noël elle offre à chacun un petit cadeau – des broches en or et diamants pour les femmes ayant la forme des plumes du prince de Galles et portant la devise « *Honni soit qui mal y pense* », et pour les hommes des boutons de manchette en or estampillés aux armes royales.

Wallis sait être royale tout en ne répugnant pas à des économies de bouts de chandelle. Comme la plupart des femmes, elle aime faire « des affaires ». Il lui arrive de téléphoner aux fabricants pour obtenir des prix plus intéressants. D'ailleurs, elle ne se montre aux collections que si elle est assurée d'avoir une chaise au premier rang et d'obtenir... 25 % de réduction sur les modèles qu'elle choisit !

Seule Chanel se montre réticente face à la duchesse. « C'est la seule femme qui ait fait trembler Chanel par son raffinement », souligne Jacques Clémente, son maquilleur, qu'elle ne manque jamais d'emmener dans ses voyages « officiels ». « La duchesse n'a, jeune, jamais réellement fait attention à Mlle Chanel, assure le coiffeur Alexandre. Et Chanel disait pour me congédier : "Comment va Mrs Simpson ?" » Pourtant, Coco Chanel doit être sensible à l'intelligence de la duchesse pour façonner son image de femme bien élevée et respectable, dans toutes les tenues, même celles du bain. Le conservateur en chef du Musée des Arts de la Mode précise ainsi : « Nous avons au musée un modèle de maillot de bain dessiné pour elle par Lola Prusac, avec jupette, extrêmement chaste ! Elle a très intelligemment construit son personnage, bon genre, respectable. En fait, et face à la Famille royale, elle a toujours voulu être le plus royal possible ! »

Pourtant, on peut reprocher à la duchesse sa trop grande coquetterie. « Le fait qu'elle était toujours bien habillée n'était pas bien vu en Angleterre, confie Lady Mosley, l'une de ses amies. On n'aime pas que la Famille royale soit trop élégante. »

Autre source d'agacement pour les Anglais : la passion de la duchesse pour les bijoux. « Entre Wallis et ses bijoux, se souvient la duchesse de Marlborough, c'était une histoire d'amour. Elle jouait avec eux comme un enfant avec des jouets. Elle les posait sur la table et les touchait. La seule autre femme que j'ai connue qui ait la même attitude face aux bijoux était Barbara Hutton. »

Pour Wallis, qui n'a eu accès à la véritable joaillerie qu'au milieu des années trente, son bonheur suprême est de porter de vraies pierres précieuses comme si c'étaient des bijoux fantaisie. Les bijoux, reflets de la personnalité ! L'adage convient parfaitement à la duchesse de Windsor. Elle aime la beauté jusqu'à l'extrême limite du raffinement et de la sophistication. Sa collection, entièrement rassemblée au fil des ans par le duc de Windsor comme gage d'amour, ne comprend la plupart du temps que des joyaux dont ils ont ensemble choisi les pierres et imaginé le dessin, avec de grands joailliers comme Cartier, Boucheron, Van Cleef et Arpels. Louis Cartier dira d'ailleurs : « Elle s'y connaît mieux que moi… »

Si le duc ne peut offrir à Wallis les joyaux de la Couronne, il fait mieux en la couvrant, toute sa vie, de somptueux bijoux. Familier des grands joailliers parisiens, celui que l'on surnomme « le prince charmant de la rue de la Paix » – il s'y rend souvent quand il est à Paris – suit attentivement la réalisation des pièces. Parmi les plus remarquables, l'émeraude de 20 carats sertie de diamants par Cartier que le duc offre à Wallis comme bague de fiançailles avec l'inscription : « *Nous nous appartenons* » et la date : « *27 octobre 1936.* » Citons aussi le bracelet de Van Cleef et Arpels dont le motif central de 45 saphirs est encadré d'une multitude de diamants et sur le fermoir duquel il a fait graver : « *Pour notre union.* » Un collier de rubis et de diamants que Wallis a reçu avec le bracelet assorti pour son quarantième anniversaire et qu'elle aime porter lors des grandes soirées. Et un sublime diamant de 32 carats monté en solitaire par Harry Winston. Mais son bijou fétiche est une fabuleuse chaînette sertie de 22 petits diamants sur laquelle sont accrochées neuf croix de pierres précieuses et qui, comme le bracelet, figure dans le contrat de mariage.

La duchesse possède aussi toute une collection de bijoux représentant des animaux. Car elle adore les bêtes ; elle a donc, en colliers, bracelets et broches, des carlins (ses chiens favoris), des flamants, des serpents, des panthères, des papillons, qui constituent sa « ménagerie », selon ses propres termes. La collection de panthères et de tigres de chez Cartier est restée célèbre.

Sans doute voit-elle aussi dans ses bijoux comme une part du rôle qu'elle aurait pu jouer. Elle n'est pas reine, mais elle en possède ainsi certains des attributs... Elle a le bon goût de n'avoir qu'une seule tiare, très discrète (mais en diamants), qu'elle porte d'ailleurs presque toujours en collier. On ne la lui verra en diadème qu'à un bal de charité, au Metropolitan Opera de New York, en 1952.

Wallis est une créature de la mode et, au rythme des changements de style, elle a l'intelligence et l'instinct de raccourcir, modifier et resserrir ses bijoux. Elle en fait aussi copier certains par sécurité ou par amusement. Elle aime beaucoup faire des expériences et sera la première à acheter une ceinture « diamant » du bijoutier new-yorkais Kenneth J. Lane. Cependant, ses bijoux sont toujours choisis afin de s'harmoniser avec ses tenues. « Même un imbécile saurait qu'avec du tweed ou d'autres ensembles de jour on porte de l'or, et qu'avec les tenues de soirée on porte du platine », a-t-elle déclaré un jour, un brin sentencieuse.

En fait, Wallis aime toutes les pierres, à l'exception des opales qui, prétend-elle, portent malheur ; mais elle préfère les saphirs, qui s'harmonisent avec la couleur bleu-violet de ses yeux. Elle possède de magnifiques rubis qui viennent de Birmanie et de Ceylan ; elle apprécie les émeraudes, pierres se rattachant à son signe de naissance, les aigues-marines, les topazes, l'onyx, les turquoises.

« Tout chez elle était moderne et à la pointe de la mode, a reconnu Diana Vreeland, mais je n'ai jamais vu Wallis arborer des bijoux fantaisie. Elle n'aurait jamais porté de Chanel. C'était trop bijoux de théâtre... » Cependant, ses goûts restent éclectiques, et elle porte avec autant de plaisir ce qu'elle appelle ses « bracelets de charme » offerts par le duc avec de tendres inscriptions : « *To my Darling* », « *My sweetheart* », que sa parure de rubis. Beaucoup plus fréquemment qu'on ne pense, elle se permet aussi des bijoux « légers » qui sont ses « babioles ». Elle adore ainsi ceux en forme de coquillage, créés par le prince sicilien Fulco di Verdura. Parmi les « babioles » de Wallis : une épingle en forme de tête de carlin avec des yeux couleur citron, un papillon en diamant ou une breloque en forme de grenouille accroupie.

La duchesse n'aime pas beaucoup les perles, bien qu'elle en possède de très jolies. Curieusement, le joyau qu'elle porte le moins est un énorme brillant, qui pèse juste la moitié du Koh-i-Noor. Elle n'aime pas davantage les solitaires, qui mettent en valeur sa main qu'elle ne trouve pas assez fine.

Elle a suffisamment de bijoux pour en changer tous les jours de la semaine, pour en porter avec toutes les robes. Elle les choisit également pour qu'ils s'accordent parfaitement avec le mobilier XVIIIe de son hôtel particulier du bois de Boulogne. Elle porte des saphirs dans sa salle à manger bleue, et adore les diamants jaunes, qui s'harmonisent avec la lumière de la bibliothèque et le sofa recouvert de soie jaune... Futilité ? Non, désir d'une perfection parfois poussée au paroxysme.

Les bijoux vont rester jusqu'à la fin sa passion. Un jour, alors qu'elle se repoudre dans les toilettes de l'hôtel de Paris de Monte-Carlo, l'une de ses riches amies s'écrie : « Ah, j'en ai assez de cette bague ! Je vais la jeter ! » Wallis hausse dédaigneusement les épaules : « Vous êtes folle. Jeter cette bague ! Mais c'est de l'argent ! » Wallis, elle, sait qu'elle peut compter sur la générosité de son époux. Il a dépensé une fortune en joyaux pour elle. Un jour, alors que des amis leur demandent : « Que signifie pour vous Noël ? », Wallis réplique : « Recevoir des cadeaux. » Edward répond avec l'humour qui le caractérise : « Les payer ! »

Après sa mort, les joyaux que lui offrit le duc de Windsor tout au long de leur vie commune furent en partie dispersés au cours d'une vente historique chez Sotheby's, à Genève. Ils attirèrent des acheteurs du monde entier et les produits de la vente dépassèrent toutes les espérances des experts : quelque trente milliards de centimes, qui furent ainsi, selon les dernières volontés de la duchesse, remis à l'Institut Pasteur. Naturellement, les pièces les plus extraordinaires battirent des records, mais proportionnellement, elles furent achetées moins cher que les « bijoux du cœur », ceux qui portaient de tendres inscriptions ou avaient été offerts dans des circonstances particulières : abdication, anniversaires, mariage. Certains objets atteignirent cinquante fois leur prix d'estimation. L'anneau de mariage de la duchesse, en platine, portant l'inscription « *Pour Wallis et David* », que l'on croyait vendre 6 000 livres, en fit 74 000. Un Américain fit l'acquisition d'une miniature représentant la reine Victoria, avec cette dédicace : « *De votre arrière-grand-mère Victoria, reine et impératrice, 24 mai 1899.* » Tandis que le grand acheteur japonais Tsuneo Tagaki payait près de deux millions de livres un diamant de 31 carats et que l'expert londonien en joaillerie, Lawrence Graff, signait un chèque à peu près équivalent pour l'émeraude des fiançailles, qu'il offrait à son épouse à l'occasion de leurs noces d'argent, Liz Taylor s'offrit pour 4 millions de francs un clip en diamants et or avec les plumes de la couronne du prince de Galles.

XVII

MAUVAISES FRÉQUENTATIONS

Dans le cercle des mondanités, les mauvaises fréquentations des Windsor sont légion. Mais le point culminant est sans doute atteint au début des années cinquante avec Jimmy Donahue. A l'automne 1950, Wallis se retrouve seule à New York, tandis que le duc est resté en France. La presse parle d'une « rupture sérieuse » dans leur mariage.

Wallis aime sortir, apprécie qu'on la voie à des réceptions chic, et préfère naturellement être accompagnée d'un cavalier jeune, beau, bien habillé et divertissant. Hélas, la plupart de ces jeunes hommes chics sont homosexuels, compagnie que le duc n'apprécie guère, prétextant ne pas se sentir à l'aise en leur présence. Un psychologue pourrait en tirer des conclusions...

Aux yeux de Wallis, il est presque impossible d'arranger un dîner réussi sans piocher dans la réserve de jeunes hommes élégants de la communauté internationale gay. Comme elle le dit une fois à un ami : « Tous les plus beaux hommes de Paris sont au "Club Sept". » Ce club est alors un restaurant et bar de danse homosexuel à la mode.

LA VÉRITABLE DUCHESSE DE WINDSOR

La duchesse fait ainsi la rencontre de Jimmy Donahue, lors d'une réception au Waldorf Towers. En 1950,
ce dernier a trente-cinq ans et Wallis cinquante-quatre.
James P. Donahue Jr n'est pas exactement beau – il a
un visage terne et mou et le front dégarni – mais il est
mince, élégant et très riche. Sa mère est Jessie Woolworth, et Jimmy Donahue a hérité quelque quinze millions de dollars de son grand-père Woolworth, le roi des
magasins du même nom. Sa cousine germaine n'est
autre que Barbara Hutton, et si elle est « la fille la plus
riche du monde », lui se retrouve parmi les garçons les
mieux lotis. Wallis, comme le duc, est toujours fascinée
par l'argent.

Bien sûr, Jimmy Donahue n'a jamais travaillé de sa
vie, se consacrant au contraire à un hédonisme actif. « Il
était vraiment séduisant, se souvient un témoin de
l'époque. Très effronté, c'était un conteur magnifique,
et – le plus important – il se souvenait de tout. Comme
tel, il servait de messager aux dieux sociaux qu'il servait.
Il répondait parfaitement à la définition du *play-boy* de
l'époque, mais à une exception près : il ne s'intéressait
pas du tout aux jolies filles. Sa passion, c'était... les garçons. Il n'hésitait pas à en parler. Il étalait cela outrageu-
sement. Dans les dîners, quand un nouvel homme lui
plaisait, il laissait tomber sa fourchette, fixait son regard
sur le nouveau venu, murmurait quelques compliments,
exigeait qu'on le lui présente, et puis flirtait déraisonna-
blement. Il aimait aussi à signaler que, puisqu'il était
riche, il avait les moyens d'acheter les meilleurs aux prix
les plus élevés, ce qui lui évitait de hanter les bars et de
draguer des partenaires de rencontre. Il parlait d'une
manière si flagrante et si désinvolte de sa vie que c'était
presque drôle. En tout cas émoustillant. On considérait
ses remarques sexy comme faisant partie de son charme.
Il était devenu la coqueluche des réceptions chic des
deux côtés de l'Atlantique. »

299

LA VÉRITABLE DUCHESSE DE WINDSOR

Pour corser le tout, il est aussi exhibitionniste. Fier de son corps, il n'hésite pas à recevoir ses invités nu. Il aime porter des vêtements de femme et l'on raconte qu'il a reçu un jour un ami de sa mère, le cardinal Spellman, en travesti. Il demande souvent à son majordome de filmer ses rencontres sexuelles les plus réussies, et il en fait des projections !

Jimmy Donahue a, en outre, la bonne idée d'être très généreux, comblant ses amis de cadeaux et de fleurs, s'emparant des additions dans les boîtes de nuit et les restaurants, donnant des pourboires de cent dollars aux serveurs. Bref, il fait partie du Tout-New York, sorte de mélange d'Oscar Wilde, d'Andy Warhol... le talent en moins ! Les Windsor et lui se lient d'amitié mondaine.

A New York, Edward, Wallis et Jimmy forment un joyeux trio. Puis, pendant l'été 1950, le groupe séjourne en France. Mais quand le duc se couche de bonne heure, Jimmy et Wallis restent ensemble jusqu'au petit matin, à rire, parler et boire. Jimmy divertit Wallis. L'après-midi, pendant que le duc s'efforce d'écrire ses mémoires, les deux autres jouent aux cartes, font du lèche-vitrine, se promènent en voiture. Ils sont inséparables.

Au mois de novembre, les Windsor sont censés rentrer à New York pour une série de galas. Le duc, cependant, est sous la pression de ses éditeurs et doit achever son livre. Il suggère d'annuler le retour à New York. Mais Wallis s'y oppose. Elle veut y aller et elle est prête à y aller seule. Le duc y consent.

Pendant ce séjour à New York, les bruits que la duchesse de Windsor et Jimmy Donahue ont une liaison vont crescendo. Certes, cela paraît peu crédible. Pourtant, ils semblent inséparables. Ils se tiennent la main, gloussent et se chuchotent de petits secrets à l'oreille. Ils se jettent de longs regards et se passent des billets à travers les tables pendant les dîners. Dans une boîte de nuit, Jimmy Donahue va même jusqu'à offrir à Wallis une énorme gerbe de roses rouges. Donahue, lui, semble ravi du « scandale » que cette liaison crée, et il nourrit les bavardages de ses propres potins, qui circulent rapidement dans la communauté homosexuelle. Il ose même dire : « Elle est incroyable ! Elle est merveilleuse au lit ! »

Ayant eu vent de ces histoires, le duc en vient à être, à juste titre, alarmé. Il abandonne immédiatement son livre et rejoint Wallis à New York. C'est elle qui arrive la première à la passerelle du *Queen Elizabeth* pour l'accueillir. Quand on interroge le duc sur les bruits d'une rupture, il s'esclaffe et dit : « C'est la pire blague jamais écrite ! » Comme, à son départ à Cherbourg, il a affirmé aux journalistes que la duchesse a reçu « plusieurs offres de travail », celle-ci réplique : « Je crains que cela ne soit que des bruits. » Et puis, regardant le duc, elle ajoute : « J'ai un emploi à temps complet maintenant. » Ensuite, pour dissiper tout malentendu concernant leur union, le duc et Wallis s'embrassent pour les photographes et vont jusqu'à recommencer sept fois. Ce soir-là, ils se rendent à une réception pour le nouvel an, au Sherry-Netherland, avec l'ancien roi Pierre et la reine Alexandra de Yougoslavie, comme au bon vieux temps.

Mais la « liaison » avec Jimmy Donahue n'est pas tout à fait finie. Elle continue même pendant trois ans, donnant l'apparence d'un ménage à trois. Donahue accompagne les Windsor partout où ils vont. Dès qu'une hôtesse invite le couple, elle reçoit un coup de fil poli lui précisant que le duc et la duchesse apprécieraient que Jimmy soit également invité. Le trio finit par sembler si lié que la rumeur commence à circuler dans la communauté homosexuelle que le duc est lui aussi gay.

Le public-relations Guido Orlando prétend que le duc est tombé amoureux de Donahue et qu'ils sont amants. La chose n'est pas vérifiable. Cet individu assure avoir

301

encouragé Donahue à flirter ouvertement avec la duchesse dans les lieux publics pour donner le change.

Or, l'évidente aversion du duc pour les gays rend la chose peu plausible. Quel est donc le rôle exact de Jimmy Donahue ? Est-ce un compagnon de beuverie, un « fou du roi » ? Serait-il, pour les Windsor, le fils farceur et pétillant qu'ils n'auront jamais ? D'après certains ragots, Wallis aurait cherché à convertir Donahue à l'hétérosexualité. Mais les preuves manquent.

La vérité n'est-elle pas plutôt que Wallis s'ennuie tout simplement avec le duc ? A chaque rebuffade de Buckingham Palace ou de Downing Street, celui-ci devient plus lugubre et plus difficile. Comment supporter sa tristesse et ses humeurs noires ? Jimmy Donahue est l'antidote parfait ; il est toujours drôle et ne rumine pas le passé : la duchesse trouve cela rafraîchissant.

Autre élément à prendre en compte : l'avarice du duc qui, au cours des années, ne fait que s'accroître. Quand l'addition arrive dans un restaurant où le duc et la duchesse reçoivent des invités pour dîner, il est souvent gênant de voir l'ancien roi regarder tristement l'addition présentée, palpant les coins soupçonneusement, et puis la repoussant un peu, dans l'espoir que l'addition disparaisse toute seule ou que quelqu'un d'autre s'en charge. Avec Jimmy Donahue dans leur sillage, il n'y a plus de problème, il s'en charge. Mais, c'est le plus important, Jimmy est un remède à ce que Wallis craint le plus : la vieillesse. Avec lui, elle se sent jeune, vivante, « branchée ».

Et puis, le garçon a un goût inné et un vrai don pour la décoration. Ses talents deviennent précieux pour leur nouvelle résidence parisienne du 85, rue de la Faisanderie, dans le XVIe arrondissement. Un hôtel particulier situé près du bois de Boulogne. Des arbustes soigneusement coupés et des bordures de fleurs encadrent la maison, où l'on entre par une paire de portes en fer forgé. Dans le grand vestibule, des portraits de Son Altesse Royale peints à diverses périodes de sa vie recouvrent les murs. Du vestibule part un large escalier bordé des deux côtés de pots de fleurs blanches – Wallis exige toujours des fleurs de cette couleur – et du sommet de cette ascension royale on admire l'enfilade des pièces principales, salon, salle à manger (trop petite, se plaint Wallis, puisqu'on est limité à vingt-quatre invités), bibliothèque, petit salon et bureau de la duchesse.

Lorsqu'il est à Paris, l'emploi du temps de Jimmy semble immuable. Comme Wallis passe chaque matinée chez son esthéticienne, son *golden-boy* vient la chercher et l'emmène boire un verre au Ritz. Ensuite, le duo devient trio jusqu'au soir.

Une soirée passée avec Jimmy Donahue est assez imprévisible, mais toujours très arrosée. Dans son autobiographie, Lili Palmer évoque celle qu'elle a passée sur la Côte d'Azur à bord d'un yacht. Avec son mari, Rex Harrison, elle a invité Greta Garbo et son chevalier servant, George Schlee, quelques personnalités et, bien sûr, le trio. La qualité des vedettes attire naturellement une foule de curieux sur le quai, et pendant le dîner, un invité américain, très ivre, se livre à une diatribe désagréable contre les Anglais. L'intention est sans doute de gagner la sympathie du duc et de Wallis, mais selon Lili Palmer, c'est un fiasco. On essaye plusieurs fois de changer de sujet, mais en vain, et même les talents de Wallis ne parviennent pas à faire taire cet invité odieux. Jimmy Donahue, en smoking avec boutons de manchette en émeraude, se met alors debout et saute dans la mer. Applaudi du rivage, il nage dans l'eau du port jusqu'au quai. L'Américain ivre semble ne rien remarquer et continue ses litanies. Bientôt, Jimmy est de retour, grimpe sur le yacht, trempé jusqu'aux os, et s'excuse brièvement pour se changer et trouver une nouvelle paire de boutons de manchette. De retour à la table, comme si rien ne s'était passé, il voit que l'Américain continue inlassablement à parler du même sujet. En murmurant : « Nous devrons tout simplement essayer de nouveau », il se lance encore une fois à l'eau.

Les relations avec Jimmy Donahue vont se poursuivre encore cahin-caha pendant une année, pour se terminer en 1953 à Baden-Baden. Lors d'un dîner trop arrosé, un mot de Wallis déplaît à Jimmy. Il lui donne alors un vif coup de pied au tibia sous la table. Celui-ci déchire son bas et la fait saigner. Dans la confusion qui suit, le duc ordonne à Jimmy de disparaître de leurs vies pour toujours. Ils ne se verront plus jamais.

Les Windsor font alors savoir à tous leurs amis qu'ils se sont lassés de sa bouffonnerie. Mais le fait que Jimmy – qui, en faisant ses excuses le lendemain matin, ou en offrant une paire de boucles d'oreilles en diamants ou en rubis, aurait pu rentrer en grâce – accepte avec une telle désinvolture son renvoi, indique qu'il en a, lui aussi, assez.

Pauvre Jimmy ! Sans les étoiles du duc et de la duchesse de Windsor étincelant dans son diadème, sa propre aura décline rapidement. La boisson et la drogue abîment sa jeunesse et son profil. Le 6 décembre 1966, sa mère le trouvera mort dans son appartement du 834 Fith Avenue à New York. L'autopsie parlera d'« intoxication aiguë à l'alcool et aux barbituriques ». Mais un suicide n'est pas entièrement exclu.

Wallis ne soufflera mot de Jimmy Donahue dans ses *Mémoires*. Mais l'image du duc et de la duchesse en Angleterre, où il aurait été proprement insupportable que Donahue les accompagnât chez les rares membres de l'aristocratie assez généreux pour les recevoir, en pâtit.

Dès lors, comment s'étonner de la façon dont Buckingham Palace traite le couple dans les années cinquante et en particulier au moment du couronnement de la nouvelle reine Elizabeth, le 2 juin 1953 ? Certes, le 16 février 1952, lors des funérailles de George VI, on croit deviner à certains indices que la position du duc de Windsor s'est améliorée. Le duc est à la place d'honneur dans le cortège funèbre, devant son frère, le duc de Gloucester, et devant le prince Philip. Il porte pour la première fois, depuis l'abdication, l'uniforme d'amiral de la Royal Navy. Dans les semaines qui suivent, il rend de nombreuses visites à son vieil ami Churchill qui le soutint lors de la crise de 1936. Le bruit court alors que le duc tente de négocier avec le gouvernement et la Cour son retour en Grande-Bretagne. Les préparatifs du couronnement ressuscitent avec plus de force encore le dilemme que pose à l'Angleterre puritaine le sort de son ex-roi marié à une divorcée.

Les funérailles de George VI sont une cérémonie de famille. Il est donc naturel que le frère aîné du roi précède dans le cortège familial son frère cadet et le mari de la nouvelle reine. Mais le couronnement est une affaire d'Etat bien plus protocolaire. Sa préparation est confiée à un comité présidé par le prince Philip. Ses membres sont les plus éminents personnages de la vie politique et religieuse du Royaume-Uni et des Dominions. C'est ce comité qui doit envoyer les invitations et il ne se préoccupe pas des histoires de famille. Il ne tient compte que du protocole. Aucune fantaisie ne lui est permise. Les membres de la famille royale sont placés selon « l'ordre de succession au trône ». Le petit prince Charles d'abord, puis la princesse Anne, la princesse Margaret et le duc de Gloucester.

Le duc de Windsor, par l'acte d'abdication, a définitivement et irrévocablement renoncé pour lui-même et pour ses descendants à tous ses droits à la Couronne (s'il avait des enfants, ils seraient de simples particuliers sans aucun lien constitutionnel avec la famille royale). Dans les cérémonies du couronnement, aucune place officielle n'est donc prévue pour lui. Il appartient à la seule reine d'inviter son oncle « à titre personnel ».

Certes, les vieux ennemis du duc de Windsor, ceux qui exigèrent son abdication, le Premier ministre Baldwin, l'archevêque de Canterbury et le directeur du *Times*, Geoffroy Dawson, sont morts. Et ses anciens alliés, Winston Churchill et Lord Beaverbrook, ont vu grandir leur influence et lui sont restés fidèles. Quant à la reine Elizabeth, elle va plutôt tenir compte des sentiments de l'opinion publique, toujours d'une grande sévérité. Le divorce est toujours considéré comme une tare sociale dans la bonne société britannique de ces années-là (la princesse Margaret en fera l'amère expérience trente mois plus tard). Il y a surtout le cas Wallis. Aux yeux de la nouvelle souveraine, « l'Américaine » reste une étrangère, une aventurière qui s'est interposée entre le peuple et son roi. Elle ne correspond pas à l'image de l'épouse digne et respectable que chaque Anglais porte en son cœur. On lui reproche de mener une vie agitée et de fréquenter les boîtes de nuit. Par une étrange contradiction, on refuse de la considérer comme un membre de la famille royale, quoiqu'on tienne à ce qu'elle se comporte comme telle.

D'ailleurs, au Royaume-Uni, l'attitude de la duchesse lors de la mort de George VI est vivement critiquée. On lui fait grief de ne pas avoir accompagné le duc sur le bateau qui le conduit en Angleterre. Pendant le deuil, elle sort plusieurs fois en public à New York. Elle se rend au bal d'Elsa Maxwell à Paris quelques jours seulement après la fin du deuil, en laissant son époux à la maison. En un mot, l'Angleterre semble s'offusquer de ce qu'elle ne respecte pas les conventions d'une famille qui ne l'a pourtant jamais acceptée. Et par une contradiction supplémentaire, elle accuse maintenant la duchesse de ne pas rendre heureux son mari.

La reine Elizabeth rencontre aussi de nombreux

obstacles dans sa propre famille. On pense d'une façon générale qu'elle n'a pas à prendre une décision d'indulgence que son père n'a pas cru devoir assumer de son vivant. Une telle volte-face serait considérée comme un manque de respect à sa mémoire.

Elizabeth n'invite donc pas son oncle à son couronnement. Les Windsor se contentent de suivre la cérémonie à la télévision et de se livrer pour le réveillon de la Saint-Sylvestre à une comédie lèse-Majesté au bar du « El Morocco » à New York. Wallis, vêtue d'un manteau de soie rose pastèque de Dior et couverte de bijoux, donne le diapason. A minuit, un plateau plein de couronnes en papier apparaît. La duchesse s'empare d'une couronne sur le plateau et dit : « Apportez-en une pour le duc ! » Ensuite, ils mettent ces couronnes en papier avec des mimiques – le sourire espiègle pour Wallis, penaud pour le duc. Ils posent côte à côte sur un « trône » rayé de peau de zèbre pour les photographes. Et quand ils quittent le club à une heure du matin, la duchesse jette avec ostentation sa couronne en papier en disant : « Couronnement terminé ! »

XVIII

UN STYLE DE VIE

Le train de vie du couple des Windsor au 85, rue de la Faisanderie est fastueux ; onze domestiques : un valet de chambre, une cámeriste, un majordome, deux valets de pied (dont un Noir), deux femmes de chambre, une blanchisseuse, un concierge et deux hommes « toutes mains ».

De plus, la secrétaire du duc (une Américaine) et celle de la duchesse (une Française) portent sur leur corsage un ruban orné aux armes royales. Deux secrétaires très occupées, car aussitôt après le petit déjeuner – très simple, rien du solide breakfast britannique –, la cérémonie du courrier prend une bonne partie de la matinée. Puis viennent la promenade au bois avec les deux chiens (Cairu et Pookie), les courses dans les magasins, avant l'heure du déjeuner (13 h 30).

Menu végétarien, très frugal ; puis lecture des journaux et des magazines. Thé obligatoire à 17 heures, golf, enfin dîner aussi simple que le déjeuner, agrémenté cependant d'un verre de porto avant le dessert. Les rares soirées où aucun gala n'est inscrit au programme,

Edward et Wallis se plongent dans les jeux de patience, où la duchesse, généralement, est la plus forte.

L'ex-Miss Simpson brille aussi dans son rôle de femme d'intérieur. Paradoxalement, les moments que préfère le duc de Windsor sont les dimanches soir, quand ils sont seuls. Le personnel a son jour de congé. Le duc dresse la table à bridge, sort une porcelaine toute simple, pendant que Wallis officie aux cuisines. Elle a sa propre façon de faire cuire le lard en chauffant des tranches minces, les gardant au four jusqu'à ce qu'une partie de la graisse fonde, et ensuite les couvrant de sucre brun avant de les réchauffer. A mesure que le sucre fond, elle retourne les tranches de lard, couvre l'autre côté de sucre et les grille jusqu'à ce qu'elles deviennent croustillantes. De temps en temps, tous deux prennent ainsi leur repas sur des plateaux devant le téléviseur. En général, ils apprécient les dîners simples en tête-à-tête avec côtelette d'agneau sur épinards, poisson grillé ou foie de veau grillé au jus de citron ; quelques salades et des fruits, mais sans pain ni pommes de terre. « Lui ne voulait pas grossir, et elle non plus, se souvient un proche. Ils étaient parfaitement assortis sur ce plan-là. » Tout change quand il y a du monde. C'est alors le déploiement du faste princier, où Wallis se montre incomparable.

« La vie d'une maîtresse de maison, affirme-t-elle, est pleine de soucis et de migraines. On peut réussir des réceptions à condition qu'il n'y ait pas trop de monde. Je considère le chiffre de seize comme énorme et, au-dessus de huit, tout soufflé devient impossible. Lacune infiniment regrettable. Et quelle mémoire faut-il avoir ! Je tiens un fichier compliqué pour ne pas donner à mes invités, en six mois, deux fois le même entremets. »

« Elle était incomparable, avec un sens aigu de la perfection, racontera Mᵉ Blum, son avocate. Son major-dome a dit un jour : "Elle nous a tous formés, elle nous a fait aimer notre métier." Elle faisait elle-même les menus, veillait à la décoration de la table, faisait le tour du parc avant l'arrivée des invités, demandant, par exemple, qu'on ôte trois champignons autour d'un arbre, parce que cela faisait négligé... »

Son coiffeur Alexandre est au diapason. « Dans les années cinquante, ma planète restait le boulevard Suchet et la duchesse de Windsor. Je la coiffais tous les soirs. Je connaissais ses goûts dans les moindres détails. Eloignée du trône, elle régnait davantage. Elle ordonnait la vie de son mari, réglait ses parties de golf, dirigeait la cérémonie du thé, la liturgie des audiences et le spectacle des repas. Elle savait inventer l'écart qui permettait au duc d'être l'arbitre des conventions et des élégances. »

La duchesse considère que le plaisir et le confort de son mari doivent passer avant toute autre considération. Ses exigences font de ses dîners des chefs-d'œuvre et les beaux jours de la haute société parisienne. « La Cour refusant tout rôle officiel au duc de Windsor, ils jouaient ce rôle mondain qu'on attendait d'eux. Mais elle ne m'a jamais donné l'impression d'une femme futile. Elle aimait briller le soir, c'est vrai ; et puisque cela plaisait au duc, elle voulait être la plus élégante, la meilleure des maîtresses de maison », conclut Hubert de Givenchy.

La duchesse habille toujours ses tables en grande tenue de ville, du soir ou des champs, selon les circonstances ou le nombre d'invités. Le protocole est précis : il y a « La Table Tête à Tête » : deux photophores en cristal taillé et bougies d'argent ciselé éclairent la table dont une soupière de porcelaine polychrome du XVIIIe siècle occupe le centre. Comme jadis, un « bouillon » individuel est placé dans chaque assiette encadrée de couverts d'argent chiffrés. Les verres sont hauts et fins. Et devant l'assiette, une ancienne tabatière d'argent contient quelques cigarettes. Puis, typique des week-ends au Moulin, existe « La Table des Champs » : tout est en « trompe l'œil », la nappe décorée de légumes, de fruits et de fleurs, les assiettes peintes de fruits, le centre de la table, image d'une corbeille remplie de fruits. Les verres sont en forme de timbales de couleur verte et les couverts ont un manche de bambou. Pour le soir, c'est « La Table Grande Réception » : napperons bordés de dentelle, assiettes en porcelaine à décor très discret de fleurs polychrome, manche des couverts en vermeil : le blanc domine. Deux centres décoratifs en forme de petit temple, quatre bougeoirs en porcelaine assortis aux assiettes composent le décor. Les verres sont simples ; les assiettes pour la salade sont en verre. Devant chaque assiette : tabatière d'argent et pot à crème en porcelaine. Enfin, au sommet du protocole, « La Table Buffet de Gala » : très classique, le buffet est dominé par une paire de grands candélabres d'argent, de style anglais. Les assiettes sont en porcelaine à bordure de couleur et à marli doré ; au centre, la couronne du duc. Les couverts sont en argent du XVIIIe et la verrerie fine est montée sur des pieds travaillés.

Les dîners aux bougies sont les plus mémorables. Ils commencent par une mousse à laquelle succèdent un plat de poisson, un plat de viande, un dessert et un entremets. Avec le potage, on sert du xérès, du vin blanc avec le poisson, un bordeaux rouge avec de la viande (« un vin favorable à la conversation », assure la duchesse) et le champagne au dessert. « Ce n'était pas seulement de bonnes choses, c'était aussi toujours préparé d'une façon amusante, dit Ghislaine de Polignac. La duchesse voulait nous faire des plats du Maryland, du poulet au maïs et aux bananes ou un coq de bruyère à l'anglaise, pané avec le jus dans une saucière d'argent. » « Elle servait du très bon poisson et de très bonnes volailles », ajoute Lady Dudley.

Comme le remarque elle-même Wallis, « dans chaque maison, il y a certains plats, un certain type de dessert par exemple ou une sauce particulière qui font la réputation de la maîtresse de maison. C'est sur ces plats que je compte quand j'invite ». Et la duchesse de se remémorer un dîner lèse-Majesté : « Je crois que je ne pourrai jamais évoquer un dîner sans me rappeler celui que le duc et moi avons donné à des amis d'Angleterre. Je voulais que tout fût parfait. J'avais décidé de servir du loup flambé au fenouil. Le loup est cuit en entier et servi sur un lit de fenouil flambé avec du brandy. J'ai toujours l'impression que notre maître d'hôtel a une façon particulière de présenter ce plat : il le tient, semble-t-il, en équilibre sur le bout des doigts. C'est ainsi qu'il présenta le loup ce soir-là. En s'approchant de moi, il fit un faux mouvement et des brindilles de fenouil enflammées tombèrent sur ma jupe. Je me levai brusquement. Mon invité de droite éteignit le feu avec sa serviette. Fort heureusement, il restait suffisamment de fenouil enflammé dans le plat pour assurer au loup tout son parfum. »

D'ordinaire, les invités sont répartis en deux tables. Le duc se place au haut bout de l'une, la duchesse à celui de l'autre. Une pianiste française, dont le jeu plaît à Wallis, joue pendant le repas. La décoration de la salle à manger, comme celle de toute la maison, est pleine de goût, sans être trop originale. Selon Susy Menkes, « le goût personnel de la duchesse pour la porcelaine est sans frein. Elle collectionne des plats entourés de feuilles en porcelaine, des carlins sculptés, des lions fringants ou de fantasques oiseaux de paradis. Il y a des chandeliers en forme de cops et une magnifique soupière dont la surface grouille d'insectes finement sculptés et des coquilles d'escargot qui s'harmonisent avec les boucles d'oreilles en coquillage que porte la duchesse ».

L'influence américaine est évidente. L'une des spécialités maison est l'« Avocat Tahiti » : des moitiés d'avocat garnies de rhum et de sucre brun. Autre entrée de prédilection : un consommé en gelée avec le centre rempli de caviar et garni de crème fraîche. Wallis prise aussi un

soufflé de poisson à la sauce curry et un dessert appelé
« Glace de Montego Bay », c'est-à-dire un sorbet de
citron vert servi avec un nappage de rhum chauffé. Au
journal *Elle* (le 27 avril 1959), la duchesse confie la liste
de ses desserts favoris : desserts danois aux groseilles,
gâteau aux noix chantilly, tarte à la crème méridionale
et « roulé marquis ». « Elle a été la première à servir le
champagne avec des glaçons, se souvient son ami
Edmund Bory. La glace semble ôter l'acide et le gaz.
Mes amis qui sont les propriétaires de Moët & Chan-
don et de Piper Heidsieck, ne boivent maintenant du
champagne que s'il y a des glaçons dedans. Moi aussi. »
Elle choisit ses invités selon leurs goûts pour les boissons – champagne, bordeaux, spiritueux. Elle inscrit
dans un livre le menu, le vin, la mise de la table, la liste
des invités, le plan de table et les divertissements après-
dîner pour chaque réception. Elle veut éviter toute
répétition.

Curieusement, les fleurs n'apparaissent guère sur
la table des Windsor. La duchesse s'en est expliqué :
« Quand j'entrepris de cultiver des orchidées, une amie
me dit : "Je suppose, Wallis, que vous allez en orner
votre table : je me suis souvent demandé pourquoi vous
ne la décoriez jamais." C'est mon côté Warfield, mon
côté pratique qui me fait fleurir les chambres, mais
rarement les tables. Il n'y a pas de place pour les fleurs
sur la plupart des tables sauf si vous placez vos invités si
loin les uns des autres que chacun se sente isolé comme
s'il occupait une île déserte. Voilà pourquoi je préfère
les centres de tables fleuris. »

On rit beaucoup à la table de la duchesse. Elle a un
grand sens de l'humour mais, quand on répète ses mots
d'esprit, ils deviennent souvent aussi plats qu'un soufflé
qui s'effondre. « C'était comme un échange au tennis,
dira Cole Porter. Elle retournait toujours la balle. » « L'esprit de Wallis était rébarbatif, précise Joanne Cummings.

313

Il dépendait beaucoup de l'ambiance et du rythme. »
« Elle était vive, ce qui, après tout, fait partie de l'intelligence », ajoute Lady Mosley qui précisera dans une interview à Françoise Laot : « Elle adorait danser, dîner avec des gens intelligents. Elle se montrait très drôle, possédait un grand sens de l'humour. Elle est toujours restée très américaine. Avec elle, une conversation ne tombait jamais. Tous ceux qui étaient à la mode et à la page l'aimaient. Elle donnait un air de fête à ses maisons. »

La conversation de la duchesse est rapide et faite de coq-à-l'âne, à la manière de New York. Elle ignore les monologues alambiqués tant en usage dans les dîners anglais. Officiellement, la politique est bannie de la conversation. Mais nul ne fait grande attention à ce détail et la conversation roule souvent sur la politique.

« Elle était très intelligente, avec beaucoup d'intuition et de jugement, remarque Suzanne Blum. Elle faisait preuve d'un sens de l'organisation à l'américaine. Lors de ses réceptions, elle s'efforçait toujours d'assortir les gens avec perspicacité, elle montrait à tous un égal intérêt. Chaque invité avait l'impression, lors des dîners, d'être traité individuellement. »

« Je me souviens... du don extraordinaire qu'elle avait, si plaisant pour les hommes, qui consistait à trouver immédiatement quels étaient leurs centres d'intérêt et qui, immédiatement, devenaient les siens pendant dix minutes », dit Lord Monckton de Brenchley.

En dépit de l'excellence de la chère et des vins, ni le duc ni la duchesse ne mangent énormément : ils font très attention à leur ligne. Selon la coutume anglaise, le duc reste un moment à table avec les hommes, le dîner terminé (ce que déplorent les Français). Quand ils se décident à rejoindre les femmes, la duchesse met tout en œuvre pour que tout le monde s'amuse. Il est des invités qui chantent ; le duc gratifie ses hôtes d'un de ses airs favoris, de sa voix de baryton.

LA VÉRITABLE DUCHESSE DE WINDSOR

Lady Mosley reconnaît : « Avec Wallis, on ne s'ennuyait jamais. Les amis, qui la connaissaient bien, l'appréciaient. Ceux qui l'ont simplement vue ou peu connue trouvaient des choses à critiquer. Elle le complétait merveilleusement. Elle possédait de la gaieté, de l'entrain. Très naturelle, elle savait aussi être comédienne. » Son esprit vif et piquant s'exprime avec l'accent traînant de Baltimore et un phrasé digne d'une actrice.

« Sa vie mondaine n'était pas dénuée de courage : même lorsqu'elle se couchait à 4 heures du matin, elle était debout à 9 heures, assure Suzanne Blum. Ce qui faisait montre d'une robuste constitution pour une personne ayant subi de nombreuses interventions chirurgicales et qui, depuis 1928, souffrait d'un important ulcère à l'estomac. Elle donnait en fait à l'existence une autre couleur, et le duc de Windsor était empli d'admiration. » C'est probablement à Gif-sur-Yvette, puis dans leur hôtel particulier du bois de Boulogne, que le couple a mené la vie mondaine la plus brillante.

En avril 1952, le duc et Wallis font l'acquisition d'un moulin vieux de 353 ans près de Gif-sur-Yvette, à quarante-cinq minutes environ de Paris. (Quand on apprend que les Windsor convertissent un moulin du XVIIe siècle en maison de campagne, le Tout-Paris devient obsédé par l'idée d'acheter et de restaurer de vieux moulins français.) Pour Wallis, il s'agit d'offrir à son mari une « réplique » de Fort Belvedere. C'est presque un acte d'amour et le duc va y transférer tous ses meubles et souvenirs de sa résidence de campagne anglaise tant regrettée.

Fort Belvedere est inséparable de l'histoire du mariage de l'ex-roi. Et si le duc reconstitue à Gif-sur-Yvette le décor où se décida sa destinée, c'est comme l'aveu indirect que Wallis reste pour lui le centre de sa vie. Le roman d'amour commencé dans le Fort aux jolies tours continue dans la gentilhommière de l'Ile-de-France,

315

dans le même décor de meubles, de tableaux et de tapisseries qui vit leurs premiers serments.

Par une étrange coïncidence, le « Moulin-Aubert » (car c'est son nom), comme le Fort Belvedere, abrita dans le passé un roman d'amour légendaire. Sous la Révolution, une meunière y donna refuge à un ci-devant. Elle s'en éprit, mais le réfugié, indifférent, partit pour une autre retraite. La meunière, désespérée, se pendit à la maîtresse poutre de la grande salle.

Wallis se lance dans de longs travaux de redécoration, tandis que le duc crée un jardin dans ce qui a été jadis une série de terrains pour la volaille. Il lui faudra deux ans pour réussir son projet – celui d'un lieu anglais informel. Les jardins français sont typiquement géométriques et équilibrés ; leurs homologues anglais ont l'air plus nonchalants. Le duc créa un jardin dans la plus pure tradition de son pays, entre deux plates-bandes de ses fleurs vivaces préférées qu'au Fort déjà il cultivait avec tant d'amour : delphiniums, chrysanthèmes, phlox et asters. Avant même d'avoir reçu bulbes et plantons, il dessina une rocaille, de l'autre côté de la petite rivière. Profitant d'une source naturelle jaillissant au pied de la colline, il aménagea entre les rochers, avec l'aide d'un maçon, une ravissante succession de petits bassins et de chutes d'eau. Et enfin, il eut l'idée de capter l'eau de la rivière et de la faire retomber, du haut de la colline, en une joyeuse cascade qui alimente bassin et chutes d'eau, bordés d'une profusion de fleurs alpines.

Wallis applique la même attention scrupuleuse au dessin de la maison. Dans le salon principal, elle rassemble des souvenirs de la jeunesse de son mari (trophées du steeple-chase, l'insigne de régiment de la Brigade de Gardes, sa dague de midshipman, bâton de maréchal, et divers autres objets et photographies collectionnés pendant ses voyages en tant que prince de Galles). Si le jardin doit être un souvenir de son foyer anglais, la maison constitue un musée des gloires passées du duc. En haut, la chambre de Wallis est décorée en blanc virginal : énorme lit à baldaquin avec oreillers ornés de dentelles et de broderies de toutes dimensions. Plus loin, dans le couloir, la chambre du duc, plus petite, plus masculine, spartiate, avec son lit pareil à un lit de camp militaire, rouge et or, avec des chaises couvertes de feutre et de daim. La pièce la plus impressionnante est peut-être la pièce principale de la vieille grange, transformée en salon pour le duc (plutôt un musée royal). Des étendards royaux sont dressés contre les murs couverts de portraits du prince de Galles et de cartes des voyages qu'il a faits quand il était jeune. Le bureau sur lequel il a fait son discours d'abdication y est transporté, ainsi que d'autres reliques de Fort Belvedere. Partout, des photographies encadrées du duc en tant que roi, prince, gouverneur ou duc, et de sa famille et de ses ancêtres.

Certains invités au Moulin critiqueront les choix décoratifs. Harriet Culley dira : « Trop de fouillis. On devait se frayer un chemin entre des tables minuscules, chacune couverte de douzaines d'objets minuscules, des bibelots, des miniatures, des petites boîtes. » Et le pointilleux Cecil Beaton trouve le Moulin « excessif et chichiteux. Des médaillons sur les murs, des poufs astucieux, des chaises en bambou. Pas très judicieux ! ». En fait, Wallis a très astucieusement su tirer parti des bâtiments aux poutres apparentes. Pendant plusieurs années, elle a couru les antiquaires et brocanteurs à la recherche d'un Sèvres ou d'un Saxe pour une table ou une vitrine.

Elle adore y recevoir ses amis pour le week-end. Les invitations se font généralement par téléphone. La secrétaire de Wallis, Mlle Hivet, envoie ensuite une carte gravée avec le blason de la couronne ducale (en vert et cramoisi) : « Ceci tient à vous rappeler que le duc et la duchesse de Windsor vous attendent samedi, 1er juin, pour le week-end, à l'heure du thé. » On glisse aussi dans l'enveloppe un itinéraire soigneusement dessiné qui indique les routes d'accès au Moulin. La villa principale des invités comprend deux chambres à coucher et deux salles de bains, reliées par un vestibule bordé d'estampes encadrées du couronnement de George IV, et de la collection des cannes du duc. Une chambre a des murs capitonnés en rose et blanc ; la couverture du lit et les coussins sont roses. Dans cette chambre, Wallis aime disposer deux vases de roses et un vase de glaïeuls. Les draps sont de la maison Porthault (avec les initiales WWW en rose et blanc, surmontées de la couronne ducale). Les oreillers sont ornés de dentelles. (Les draps de Wallis sont changés deux fois par jour – une fois le matin et une fois après sa sieste.) La salle de bains est tapissée en vert. Les invités y trouvent des savonnettes ainsi que des sels de bain, de l'huile pour le bain, de l'aspirine, de l'Alka-Seltzer, et même un désodorisant dans une couverture de tissu éponge de Porthault assortie aux serviettes (qui sont roses et blanches) avec les initiales « E.R. ».

L'autre chambre est destinée à un invité masculin. Elle possède des murs de feutre jaune, des rideaux assortis, et contient un petit bar fourni en whisky, gin, vodka, glace, verres et toute la garniture concevable de cocktail. Dans cette chambre, se trouvent tous les outils de rasage nécessaires – rasoir, savon, brosses, et bouteilles de lotion de rasage et de Cologne, rangés méthodiquement. On trouve aussi une bouteille thermos d'eau glacée, les livres les plus récents sur la table de chevet, avec du papier à lettres et des cartes postales (même des timbres), une plume, de l'encre, des cigarettes avec filtre et sans filtre, ordinaires et mentholées, des allumettes (avec un logo du Moulin en blanc), un briquet et une radio.

Après le goûter, l'invité nouvellement arrivé est censé retourner à sa villa se reposer, prendre un bain et s'habiller pour le dîner. Là, il trouve ses bagages déballés :

tout a été fraîchement repassé et les chaussures cirées. Les tiroirs des commodes et les portes des armoires sont laissés ouverts afin que l'invité voie immédiatement où chaque article est déballé. La chemise du soir de l'homme est sortie, boutons de col à leur place, mouchoir blanc plié dans la poche de poitrine de son smoking, les chaussettes mises à l'envers afin qu'on puisse y mettre les doigts de pied les premiers.

Le dîner du samedi soir au Moulin est toujours en smoking, quoique le duc porte souvent un kilt. Au moment du coucher, l'invité trouve à côté de son lit un menu à accrocher à la porte. Il y détaille l'heure et le choix de son breakfast. Car on prend le petit déjeuner au lit – dans la chambre en rose et blanc sur une porcelaine blanche ornée d'un motif de fraises roses, et dans la chambre jaune sur une porcelaine jaune aux fleurs de même couleur. Plus tard, si le temps le permet, on sert des cocktails d'avant déjeuner sur la terrasse avec l'hôte et l'hôtesse, suivis d'un déjeuner dans la vieille grange. C'est la routine des week-ends au Moulin.

James Pope-Hennessy, séjournant au Moulin dans les années 1950, a laissé une description précise des attentions réservées aux invités : « Aménagée dans les anciennes écuries, la pièce... était fort jolie et commode, et là encore, préparée ou conçue par une perfectionniste ; rien n'y manquait – papiers à lettres, lime à ongles, brosse, fruits, eau glacée, assez de flacons de parfums dans la salle de bains pour remplir une boutique – un délicieux sybaritisme ! »

Ce qui frappe souvent les invités, c'est la gaieté du duc. Certes, après tant d'épreuves, s'il traverse des moments de dépression profonde, la duchesse est toujours là pour lui redonner de l'entrain dans l'ambiance rayonnante qu'elle crée autour d'elle.

Pendant la semaine, les Windsor résident au 4, route du Champ d'Entraînement, près du parc de Bagatelle, dans la partie nord-ouest du bois de Boulogne. Ils s'y installent fin 1952 grâce à la courtoisie de la ville de Paris, qui met une somptueuse villa à leur disposition contre un loyer modique. La grille d'entrée est flanquée de deux piliers de pierre et commande une allée de gravier. Une clôture garnie de pointes entoure le parc planté de grands vieux chênes. La maison en pierre grise du début du siècle est typiquement française. Elle donne une impression de grandeur dont Wallis va tirer parti avec brio.

Cet hôtel particulier, qui mêle avec bonheur l'influence française et anglo-saxonne, devient l'un des plus parfaits exemples de décoration intérieure de l'après-guerre. En y pénétrant, l'on découvre une succession de décors illustrant la perfection et la séduction des Windsor. Avec l'aide de Stéphane Boudin, directeur artistique de la Maison Jansen (la plus réputée de l'époque) et les conseils d'amis comme Elsie de Wolfe qui fait autorité en matière de décoration intérieure, Wallis et Edward s'inventent un monde tout à la fois intime et somptueux, dans un style personnel.

Le résultat est d'une splendeur sans emphase, ornée de beaux meubles et tableaux, où règne une atmosphère royale mais dépourvue de raideur, pimentée par la légère théâtralité qu'aime le couple. L'entrée est dallée de marbre. Un escalier prend sur la gauche. Il y a un grand salon, une spacieuse salle à manger, une vaste bibliothèque avec une grande cheminée et de nombreuses chambres et chambres de service.

L'imposant hall d'entrée peint est éclairé par des candélabres. Dans ce hall, figure une mappemonde allemande posée sur un socle d'acajou. Des miroirs octogonaux scintillent sur les murs. Des fauteuils Chippendale chinois sont disposés partout et un paravent de Coromandel du XVIIIe siècle brille de mille éclats. Au haut de l'escalier, est fixée la bannière de l'ordre de la

Jarretière. Aidée de Boudin, Wallis laisse courir son inspiration dans le salon. Un lustre vénitien a été accroché au plafond.

La bibliothèque ou petit salon, aux murs couverts de reliures précieuses, est dominée par l'imposant portrait de la duchesse peint par Gerald Brockhurst en 1939. On remarque partout en coussins, photos ou porcelaines des carlins et des bouquets de fleurs, dont les chrysanthèmes blancs qu'affectionne tant la duchesse. On note surtout que chaque surface libre est recouverte d'une multitude d'objets précieux : dagues, émaux, sceaux, porcelaines. « La duchesse n'était pas partisane des espaces vides », racontera Joanne Cummings à Suzy Menkes.

Wallis laisse surtout son empreinte dans sa chambre. Elle est bleu lavande, avec des moulures couleur gerbes de blé dorées. Les murs sont tendus de soie moirée et les fenêtres ornées de rideaux mousseux. Au moindre objet est assignée une place déterminée sur la coiffeuse. Des chrysanthèmes jaunes, des pots d'azalées et une orchidée de serre comblent sa chambre de fleurs. A droite, le lit et l'entrée du cabinet de toilette qui mène à la salle de bains. Selon Suzy Menkes, la salle de bains de la duchesse ressemble à une tente de cirque. Le plafond est peint en trompe l'œil avec de grosses rayures et des pompons qui pendent. Sur les murs, une fresque composée de danseurs, de rubans et de fleurs a été créée par l'artiste Dimitri Bouchène.

Un boudoir sépare sa chambre à coucher de celle du duc. Celui-ci prend son thé dans ce salon privé, meublé dans le style anglais de fauteuils confortables et de sofas et jonché de livres et de revues. La duchesse fait sa correspondance dans ce boudoir, sur un secrétaire en laque du XVIIIe siècle dans le style chinois. La chambre du duc est une pièce masculine, dans le style qu'affectionnent les gentlemen anglais : un bureau à dessus de cuir et photos de drapeaux, de soldats et de scènes de chasse. Selon un témoin, « la sensation dominante de cette demeure était celle de la vie, d'une vie pleine de couleur et de dynamisme ». C'est dans ce cadre que le couple passe la plus grande partie de l'année, qu'ils reçoivent lors de dîners raffinés ou donnent même des bals, transformant le hall en salle adéquate après le dîner.

Pour rompre toute monotonie, le duc et la duchesse séjournent chaque année à Palm Beach ou à New York, s'offrent de luxueuses villégiatures à Marbella, Deauville ou Saint-Moritz. « C'était dur de voyager avec tous ces bagages, racontera le majordome Sydney Johnson. Nous partions pour trois mois à chaque fois ; il fallait surveiller cent vingt bagages, veiller sur Son Altesse Royale, préparer son petit déjeuner, s'occuper des chiens et des achats [1]. »

C'est une vie frivole et oisive et leur célébrité fait d'eux une cible de choix pour la presse « people ». Car, aux yeux du public, l'ancien roi-empereur forme avec la duchesse le plus célèbre couple des globe-trotters de la tenue de soirée. Tous les journaux les immortalisent à longueur d'année. Lui en smoking, l'éternel œillet rouge à la boutonnière. Elle est resplendissante, maintenant contre vents et marées son titre de femme la mieux habillée du monde. Le smoking, la robe du soir, c'est évidemment l'uniforme du couple célèbre, dont le destin est de courir le monde, de réception en réception, de gala en gala, arborant toujours un sourire de circons-

---

1. Sydney Johnson est le plus ancien serviteur des Windsor. En 1940, au début de la guerre, à leur arrivée aux Bahamas, où le duc a été nommé gouverneur, les Windsor ont engagé le tout jeune Johnson pour s'occuper d'une cabane, sur la plage, où ils passaient leurs week-ends. Au bout d'un an, ils ont emmené l'adolescent à Governor House (la maison du gouverneur) qu'ils occupaient officiellement. « En 1945, raconte Johnson, la guerre venait de se terminer lorsque nous sommes arrivés à New York pour rentrer en France. J'avais dix-neuf ans. Je n'ai plus quitté d'un pas le duc jusqu'à sa mort. Trente-deux ans de fidèles et loyaux services. »

tance, semblant trouver cette existence mondaine la seule qui vaille la peine d'être vécue.

Ils dictent les modes de la vie parisienne et donnent le diapason de la « café society », pas encore jet-set. La duchesse est pleine d'entrain, de « pep ». « Si vous acceptez une invitation à dîner, vous vous devez moralement d'être amusant », confie la duchesse à Ghislaine de Polignac. « Elle aimait bouger et danser, raconte la princesse de Polignac. Elle avait beaucoup d'énergie. »

Elle fait tout pour distraire le duc et, généralement, y réussit. Les historiens anglais l'ont vouée aux gémonies pour avoir rempli de frivolités une vie vide. Mais le duc a toujours paru s'en satisfaire. Comme l'écrit Cecil Beaton dans son *Journal* : « C'est un couple heureux. Ils ont tendance tous deux à se couper la parole, mais leurs attitudes ne se contredisent pas. C'est pourtant très rare chez deux personnes qui vivent ensemble que l'une soit le reflet de ce dont l'autre a besoin. La duchesse était réellement le reflet de ce dont le duc avait besoin. »

Et leurs intimes sont au diapason. « Je les trouvais si touchants, se rappelle Dina Wells Hood. Il regardait tout ce qu'elle faisait. Il répondait à chaque inflexion de sa voix. Il s'agitait dès qu'elle s'absentait trop longuement. Jamais il n'essayait de cacher ses sentiments. Plus d'une fois, je l'ai vu la prendre dans ses bras et l'embrasser tendrement. Il lui achetait des bijoux exquis. Rien n'était trop beau pour elle. » Et l'ancienne secrétaire du duc de conclure : « Parfois la duchesse l'appelait du fin fond du jardin ou d'une partie de la maison. Tout de suite, le duc abandonnait ce qu'il faisait pour la rejoindre. On l'entendait crier : "Je viens, mon ange" ou "Oui, Darling". Même pendant les dernières années de leur mariage, s'il se couchait avant elle, la duchesse entrait dans sa chambre et trouvait une fleur blanche sur l'oreiller qu'il avait pris soin de déposer. »

XIX

AFFRONTS ET RÉCONCILIATIONS

A LA fin des années cinquante, il semble évident que le divorce entre le duc de Windsor et la Cour de Saint-James reste aussi profond qu'en 1936. Edward demeure persona non grata. Libre de retourner dans sa patrie, il n'a, jusqu'à présent, voulu profiter de son privilège d'ancien monarque qu'en de très exceptionnelles occasions.

Le temps est-il le meilleur avocat du duc ou les rancunes sont-elles tenaces ? La jeune reine Elizabeth peut pardonner à son oncle, mais est-elle capable d'aller jusqu'à accepter Wallis ?

Elle garde cependant une secrète tendresse pour cet « oncle Edward » dont son grand-père critiquait parfois avec un sourire rentré le comportement trop libre à son gré. La raison d'Etat ne lui permet guère de la lui manifester.

Certains faits semblent cependant montrer une évolution dans la rigueur de Buckingham Palace. Et à dire vrai, la sympathie que les Anglais continuent d'éprouver pour leur ancien roi facilite l'action de la souveraine.

LA VÉRITABLE DUCHESSE DE WINDSOR

En avril 1958, le duc de Windsor s'entend officiellement invité à inspecter en uniforme de *field-marshal* les troupes du 12ᵉ lanciers stationnées en Allemagne. On rappelle à cette occasion qu'il n'a porté que deux fois la tenue de chef militaire depuis son abdication : à l'occasion des funérailles de la reine Mary, en 1953 et quelques semaines après, au cours d'une cérémonie de la Garde galloise. Il prend la parole en public sur le sol britannique, pour la première fois depuis son abdication. Cet événement remplit les Anglais d'une vive satisfaction. Le lendemain, sa voiture est arrêtée dans la rue par des passants qui crient : « Vive Son Altesse Royale ! »

Malgré l'obligation de se tenir loin de la vie publique, le duc s'aperçoit ainsi qu'en dépit des années, nul ne l'a oublié. Mais il voudrait que l'on s'aperçût qu'il n'est pas seul et que la duchesse, qui a partagé son sort et son exil, est toujours près de lui.

Or, pour beaucoup d'Anglais, celle-ci demeure l'importune, « l'Américaine divorcée que le prince de Galles n'aurait jamais dû trouver sur sa route... ». Pour d'autres, après des années de combat où elle espéra être reine d'Angleterre, puis épouse morganatique du roi, où elle a lutté pour accéder au rang d'altesse royale et être admise à Buckingham, la duchesse est devenue une « femme de caractère » dotée d'une personnalité profonde et même agressive. Puisqu'elle a renoncé à des espoirs démesurés, ne peut-on lui accorder le pardon ?

Elizabeth II juge néanmoins le pardon prématuré et refuse de trancher. Officiellement, rien ne change. Le temps fait lentement son œuvre.

En 1961, le duc et la duchesse réaniment l'animosité de Buckingham Palace contre eux par quelques initiatives lèse-Majesté. La duchesse de Windsor effectue un retour très remarqué au premier plan de l'actualité avec la publication de ses souvenirs dans une grande revue américaine.

LA VÉRITABLE DUCHESSE DE WINDSOR

On ne manque pas aussitôt de voir dans cette initiative le signe d'une révolte pleine d'aigreur et de rancune contre la famille royale. « Mon mari, depuis son abdication, a été puni comme un petit garçon qu'on fesse tous les jours pour une seule bêtise qu'il a faite. Le manque de dignité de la monarchie à son égard a quelque chose d'offensant... », affirme la duchesse.

Autre nouvelle propre à énerver l'Establishment, la presse annonce bientôt : « La télévision américaine a déniché une nouvelle grande vedette du petit écran. Ses prochains débuts sont attendus avec une curiosité sans égale. Cette vedette racontera tout simplement sa vie, en commentant les images qui en ont fixé les étapes principales : elle touchera pour cela la somme de 140 millions de francs. Un cachet royal... » Il ne peut en être autrement pour l'ex-roi d'Angleterre. Car c'est bien le duc de Windsor qui jouera son propre rôle dans une série d'émissions placées sous ce titre : « L'histoire d'un roi. »

Entamées en mars 1961 à New York, les négociations entre le duc et les producteurs aboutissent finalement à l'automne. Les préparatifs et le tournage s'annoncent longs, mais Buckingham Palace peut craindre le pire.

Car ce documentaire n'est pas un film comme les autres. C'est celui d'un roi qui a régné sur le Royaume-Uni durant 327 jours et qui est entré dans l'Histoire le 327e jour. Avec, comme personnage principal, lui-même, Edward VIII, sous son nom actuel : duc de Windsor. Cet événement est sans précédent en Grande-Bretagne – et sans doute unique au monde.

Pareille initiative surprend un peuple qui place le trône hors des contingences politiques, le hisse plus haut, comme un symbole prestigieux dont la permanence est indispensable et d'ailleurs indiscutée. Le fait qu'un souverain, après avoir abdiqué et mené une existence riche de phases qui n'ont pas toujours la qualité

« royale », s'exhibe à l'écran au soir de sa vie, ne peut que paraître le signe d'une déchéance.

Sans doute, à l'époque du contrat, le duc est-il heureux de toucher un énorme cachet – le même que celui remis précédemment à Winston Churchill pour figurer dans « Les Années vaillantes », tourné également par Jack Le Vien. Sans doute, l'ex-roi est-il satisfait aussi de pouvoir envoyer, par l'entremise du cinéma, quelques flèches pointues vers Buckingham Palace, puisqu'il n'a plus grand espoir, alors, d'être « réhabilité ».

Devant ce projet de film, à la Cour d'Angleterre, on maugrée, on fait grise mine. Les partisans du duc ou simplement de l'apaisement familial feignent d'ignorer son existence.

Quant aux irréductibles adversaires de la duchesse, ils tirent argument sur argument de ce qu'ils appellent une « intolérable mascarade » pour renforcer leur position. Et on ne se prive pas d'établir la longue liste des excentricités du couple, tant le duc et la duchesse, aux yeux des puristes royaux, ont toujours fait parler d'eux par des initiatives dont on a mal discerné l'utilité ou le bon goût. L'Angleterre toujours un brin victorienne rappelle, par exemple, que le duc n'hésita pas à prêter naguère ses traits pour la publicité d'une lotion faciale !

Ces mêmes censeurs répètent avec assurance qu'on n'aurait jamais dû voir un ancien roi s'exhiber en chaussettes et se livrer ainsi, tout souriant, à d'allègres exercices de « jumpologie » qui consistent à sauter sur place, à pieds joints, le plus haut possible sous l'œil amusé du photographe. (En 1958, le photographe Philippe Halsman demande aux grands de ce monde de sauter devant son objectif. « Dans le saut, dit Halsman, le sujet ne peut pas contrôler à la fois ses muscles et son expression. Le masque tombe. La vérité profonde apparaît. » C'est ce moment que le photographe choisit pour appuyer sur le bouton ! Halsman essuya d'abord un refus de Wallis. « Non, non, jamais ! » dit la duchesse de Windsor, quand Halsman lui demande : « Voulez-vous sauter, Altesse ? » Aussi, quelle ne fut pas la surprise du père de la jumpologie, lorsque, quelques mois plus tard, elle lui proposa elle-même de sauter. « Quand je vous ai refusé de sauter, expliqua-t-elle, j'étais en train d'écrire mes mémoires : accablée par mes responsabilités – car je devais peser chaque mot pour ne pas indisposer le peuple anglais –, je n'avais pas l'esprit libre. Aujourd'hui que mon œuvre est terminée, je puis m'adonner de tout cœur à la jumpologie. Voyez... » Et, faisant voler ses escarpins (ce qui, en jumpologie, distingue les caractères avisés), la duchesse sauta, les bras croisés (signe d'humilité). Stimulé par cet exemple, le duc, qui assistait à l'entretien, se déchausse à son tour – détail fort important car, de tous les « sujets » de Philippe Halsman, c'est le seul cas de jumpologiste en chaussettes. C'est avec une souple détente, digne du lion britannique, que l'ex-roi Edward VIII s'élève au-dessus du sol. Puis, pour couronner cette contribution royale à la jumpologie, le couple célèbre saute de concert, toujours déchaussé, la main dans la main.) Et les censeurs ajoutent encore, avec une moue significative :

« Certes, ils ont un train de vie fort coûteux, mais le duc et la duchesse, rien qu'en narrant à intervalles réguliers divers épisodes de leur existence dans des livres et des magazines du monde entier, ont gagné près d'un milliard et demi. Leur signature vaut de l'or !... »

Mais avant que le film ne soit présenté, la santé du duc de Windsor ne cesse de se dégrader. Il subit une opération à cœur ouvert dans le service du Dr Michael de Bakey au Methodist Hospital de Houston au Texas en décembre 1964. Le duc souffrait d'un anévrisme de l'artère abdominale. Il fut décidé de l'opérer immédiatement, car la défaillance de la paroi artérielle présentait un danger grave ; une rupture était à craindre, ce qui pouvait être fatal. A l'époque, on ne pratiquait pas encore de greffe. Le spécialiste en la matière était le Dr Michael de Bakey. Puis le duc passe plusieurs semaines à Londres pour une grave opération aux yeux à la London Clinic, en février 1965. A l'arrivée du duc, un bouquet envoyé par la reine l'attend dans sa chambre. Et le 15 mars, après le succès de l'opération [1], une visite de celle-ci semble comme officialiser une réconciliation. La duchesse accueille la souveraine par une révérence et Elizabeth s'entretient quinze minutes avec son oncle.

Puis, le 19 mars, lorsque le duc et la duchesse s'installent au Claridge, la reine revient rendre visite au couple. Edward en profite pour régler les futurs détails de son enterrement. Elizabeth II lui promet qu'il pourra être enterré dans l'enceinte du cimetière royal de Frogmore, mais réserve sa réponse quant au cas de Wallis. La « réconciliation » semble presque officielle.

Tous les Britanniques s'en réjouissent sans réserve. Le 4 avril, c'est à bord d'un avion de l'escadrille royale que le duc et la duchesse rentrent en France. Cette attention d'Elizabeth, après quelques autres, fortifie beaucoup l'idée de voir la duchesse réhabilitée.

Lorsque, le 20 mai 1965, 2 600 invités saluent de leurs applaudissements, dans le cadre du Victoria Hall, à Londres, la première projection mondiale d'un film au titre très sobre : « Histoire d'un roi », le duc est absent de la salle. Il a diplomatiquement préféré ne pas y assister. Car, pour beaucoup de Londoniens, c'est une faute. Il n'était pas opportun de présenter un tel long métrage, alors que, voici quelques semaines à peine, la reine vient d'amorcer une réconciliation.

---

1. Sir Stewart Duke-Elder utilisa des rayons laser pour souder la rétine récalcitrante derrière le globe oculaire. Une seconde opération fut nécessaire pour traiter la membrane qui transmet les impressions lumineuses au nerf optique.

LA VÉRITABLE DUCHESSE DE WINDSOR

A cause de ce film, tout risque d'être remis en question. Comment ne pourrait-il pas aller à l'encontre des vœux d'Elizabeth ? Pour elle, pour la Cour, la récente rencontre de la London Clinic avec son oncle devait commencer à tirer un trait sur le passé. Or, voici que le film arrive très malencontreusement pour tout briser, raviver un passé douloureux. Aucun spectateur ne peut rester insensible à certaines scènes principales du film, telle celle de l'abdication. Cette phase historique a été reconstituée avec une minutie exemplaire. La réussite est totale : un grand souffle pathétique passe sur l'écran et des yeux s'embuent dans la salle. En ce cas, le mieux est l'ennemi du bien. En effet, le film incite irrésistiblement à revenir en arrière. A vivre ou à revivre, à penser, à juger, à prendre parti. Donc, à briser le bienfaisant effet de l'éloignement dans le temps qui a tant compté pour Buckingham Palace.

Et il faut bien reconnaître que cette opinion n'est pas infondée. On peut, en effet, s'étonner sans restriction de la complaisance manifestée par le duc à l'égard de Jack Le Vien, le réalisateur. Il lui a confié ses films personnels ; il a accepté en signant le contrat une clause lui laissant entière liberté pour la rédaction du scénario. Et le duc n'utilise pas toujours la langue de bois. Ainsi, précise-t-il devant la caméra qu'il n'a jamais reçu, contrairement aux rumeurs, le moindre sou du gouvernement britannique depuis son abdication. Il n'a même pas touché la retraite de général à laquelle il avait pleinement droit ! (Ce passage sera supprimé au montage, comme plusieurs autres. On devine que c'est à la demande expresse du duc. Car Edward est conscient – un peu tard, semble-t-il – des réactions que ces propos pourraient causer. De même, on coupe des séquences où la duchesse de Windsor tient la vedette. Elles auraient, en 1965, une résonance plutôt fâcheuse.)

LA VÉRITABLE DUCHESSE DE WINDSOR

En février 1966, le couple se rend à la Première parisienne du film dans un cinéma sur les Champs-Elysées ;
le duc en smoking, un œillet rouge à la boutonnière, la
duchesse très élégante dans un manteau de lamé or sur
fond corail posent très droits devant le Tout-Paris et
leurs invités : la maharanée de Baroda, la duchesse de
Noailles, la duchesse de Montesquiou, le comte de
Ganay, le prince Galitzine, André Maurois... Tout de
suite, on est surpris par la grande lassitude du duc de
Windsor. Ebloui par les flashes des photographes, il
s'empresse de protéger ses yeux derrière des lunettes
noires. Le duc, qui vient de subir une nouvelle intervention chirurgicale destinée à soutenir une vue déclinante,
a, malgré ses lunettes, beaucoup de mal à supporter
l'éclairage violent du hall et les « spots » de la télévision.
Si bien que la duchesse, le prenant par le bras, doit littéralement le guider jusqu'à la rampe d'escalier où il
peut prendre appui.
Après la projection, très ému, le couple se tient par la
main. Le duc rechausse ses lunettes noires, se lève,
s'appuie plus fermement sur le bras de la duchesse.
Lentement, il gravit les marches du cinéma devant une
haie de spectateurs. Les traits tirés, le visage visiblement
bouleversé, il murmure : « C'est le dernier film que
je verrai [1] ! » Dans une interview, quelques jours plus
tard, Wallis confiera : « Oui, nous sommes parvenus à
créer notre propre bonheur. Nous avons réussi, en
dépit de toutes les prévisions de nos détracteurs. Mais
ce ne fut pas facile pour nous. Et il ne se passe pas de
jour que je ne songe, malgré mes efforts pour oublier, à
tout ce à quoi il a renoncé pour moi. Je l'ai ressenti de
façon encore plus inéluctable quand j'ai vu le film terminé. Son film. »
Mais la publicité et diverses péripéties empoisonnent

---

1. Il assistera à la Première américaine du film en juin 1967.

à nouveau les relations entre le duc et Buckingham Palace. En effet, le duc se trouve placé au centre d'un procès à Palerme (il n'y est pour rien si une Sicilienne de quarante-huit ans, Giovanna Russo, se prétend sa fille pour mieux réussir des opérations illégales). Quant à la duchesse, ces dames de Buckingham Palace réagissent curieusement en apprenant qu'elle s'habille, désormais, à Paris, dans une boutique spécialisée dans le style « yé-yé » et danse le twist chez « Régine ». Evidemment, ce ne sont là qu'événements mineurs. Mais le côté anecdotique des faits les plus menus prend parfois, outre-Manche, un relief particulier. Surtout pour des gens aussi pointilleux, aussi imbus de leurs prérogatives, aussi acharnés à prolonger la pénitence du duc et la punition de la duchesse...

En fait, dans les mois qui suivent l'opération à Londres du duc de Windsor, on a l'impression très nette qu'on a péché par excès de précipitation, en mars-avril 1965, en clamant la fin de la brouille. Bien sûr, la reine a fait le premier pas, un pas décisif, en se rendant à la London Clinic. Mais il reste un long chemin à parcourir, plus long qu'on ne l'imaginait. La valse-hésitation rythme toujours les relations entre les deux camps. Rien n'atteste officiellement le retour en grâce du duc et de la duchesse. Chacun, en Angleterre, attend une initiative de Buckingham Palace. En vain.

Comme si le rétablissement physique du duc, après ses graves opérations à l'œil, freinait étrangement son « rétablissement » statutaire à l'ombre de la Couronne. En particulier, aucune mesure n'est prise pour rendre justice à la duchesse, pour ouvrir à l'ex-Wallis Simpson les portes qu'on lui ferme obstinément, depuis 1937, dans les bastions de la noblesse britannique.

On en vient à se demander si Elizabeth n'aurait pas été contrainte par certains membres influents de la Cour, prisonniers du sacro-saint respect des lois et aussi de leur hostilité à l'égard de Mrs Simpson, de faire machine arrière, de donner un coup d'arrêt à ce renouement familial. Ces fameux conseillers auraient fermé les yeux sur ses initiatives, mais le danger écarté, ils auraient ensuite déconseillé fermement à la reine d'aller jusqu'au bout de ses intentions.

Parmi les rigoureuses recommandations, celle-ci : rien à la duchesse. Qu'elle demeure ce qu'elle est : une étrangère. De fait, dans les mois qui suivent, Wallis reste tenue à l'écart des invitations adressées au duc, des projets établis à Buckingham Palace pour lui. Ainsi, parmi d'autres exemples, l'affaire Brixham. Le duc est convié à présider la course traditionnelle de chalutiers, dans le port de Brixham, et à récompenser les vainqueurs, au nom de la reine. C'est dans cette ville déjà qu'à l'âge de dix-huit ans, il a effectué son premier geste officiel, en clôturant la même compétition. L'intention de Buckingham Palace est donc très claire et très aimable. Hélas ! trois fois hélas ! point d'invitation pour la duchesse. Le duc décline donc. Car il tient, dans cette cruelle petite guerre, à se montrer aussi inflexible que ses adversaires. On lui inflige encore des affronts, mais il ne cédera pas plus qu'auparavant.

Il martèle la condition qu'il met à son retour officiel au sein du royaume : que son épouse soit faite altesse royale. On ne veut rien savoir en haut lieu où l'on se retranche derrière un amas de considérations religieuses et protocolaires.

« L'Histoire est irréversible », a coutume de murmurer le duc, en hochant tristement la tête, lorsqu'on évoque son cas devant lui.

Sans doute, à sa sortie de clinique, était-il habité d'un immense espoir. Celui d'une réversibilité probable. Mais, quelques mois après, il doit convenir, très amèrement, au fond de lui-même, qu'il s'est trompé. Ou qu'on l'a trompé, ce qui est plus grave. De la si

333

tenace rancune qu'on nourrit encore contre lui peut-il enfin triompher ? A l'évidence, la reine mère joue son rôle dans cet ostracisme.

Nouveau coup de théâtre, le 5 juin 1967 : les Windsor sont invités à l'inauguration d'une plaque à la mémoire de la reine Mary à Saint-James Palace. Une occasion exceptionnelle de voir le couple avec la famille royale. Photographes et caméras se précipitent lorsque la reine accueille son oncle et sa femme. Les courtisans ne peuvent retenir leur stupéfaction en voyant la reine mère se pencher pour embrasser son beau-frère.

Mais le plus piquant est la rencontre entre Wallis, très élégante dans un manteau bleu Givenchy, et la reine mère, dans une tenue beaucoup plus vaporeuse et colorée. Selon la comtesse de Romanones, gracieusement, mais froidement, la reine mère tend la main à Wallis, qui avec beaucoup d'audace et un singulier manque de goût néglige de faire la révérence. Lorsqu'on lui en demande plus tard la raison, la duchesse déclare d'un ton cassant : « Elle a empêché les gens de me faire la révérence, alors je ne vois pas pourquoi je lui en ferais une. » Wallis et Edward terminent leur séjour britannique par un week-end à Broadlands chez Lord Mountbatten.

Peu après, le duc (seul cette fois) revient en Angleterre (ce sera d'ailleurs sa dernière visite) pour les obsèques à Windsor de la princesse Marina de Grèce, veuve de son jeune frère, le duc de Kent. Plus tard, le duc et « tante Wallis » recevront au fil des ans quelques visites familiales : Alexandra de Kent, Michael et Marie-Christine de Kent. La réhabilitation suit son cours.

En 1970, Lord Mountbatten vient dîner chez le couple. Quelques mois plus tard, celui-ci a les honneurs d'un dîner de gala à la Maison-Blanche offert par Richard et Pat Nixon. Et, en octobre 1971, l'empereur Hirohito du Japon et son épouse sont reçus à dîner

334

dans la maison du bois de Boulogne. Mais la visite qui comble le duc et la duchesse est celle, impromptue, du prince Charles à l'automne. A son biographe Jonathan Dimbleby, le prince de Galles a laissé le témoignage de la rencontre : « Mon grand-oncle avait l'air en très bonne forme, quoique voûté et obligé de se servir d'une canne. L'un de ses yeux demeurait presque constamment fermé, à la suite d'une opération de la cataracte, mais à part cela il avait visiblement envie de parler et faisait sans cesse de grands gestes, tout en serrant un énorme cigare... Pendant que nous conversions, la duchesse voltigeait çà et là comme une étrange chauve-souris. Elle est incroyable pour son âge, et abuse visiblement des liftings, si bien qu'elle peut à peine parler et garde les dents crispées et les muscles du visage immobiles. J'ai vraiment eu l'impression d'une femme dure – totalement dénuée de sympathie et assez superficielle. Très peu de réelle chaleur humaine ; le charme de l'hôtesse parfaite mais pas le moindre sentiment... »

Wallis et Edward sont touchés par la délicatesse de Charles, et la duchesse lui en gardera de la reconnaissance jusqu'à sa mort. D'autant que la santé du duc est déclinante. A la suite d'une biopsie, on détecte une tumeur cancéreuse dans le larynx. Il endure alors pendant quarante jours, avec un courage stoïque, un traitement au cobalt, disant à son secrétaire particulier : « Je ne suis pas vraiment malade. C'est à cause de ces médicaments que je me sens tellement mal. » Mais son entourage le sait mourant.

S'affaiblissant davantage, il est opéré en mars 1972 d'une double hernie à l'Hôpital américain de Neuilly. Wallis, effondrée, ne quitte pas un seul instant le chevet de son mari. On informe bientôt Buckingham Palace de l'état de santé exact du duc. Or, la reine doit effectuer un voyage officiel (à l'invitation des Pompidou) à Paris au mois de mai. Elizabeth II fixe la date du 18 pour revoir son oncle. Comme un décès prématuré peut tout compliquer, tous les efforts sont entrepris pour maintenir le vieux duc en vie, et on le nourrit par piqûres intraveineuses de glucose.

L'instant le plus émouvant et le plus pathétique du séjour officiel de la reine Elizabeth en France en 1972 est sans aucun doute cette visite. La souveraine, le prince Philip et le prince Charles sont accueillis sur le perron de l'hôtel particulier du bois de Boulogne par la duchesse, un membre de l'ambassade de Grande-Bretagne et le secrétaire du duc. Ce dernier n'a pas été autorisé à quitter sa chambre.

Enfin, vient un tête-à-tête entre la reine et le duc, tandis que les princes Charles et Philip prennent le thé avec Wallis dans la bibliothèque. Afin de recevoir la reine, le duc a insisté pour quitter son lit, se faire habiller et asseoir dans une chaise. Les tubes qui le maintiennent en vie sont dissimulés derrière son siège. Il va jusqu'à accueillir sa nièce debout. La reine a des paroles chaleureuses et consolatrices. Cette visite constitue pour lui une ultime joie : celle d'une réconciliation définitive. Et le monde entier peut ensuite contempler sur le perron de l'hôtel particulier du bois de Boulogne la duchesse escortant avec élégance ses hôtes jusqu'à la Rolls-Royce royale.

Dix jours plus tard, si l'on en croit le témoignage de son majordome, le duc veut écrire quelques lettres : « Je le levai et l'assis à son bureau, mais, tremblant trop, il fut incapable de tenir son stylo. Je lui conseillai de manger quelque chose, par exemple de ces harengs finlandais qu'il aimait tant avec des œufs brouillés. Mais ce n'était pas de manger qu'il avait besoin, me dit-il. "Ils me nourrissent par les veines, Sydney. Tout cela est fini pour moi et je n'ai besoin de rien. Je n'ai envie de rien non plus, sinon peut-être de pêches avec de la crème." Je me ruai en bas à la cuisine et lui remontai plusieurs pêches avec de la crème que je déposai devant lui. Il commença d'élever la cuillère à sa bouche, mais il tremblait tant qu'il ne pouvait manger. Aussi lui donnai-je à manger. Il mangea toute la crème. Alors, il se sentit fatigué et voulut retourner dans son lit, aussi je l'épongeai comme je faisais toujours et le replaçai dans son lit, puis je tirai les rideaux. Ce fut la dernière fois que je le vis vivant. »

Le duc sombre peu après dans le coma.

XX

CRÉPUSCULE

LE 29 mai 1972, vers deux heures du matin, les médecins réveillent la duchesse pour la conduire au chevet de son époux. Elle a juste le temps de le prendre tendrement dans ses bras avant qu'il murmure un dernier mot : « Chérie » et meure.

Pétrifiée, presque muette, la duchesse ravale ses larmes. Sydney Johnson, le fidèle majordome du prince, la reconduit doucement dans sa chambre où elle va rester des heures sans rien dire, comme anesthésiée, vidée, incapable de la moindre réaction.

Dans le petit matin, radios et télévisions annoncent le décès du duc. Il faut réagir. Wallis fait demander au public et à la presse de ne pas assiéger la maison. Elle téléphone elle-même au couturier Hubert de Givenchy et lui demande son aide, dans un ultime effort de maîtrise d'elle-même. Ce qui prouve bien la confiance illimitée qu'elle lui accorde.

Le couturier se souvient : « La duchesse m'a appelé immédiatement, et je suis arrivé dans leur maison du bois de Boulogne à l'aube. Pour la première fois, je la

338

voyais effondrée, elle qui maîtrisait toujours parfaitement ses émotions. En larmes, les cheveux défaits, vêtue d'un simple peignoir, les carlins du duc serrés contre ses jambes... Son chagrin était immense. "Hubert, pourriez-vous me faire très vite une robe et un manteau pour les obsèques ?" Je l'ai assurée que tout serait fin prêt et nous avons travaillé jour et nuit avec mon équipe, sans un instant de repos. »

Comme l'a souligné Jean-Noël Liaut, la duchesse sait que seul un homme comme Hubert de Givenchy peut comprendre ses priorités en de telles circonstances. « Pour la duchesse, Hubert fut bien plus que son couturier favori, un homme du monde à qui il était inutile d'expliquer l'importance du protocole lors d'une cérémonie aussi importante. Son éducation, mais aussi le milieu dans lequel il évoluait depuis toujours, jouaient en sa faveur, alors que ses confrères, aussi talentueux fussent-ils, ignoraient de telles nuances », souligne leur ami commun Walter Lees.

Autre souci pour la duchesse : l'arrivée des embaumeurs. Mais le majordome du duc supervise cette délicate tâche. Bientôt, de très nombreux visiteurs de marque se manifestent à l'hôtel particulier des Windsor, tels Umberto d'Italie ou Maurice Schumann. Mais Wallis ne peut voir personne. Le mercredi 31 mai, au début de la matinée, quelques DS noires quittent discrètement l'hôtel particulier du bois de Boulogne, pour l'aéroport du Bourget. On apprend à la dernière minute que la duchesse de Windsor n'accompagne pas la dépouille mortelle de son mari. Motif officiel : ses médecins lui ont interdit, pour l'instant, de voyager. Elle est trop faible et se trouve prise de telles crises de larmes qu'en dépit de ses efforts, elle ne peut prendre le même avion.

Un triste et bref adieu sur le seuil de la demeure. Au Bourget, le « VC 10 » de la reine, « Mac Cudden », attend. Le maréchal de l'air, Sir Henry Bruton, est responsable du voyage. Le pilote, Dennis Lowery, est celui qui amena la reine en France quinze jours auparavant. Une garde d'honneur, une escouade d'officiels, des représentants du protocole, quelques Anglais. On joue les hymnes nationaux. Le vent soulève un coin de l'étendard personnel du prince de Galles recouvrant le cercueil de chêne anglais. On peut lire sur la plaque de cuivre : « SAR le prince Edward, Albert, Christian, George, Andrew, Patrick, David, duc de Windsor. Mort en 1972. Roi Edward VIII du 20 janvier au 11 décembre 1936. »

Moins d'une heure plus tard, c'est l'arrivée à la base aérienne de Benson, dans le comté d'Oxford (autrefois créée par le prince de Galles). Seuls, le duc et la duchesse de Kent représentent la famille royale. Ils sont arrivés en hélicoptère dix minutes plus tôt. Auprès d'eux, l'ambassadeur de France, Geoffroy de Courcel, un maréchal, trois vice-maréchaux, une garde d'honneur de cent soldats. Le duc de Windsor a lui-même prévu le cérémonial (ce qu'il ignorait, c'est que depuis un an l'on répétait régulièrement tous les trois mois). Le cercueil est porté sur les épaules de huit sous-officiers. L'on gagne, sur la base même, la petite église de l'Ascension et la bière est déposée dans la chapelle élevée à la mémoire du prince Albert. Un bref service religieux est présidé par le Vénérable Leonard Ashton. Un acte s'achève. Le voyage solitaire se termine le lendemain, au château de Windsor.

Le second acte se joue sur l'aéroport de Londres, à l'arrivée de la duchesse de Windsor, accueillie par Lord Mountbatten. Stoïque, mais bien misérable, elle demande pourquoi le prince Charles n'est pas là et confie à « Dickie » Mountbatten son appréhension de voir la reine mère. Il fait de son mieux pour tenter de la rassurer.

La voiture prend rapidement le chemin de Buckingham, où un appartement a été réservé à la duchesse.

LA VÉRITABLE DUCHESSE DE WINDSOR

C'est celui qui est utilisé par les membres de la famille dans les circonstances exceptionnelles. Les Windsor font tout pour la mettre à l'aise, mais Wallis est atterrée par la tristesse du lieu. Il semble que, très éprouvée et bouleversée de se trouver en des lieux où elle ne fut jamais admise du vivant de son mari, elle n'ait guère quitté sa chambre. Même pour les repas. Le premier jour, on la voit se promener seule, vingt minutes, dans les jardins. Des amis viennent la voir et sont reçus brièvement (parmi eux, la comtesse Dudley). La famille royale respecte ce désir d'effacement. Elle reprend d'ailleurs très vite le cours de ses engagements officiels.

Le samedi 3 juin, c'est la fameuse parade militaire du « Trooping the colours » marquant l'anniversaire officiel de la reine. On a hésité à supprimer la cérémonie, puis on l'a maintenue en la dédiant en partie à la mémoire de celui qui fut le prince de Galles, puis le roi Edward VIII, puis le duc de Windsor. Une minute de silence est observée. Puis, les cornemuses des « Scots Guards » entonnent le chant préféré du duc : *Les Fleurs de la Forêt*. Encore presque incapable de bouger et de parler, la duchesse suit les cérémonies à la télévision dans son appartement du palais. Elle est sous sédatifs, mais le son des cornemuses que son mari aimait tant lui fait verser un flot de larmes. Elle est secouée. A un moment de la parade, se dessine la silhouette pathétique de la duchesse à l'une des fenêtres du palais.

Pendant ce temps, le catafalque drapé de bleu, recouvert de l'ancien étendard du prince de Galles, surmonté d'une seule couronne très simple de la duchesse, est dressé dans la chapelle Saint-George, à quelques mètres seulement des tombeaux du roi George V et de la reine Mary, ses parents. Dans la soirée, la duchesse se rend à la chapelle Saint-George en compagnie du prince Charles et de Lord Mountbatten, et se recueille devant le catafalque en ce jour anniversaire de leurs trente-cinq ans de mariage. Le prince de Galles l'a décrite, debout et solitaire dans la nef presque vide : « Minuscule et fragile silhouette noire, contemplant le cercueil, puis s'inclinant brièvement... Tandis que nous nous tenions là, elle répétait sans cesse : "Il a renoncé à tant pour si peu" – en se désignant elle-même avec un étrange rictus. »

Le lundi 5 juin, ont lieu les obsèques en présence de presque toute la famille royale, jusqu'au roi de Norvège (quoique le duc de Gloucester, son seul frère survivant, soit trop malade pour y assister). Le cercueil, déposé la veille au Mémorial du prince Albert, est porté par une escorte du premier bataillon des Gardes gallois. Trois hommes suivent, portant les décorations. C'est le doyen de Windsor qui officie (l'archevêque de Canterbury et primat d'Angleterre donnera l'absoute). Le corps est descendu dans la crypte aux accents de la « Sonnerie aux morts », puis du « Réveil », exécutés par les trompettes de la « Horse Cavalry ». La cérémonie ne dure pas plus d'une demi-heure.

Comme le dira l'acerbe député travailliste Ian Mikardo, « du vivant d'Edward Windsor, lui et sa femme furent condamnés par la Cour, l'Eglise et le gouvernement. Maintenant, avec une hypocrisie ridicule, ils rendent au mort l'hommage qu'ils refusèrent au vivant. Il a fallu que la duchesse porte des voiles de deuil pour être admise au palais de Buckingham. C'est une sinistre plaisanterie ».

Le prince Philip offre quelques instants son bras à la duchesse de Windsor. Puis la reine s'approche d'elle et lui parle à l'oreille. A la suite du service, Wallis se joint à la reine et la famille royale pour un déjeuner ; après quoi un petit groupe, dont fait partie la reine mère, se rend en voiture à Frogmore pour la mise en terre. L'inhumation à Frogmore est réservée à l'intimité familiale. Elle se déroule très rapidement, dans ces lieux qu'aima tant autrefois le prince de Galles. Il repose désormais au milieu des chênes et des massifs de rhododendrons, tout près d'un petit lac.

Puis, à Windsor, toute la famille se rassemble sur les marches du château pour dire adieu à la veuve, élégante mais bien frêle, troublée par l'âge et le chagrin. On lui renouvelle l'assurance qu'elle sera enterrée aux côtés de son mari, mais elle remarque, fidèle à son cynisme habituel, que l'espace disponible est très exigu. Elle dit à l'archevêque de Canterbury : « Je sais bien que je suis une femme très mince et petite, mais je ne pense pas pouvoir tenir dans un espace aussi étroit. » Aussitôt après, sans prendre le temps de la traditionnelle tasse de thé, Wallis regagne Paris par un avion de la reine. Aucun membre de la famille royale ne vient l'accompagner à l'aéroport. « Une sortie teintée de chagrin... avec la même ombre éternelle de tristesse qui fait de sa romance l'une des plus grandes histoires d'amour de l'Histoire », écrira le *Daily Mirror*.

Toute la presse et l'Establishment y vont alors de leurs commentaires. La BBC note : « Ce fut beau, simple et digne. Avec juste ce qu'il faut de cérémonial et beaucoup d'émotion. L'extrême ferveur populaire balaya tout à coup trente-cinq années de semi-indifférence et relégua dans l'oubli l'attitude, jugée aujourd'hui trop sévère, de la famille royale à l'égard de l'un des siens. Il n'y eut ni faute de goût, ni concessions excessives, ni trop de révérences ni pas assez. »

Devant la Chambre des Communes, Edward Heath évoque en termes émouvants la mort de l'ex-monarque, en concluant par l'éloge de la duchesse « qui a répondu à sa dévotion par une loyauté, une présence et un amour identiques. C'est elle que cette mort frappe avant tout, et les Communes lui expriment leur profonde sympathie ». Chef de l'opposition, Harold Wilson y ajoute l'expression de son admiration, en disant : « Nous espérons qu'elle se sentira libre à tout moment de revenir parmi nous communiquer librement avec le peuple pour le service duquel vécut son mari, prince de Galles, roi et duc. »

Quant à James Pope-Hennessy, il écrivit dans le *Sunday Times* le plus bel éloge funèbre du duc : « Les personnages royaux britanniques firent montre au XIXe siècle et au début du XXe siècle d'un incontestable sens du devoir, qui allait de pair avec la conviction tacite de faire preuve de grande vertu en se dévouant ainsi "pour le bien du peuple". Or, le duc de Windsor, alors prince de Galles, s'attaqua violemment à cet état d'esprit. Il s'efforça, et avec succès, de moderniser la conception de la monarchie britannique. Et c'est cette perception très vive de ce qu'il avait tenté et accompli qui lui a donné plus tard l'impression d'avoir été traité avec ingratitude en 1936 et par la suite. Pour ce qui est de l'abdication, en décembre 1936, le duc resta toujours persuadé qu'il n'avait pas eu le choix et qu'il n'avait d'autre solution que d'épouser Mrs Ernest Simpson et d'abandonner le trône. Le fait que son opinion se heurtait à celle de toute sa famille, de presque tout le pays et de tout l'Empire ne l'ébranla pas le moins du monde. [...] Il ne fut pas un grand homme, mais fut incroyablement humain. »

C'est épuisée que la duchesse retrouve Paris. Le duc lui a laissé toute une fortune, évaluée à trois millions de livres, sans compter sa collection de bijoux. Le gouvernement français l'informe qu'on ne lui demandera pas de droits de succession. Comment va-t-elle vivre matériellement jusqu'à sa mort en 1986, soit quatorze années après celle du duc ?

« Sans problèmes particuliers, assure Me Suzanne Blum, son avocate. Elle avait de quoi vivre, mais il fallait compter. Ses biens étaient soigneusement gérés. Le duc lui avait tout légué, mais il s'agissait surtout de meubles, d'œuvres d'art. Elle ne s'est séparée de rien. Jusqu'au dernier jour, elle a conservé auprès d'elle son majordome, Gaston Sanègre – George – qui était à son service depuis 1948. Il y avait une lingère, deux femmes de chambre, dont l'une secondait l'infirmière, un chauffeur, un jardinier. Rien à voir avec les vingt-huit domestiques qui servaient le duc et la duchesse à une certaine époque. On a écrit, à tort, qu'elle ne payait pas de loyer, qu'elle était l'invitée de la ville de Paris. C'est inexact : la somme qu'elle versait était légale, bien qu'assez faible. Mais il faut dire aussi que fin 1952, lorsque le duc s'installa au Champ d'Entraînement, il avait payé une très forte reprise. En outre, les installations somptuaires de l'intérieur, signées Jansen, restent à la ville de Paris. La duchesse n'était pas une femme d'argent. Elle ne s'en préoccupait pas. Du vivant du duc, elle dépensait sans compter. Lui, faisait plus attention [1]. »

Car Mᵉ Blum, dans les semaines qui suivent la mort du duc, s'impose dans son rôle d'ange gardien de la duchesse. Certains parleront plutôt de cerbère ! Elle protège Wallis de l'insistance de la presse, des biographes et photographes. Suzanne Blum est l'une des personnes au monde qui ont le mieux connu le duc et la duchesse de Windsor, sans vraiment être une intime. Avocat honoraire au Barreau de Paris, veuve du général Georges Spillmann, qui fut l'un des compagnons de Lyautey, elle n'eut pas accès seulement à l'un des aspects de leur vie, mais à tous : royal, politique, mondain, financier. Dans son appartement proche de l'hôtel Matignon, elle les reçut souvent. La confiance s'installa, et Suzanne Blum devint la conseillère amicale de la duchesse, traitée comme ce qu'elle fut vraiment, une amie de trente ans. « J'ai besoin de vous, comme toujours », lui écrivait Wallis, après la mort du duc. Mᵉ Blum eut comme assistant Michael Bloch qui

---

1. Interview *Point de Vue*, n° 1970.

fut chargé de « l'héritage éditorial » du duc et de la duchesse de Windsor. Il publia la correspondance du couple de 1931 à 1937 et plusieurs livres sur les Windsor (voir bibliographie). Mᵉ Blum rédigea aussi le testament de la duchesse, quelques mois après la mort du duc.

Lord Mountbatten presse en effet Wallis de le faire en faveur de la famille royale. Il a bien entendu l'espoir d'être inclus dans la liste des bénéficiaires et il va même jusqu'à rédiger lui-même un projet de testament. Mais la duchesse n'est pas dupe : « Ils ont spolié mon mari de tous les biens qui lui revenaient », déclare-t-elle à Mᵉ Blum scandalisée. Pourtant, la Cour d'Angleterre mise sur le retour des collections du duc à la Couronne en espérant une donation au prince Charles. Mais la duchesse proscrite ne peut pas pardonner et ne veut donc pas en entendre parler.

A la fin de 1972, la duchesse rédige, en toute lucidité avec Mᵉ Blum, son testament. Elle n'y apportera plus aucune modification, si ce n'est de détail. En 1986, ses amis ne seront pas étonnés de sa teneur. La duchesse de Windsor ne fait aucun mystère de son désir de léguer sa fortune à des fondations, particulièrement pour animaux (tous deux adoraient leurs chiens – des carlins ; ils en eurent jusqu'à six à la fois, à qui ils parlaient comme s'ils étaient des enfants). C'est finalement l'Institut Pasteur dont elle fait son légataire universel, mais elle n'omet pas de stipuler qu'« aucune somme provenant des legs ne pourra être utilisée, ni directement, ni indirectement, pour la vivisection ». De nombreux dons sont également prévus pour des fondations : la Fondation Anne-de-Gaulle, la Fondation Claude-Pompidou pour les handicapés, pour l'Institut de cancérologie de Villejuif, pour l'Hôpital américain de Neuilly.

Ainsi, elle prévoit de léguer tous ses bijoux à l'Institut Pasteur (les commissaires-priseurs de Sotheby's vendront à Genève, en avril 1987, trois cent six pièces – dont vingt colliers, vingt-six bagues, vingt-cinq bracelets et trente-quatre paires de boucles d'oreilles) [1].

Son hôtel particulier du bois de Boulogne est l'une de ses passions. Elle a voulu en faire une demeure vraiment royale – une couronne dorée est suspendue à la lanterne de l'entrée – et, du temps de la splendeur, les valets de pied portent la livrée bleu et argent aux insignes des grenadiers de la Garde. L'ameublement est plus que raffiné, avec de précieux sièges et commodes du XVIIIe siècle français, des toiles, de multiples objets de collection.

C'est le château de Versailles qui hérite de la plus grande partie des meubles du XVIIIe siècle ; le Louvre, des tableaux et de deux précieuses boîtes en or, dont l'une a appartenu à la marquise de Pompadour ; et la Manufacture de Sèvres, une collection de porcelaines. En fait, pendant plusieurs années, le Louvre gardera ses toiles afin qu'elles ne s'abîment pas, mais la duchesse en aura l'usufruit et aurait pu les reprendre à n'importe quel moment.

Cette générosité et cette élégance à l'égard de la France constituent un remerciement pour l'attitude du pays à leur égard, leur octroyant notamment le statut diplomatique, qui les exempte d'impôts. La famille royale n'est cependant pas tout à fait oubliée... Des dons sont prévus en bijoux pour la duchesse de Kent, pour la princesse Alexandra et la princesse Michael de Kent. A sa mort, la duchesse de Windsor laissera une fortune de 50 millions de francs.

Mais le veuvage a métamorphosé Wallis. Elle s'enfonce peu à peu dans la solitude. Elle reçoit de loin en loin, toujours aussi soignée. Elle évoque alors sa vie avec Edward et on la surprend parfois à chantonner de vieilles valses. Mais le vide se fait autour d'elle. Elle n'a

---

1. La vente rapporta, en 1987, 300 millions de francs.

jamais eu d'enfant, tous les membres de sa famille sont morts. Elle abandonne sa serre d'orchidées ; elle est hantée par la terreur des cambrioleurs et vit claquemurée derrière un système d'alarme ultraperfectionné. Un pistolet est constamment posé sur sa table de nuit. Elle refuse qu'on change le moindre détail à la chambre du duc et passe des journées à fixer son portrait. Seuls ses carlins constituent une douce consolation.

Sa santé se fragilise et, en novembre 1972, elle se casse le col du fémur. Seuls quelques amis tels Hubert de Givenchy parviennent à la distraire et à l'entraîner dans un semblant de vie mondaine. « Après la disparition de son époux, Hubert fut son chevalier servant, l'accompagnant très souvent dans les quelques sorties qu'elle acceptait encore, précise Lady Diana Mosley. Wallis lui accordait une confiance illimitée, et il a toujours été à la hauteur de ce sentiment. Combien de fois ne sont-ils pas venus dîner chez moi à Orsay, au Temple de la Gloire ? Nous parvenions à la dérider, ce qui est une consolation lorsque l'on pense à sa fin affreuse, coupée du monde dans une solitude absolue. Hubert restera à jamais lié aux dernières heures de bonheur de celle pour qui un homme avait renoncé au trône de l'empire le plus puissant du monde. »

Lady Diana Mosley, qui fut voisine des Windsor en 1954 dans la vallée de Chevreuse, précise : « Après la mort du duc, elle s'est sentie terriblement seule. On continuait à l'inviter, mais elle est tombée malade. Elle avait pris l'habitude d'être adorée. Il faut se souvenir qu'elle n'avait pas de parents, ni de frère, ni de cousin. Elle n'avait personne d'autre que lui. Lorsque je dis qu'elle était comédienne, il faut le comprendre dans le meilleur sens du mot. Jamais elle n'aurait laissé entrevoir qu'elle souffrait. Elle faisait preuve de beaucoup de courage. Elle ne se laissait jamais aller et faisait semblant d'avoir toujours de l'entrain. »

LA VÉRITABLE DUCHESSE DE WINDSOR

En 1974, la duchesse trouve la force de prendre le bateau pour New York. Johanna Schütz, sa secrétaire suisse (qui restera à son service jusqu'en 1978), l'accompagne. A un journaliste qui l'interpelle à son arrivée à New York, elle déclare : « Je ne sors pas beaucoup et je suis très seule. » La princesse Margaret et Lord Snowdon, en visite officielle aux Etats-Unis, en profitent pour lui rendre visite. Le temps de voir pour la dernière fois quelques amis, Wallis repart à bord du *Raffaello* vers l'Europe. Une ultime fois, elle se rend à Frogmore sur la tombe de son mari et rentre à Paris.

Le 13 novembre 1975, elle est victime d'une grave hémorragie due à un ulcère à l'estomac ; il est vrai qu'elle se contente pour toute alimentation de petits verres de vodka. Elle doit rester des mois à l'Hôpital américain de Neuilly, ne regagnant son domicile qu'au début de l'été 1976, dans un état de santé délabré. Des photographies prises par le paparazzi Daniel Angeli au télé-objectif la montrent dans son jardin, silhouette émaciée à la tête pendant d'un côté. Puis, elle disparaît complètement, gardant le lit, tandis que des infirmières se relayent auprès d'elle vingt-quatre heures sur vingt-quatre.

Comme l'a raconté elle-même l'avocate de la duchesse, « il fallait qu'elle soit très forte, physiquement et moralement, pour résister successivement à une hémorragie de l'estomac, à une occlusion intestinale, à une septicémie foudroyante, à des ennuis pulmonaires. Jusqu'en 1976-1977, elle pouvait encore recevoir ses amis, bavarder. Puis elle était toujours consciente, mais ne suivait plus les événements. Aux quelques questions qu'on lui posait, elle répondait par "yes" ou "no" ». Une sorte de léthargie. Le cerveau a été touché, mais le cœur demeure excellent. Elle est tout le temps alitée et elle ne profite même plus de l'air de la terrasse.

Elle est alors constamment surveillée par le docteur Jean Thin, de l'Hôpital américain, qui a soigné le duc de Windsor. C'est à deux hommes qui sont ses fidèles que nous devons d'avoir aujourd'hui un témoignage sur ses derniers jours. L'un est Gaston Sanègre, son major-dome. L'autre est le docteur Jean Thin. L'hôtel particulier de la route du Champ d'Entraînement, au bois de Boulogne, n'est plus le rendez-vous du Tout-Paris raffiné. Les lourdes grilles de fer forgé demeurent obstinément fermées, si ce n'est pour laisser passer presque quotidiennement le docteur, ainsi que, de temps à autre, Mrs Hibbert, ambassadrice de Grande-Bretagne, ou son avocate, Mᵉ Suzanne Blum. Elles pénètrent dans la demeure où tout est comme autrefois, mais ne montent pas jusqu'à la chambre du premier étage où repose la duchesse, presque sans mémoire, presque sans souvenirs, presque sans vie. L'une apporte des messages ou des fleurs de la part de la reine. La seconde veille sur le bon ordonnancement de la maison, le courrier et les affaires de la « Grande Dame » déjà entrée dans la légende.

Comment se passe alors une journée de la veuve de l'ex-roi Edward VIII ? Dès 8 heures du matin, l'une des trois infirmières et gardes-malades qui s'occupent d'elle en permanence procède à sa toilette matinale et l'habille. A cette heure-là, elle revêt une robe de chambre en soie. On l'installe dans son fauteuil pour le petit déjeuner : assiette de céréales et thé. Elle passe le reste de la matinée à regarder journaux et gravures, son siège près de la fenêtre qui donne sur le parc. De là, en été, elle peut poser le regard sur les beaux massifs fleuris du jardin. Entre le breakfast et le lunch de 13 heures, une autre garde complète la toilette. Elle brosse sa longue chevelure, jadis réputée pour son noir de jais, aujourd'hui poivre et sel. Mais la duchesse est toujours coiffée avec autant de soin. Elle se maquille aussi, ou du moins on le fait pour elle, avec raffinement et, pour finir, la garde pose une touche de parfum en choisissant parmi une quantité de flacons de grandes marques qui s'alignent sur la coiffeuse. Parfois, des larmes viennent gâter le maquillage, on les essuie doucement. Elle revit chaque jour l'amour extraordinaire qu'elle connut avec lui, car elle garde en permanence auprès d'elle le portrait de celui qui lui sacrifia un royaume.

Comme il est d'usage, le duc et la duchesse avaient chacun leur chambre. A la mort de son mari, la duchesse a interdit que l'on touche à quoi que ce soit dans ses appartements à lui. Sur le lit, la couverture aux armes du duc est toujours étendue, et, sur le bureau, on peut voir son stylo posé sur un bloc de papier. La duchesse elle-même a gardé sa chambre telle qu'elle était, sans la faire refaire, depuis des années : peinte en vert, jouxtée à la salle de bains privée. Un seul meuble y a été remplacé par un lit d'hôpital, plus commode pour les soins. « Elle ne survit, je crois, dit son médecin, que grâce au souvenir du duc. Elle avait totalement arrêté de recevoir. D'où certains ragots qui m'ont insulté. On a dit qu'elle était morte et que je payais une femme de ménage pour tenir son rôle ! Dans quel but ? Elle vit certes cloîtrée. Sa main gauche est quasiment paralysée. L'alliance qu'elle porte toujours sera sciée pour libérer l'annulaire gauche où elle entrave la circulation du sang. Un crève-cœur de plus. »

Une solitude pathétique que tend à minimiser Mᵉ Blum dans un entretien avec Françoise Laot, la seule journaliste avec qui la redoutable avocate eut de bons rapports : « Sa chambre est emplie de fleurs ; elle aperçoit par la fenêtre celles du parc qu'elle aimait tant. Jusqu'à ces derniers temps, on lui faisait écouter de la musique. Elle semblait y trouver un certain plaisir. J'ai de ses nouvelles tous les jours, mais je ne la vois plus. Elle aurait détesté qu'on puisse la contempler dans cet état. On la coiffe tous les jours, sa peau est demeurée très blanche et lisse. Elle ne souffre pas. Elle vit dans le cadre qu'elle a aimé, entourée de la fidélité de son personnel qui n'a pas changé : il y a toujours le majordome "Georges", et sa femme, Ophelia, ainsi que le même chauffeur. Elle n'est transportée à l'Hôpital américain que pour de brefs examens. »

En fait, Mᵉ Suzanne Blum, plus proche et plus responsable encore depuis que la duchesse gît, inerte, dans sa chambre du premier étage, est la gardienne de tout, filtre les visites avant d'écarter les importuns, veille à la gestion de ses biens, s'assure que la marche de la maison est aussi bien réglée qu'auparavant. Tous les dimanches, elle vient prendre une tasse de thé avec le majordome, fidèle depuis près de quarante ans. Tous les soirs, un « bulletin de santé » est téléphoné à Suzanne Blum par le majordome : c'est en général : « Etat stationnaire. Rien à signaler. »

Puis les deux dernières années deviennent plus graves. Il faut nourrir la duchesse par voie intraveineuse. Elle va traîner ainsi un état végétatif jusqu'à sa disparition, le 24 avril 1986. Lorsqu'on accusa presque Mᵉ Blum d'acharnement thérapeutique, celle-ci répondit : « Pas du tout. Son cœur était excellent, elle avait une tension normale, un pouls de jeune fille, elle dormait bien sans l'aide de tranquillisants. Tous les membres de sa famille américaine sont d'ailleurs morts très âgés, sa tante avait cent ans... Pourquoi aurait-on précipité sa fin ? Le drame est qu'elle fit une grave hémorragie gastrique et qu'il y eut probablement un défaut d'irrigation du cerveau durant son transfert à l'Hôpital américain de Neuilly. Elle perdit le réflexe de la déglutition ; elle dut être alimentée artificiellement par une sonde nasale. Elle ne parlait plus, mais comprenait ce qu'on disait. Les deux dernières années, seuls son médecin, son majordome, ses femmes de chambre la voyaient. Son état paraissait stationnaire. Elle entendait très bien, comprenait certaines choses. Voyait-elle ou non ? On ne sait pas... » Et quand on accusa Mᵉ Blum d'avoir complètement isolé la duchesse (car, pendant toutes ces années, même ses vieux amis n'obtenaient pas l'autorisation de lui rendre visite. Ceux qui se rappelaient à son souvenir recevaient en réponse des cartons imprimés, envoyés par le secrétariat de son avocate), celle-ci répondit : « Les visites étaient mauvaises pour elle. Cependant, les demandes affluaient. Certains voulaient apercevoir la duchesse, comme on le fait pour une bête curieuse. Je n'ai pas voulu que sa demeure devienne la succursale du jardin zoologique voisin. »

Interrogé sur son état, le Dr Thomas Hewes, doyen de l'Hôpital américain de Neuilly, répondit avec réalisme : « La duchesse est un légume. Son état est lamentable. Mais je pense qu'elle ne souffre plus. » « Georges », le fidèle majordome, note pourtant des signes qui indiquent que la duchesse n'a pas totalement sombré dans un état végétatif. Comme il le racontera à un visiteur illustre : « Ici, nous avons cru longtemps qu'elle ne percevait plus rien du monde extérieur. Les médecins l'affirmaient. Nous avons même fini par nous habituer à ce mot "légume" qu'ils employaient volontiers. Pourtant, la semaine dernière, j'ai changé d'idée. Oui, je m'étais dit, je ne sais pourquoi, qu'il y avait bien longtemps que son lit était à la même place. J'ai demandé aux infirmières de m'aider à en changer l'orientation. Le lendemain matin, quand je suis entré dans sa chambre, je me suis approché du lit. Elle pleurait. Je lui ai demandé : "Votre Altesse préfère-t-elle que je remette le lit là où il se trouvait ?" Je n'ai, bien entendu, obtenu aucune réponse. Le lit a regagné sa place. Elle a cessé de pleurer. »

C'est finalement une broncho-pneumonie qui l'emporte le 24 avril 1986. Wallis est entourée du Dr Thin, qui a veillé sur elle, toutes ces dernières années, avec un exceptionnel dévouement, de ses infirmières, de son majordome. On fait appel à l'un des plus grands pneumologues de Paris, mais, le jeudi matin 24 avril, elle a 40° de température. Elle est perdue. Elle entre dans le coma et cesse de respirer quelques instants plus tard. Il est 11 heures du matin. Maître Blum précisera : « Elle est morte avec les secours de la Religion. C'est le Révérend Père James R. Leo, le doyen américain de la cathédrale épiscopale de Paris, qui a lu la prière des mourants. Elle était protestante, très croyante, sans être pratiquante assidue ; le Révérend venait souvent la voir, priait pour elle au chevet de son lit. »

Wallis disparaît à l'âge de quatre-vingt-dix ans. L'avocate de la duchesse met en marche l'annonce officielle de sa mort et le déroulement des obsèques. Depuis de longues années, tout est prévu dans les moindres détails. Elle appelle aussitôt l'ambassadeur de Grande-Bretagne à Paris, qui fait prévenir la reine. Buckingham diffuse alors le communiqué. Le bulletin du palais paraît moins d'une heure après le décès. On est, à la Cour, en pleine visite officielle du roi et de la reine d'Espagne. Elizabeth décide que le deuil familial sera pris pour six jours, à compter du départ de Sophie et Juan Carlos, et qu'il s'achèvera au lendemain des obsèques à Frogmore.

L'après-midi, à 15 h 30, a lieu le départ du corps de la duchesse. Le Lord Chambellan, Lord Airlie, envoyé de la reine Elizabeth, l'ambassadeur de Grande-Bretagne à Paris et Lady Fretwell, Didier Bariani, secrétaire d'Etat aux Affaires étrangères, rendent un dernier hommage à la duchesse. Quelques instants plus tôt est arrivé le Révérend Père Leo, doyen de la cathédrale américaine de Paris. Il confiera : « Elle était en paix avec Dieu et heureuse. Je lui ai donné les derniers sacrements quelques minutes avant qu'elle ne meure. Elle était consciente. Je la connaissais depuis sept ans. Parfois, elle me parlait. Lorsqu'elle ne le pouvait pas, nous nous regardions. Je lui lisais la Bible. »

LA VÉRITABLE DUCHESSE DE WINDSOR

Les portes de l'hôtel particulier s'ouvrent. Le Lord Chambellan sort en premier, suivi de l'ambassadeur et de son épouse. Parmi les personnalités, on reconnaît Paul-Louis Weiller. Le doyen apparaît à son tour, précédant le cercueil de chêne sur lequel a été posée une gerbe de lis blancs. Le cercueil vient d'Angleterre. Les pompes funèbres françaises ont travaillé en collaboration avec un établissement britannique. Personne n'est venu se recueillir dans la demeure des ducs de Windsor, mais cent cinquante à deux cents personnes ont signé le registre à l'ambassade. On a remarqué la présence de diplomates, de Britanniques et de Français de la génération de la duchesse.

Le simple cercueil de chêne est ramené en Angleterre dans un avion de la reine. Le duc de Gloucester accueille la dépouille de la duchesse sur la base militaire de Benson et l'accompagne jusqu'au château de Windsor. Le mardi 29 avril 1986, à 16 h 30, une page de l'histoire d'Angleterre se tourne dans ce château de Windsor, symbole de la pérennité monarchique. Autour de la Famille royale, prennent place en la chapelle Saint-George une centaine d'amis de la duchesse de Windsor. Parmi eux, de nombreux Français, rappelant que ce pays fut une grande terre d'accueil pour celle qui vécut un demi-siècle d'exil [1].

Wallis, duchesse de Windsor, a les funérailles qu'elle souhaitait : un service religieux simple et dénué de pompe, qui la conduit jusqu'à Frogmore rejoindre Edward pour toujours. La famille royale est là, respectant

---

1. M. Gérald Van der Kemp, ancien conservateur en chef du château de Versailles, et son épouse, le baron Guy de Rothschild, la baronne Fred de Cabrol, Alexandre, Mme Gaston Palewski, la princesse Bismarck, Mme Manuel Prado, Mme Jacqueline Thome-Patenôtre, le couturier Hubert de Givenchy et Mme Mario Soldati représentent ce Tout-Paris qui avait fait du duc et de la duchesse de Windsor leur « roi » et leur « reine » d'après-guerre.

plus qu'à la lettre les vœux de discrétion. Le sermon ne fait jamais allusion à leur histoire ; il y a un seul cantique, un seul hymne, chanté par le chœur de la chapelle Saint-George : « Tu l'établiras dans la paix parfaite. » Egalement, une seule gerbe de lis blancs et orange sur le cercueil de chêne clair, porté par un détachement de la Garde galloise, don de la reine. Un service privé de vingt-huit minutes où tout paraît assez irréel à force d'être impersonnel, même s'il y a quelques instants d'émotion avec la peine évidente du prince Charles, le regard noyé de la reine lorsqu'elle apparaît en haut des marches de la chapelle Saint-George. Pourtant, à cet instant, aucun retour en arrière, aucun geste ne peut plus être accompli. Celle qui aurait pu être la reine Wallis ne sera jamais Altesse Royale, comme Edward VIII l'avait tant demandé et souhaité ; elle n'aura pas droit à l'hommage populaire des Anglais.

Le dernier chapitre de la « love-story » s'achève lorsque le Lord Chambellan, Lord Airlie, verse de la terre sur le cercueil et que le doyen de Windsor prononce les dernières paroles chrétiennes. Au bout de quatorze années douloureuses, les restes mortels de ce couple célèbre se trouvent réunis : la duchesse repose enfin dans sa tombe auprès de celle du duc sous les frondaisons de Frogmore, à quelques pas du mausolée de la reine Victoria.

ANNEXES

ANALYSE GRAPHOLOGIQUE DE L'ÉCRITURE DE LA DUCHESSE DE WINDSOR

L'analyse graphologique met en évidence chez elle une intelligence analytique. L'ensemble du graphisme traduit, en caractéristique dominante, la tendance à adopter plutôt une position défensive. Position d'une femme qui, d'une part, choisit sa ligne de pensée et d'action très tenace, n'entend pas être contrée dans ses idées ou dans ses projets, qui, d'autre part, souhaite fortement préserver son indépendance et son intimité.

Cela contraste d'autant plus avec sa signature. Une signature solaire, rythmée par un «Wallis» très marqué et une «Duchess of Windsor» qui l'est moins. Selon la graphologue Jacqueline Rochard, cette grande signature, assez impérieuse, s'accorde la place à laquelle son auteur estime avoir naturellement droit. Très consciente du prestige attaché à son titre, la duchesse de Windsor tient néanmoins à affirmer, par une sorte de défi orgueilleux, qu'elle n'entend pas renoncer à l'authenticité de sa personnalité, symbolisée par son prénom. Elle est d'abord Wallis, et puise dans cette indépendante et solitaire fierté son énergie et sa détermination à ne jamais se soumettre aux préjugés. Dotée d'une intelligence virile et dynamique, mais réfléchie parfois jusqu'au calcul, contrôlant fort bien – si besoin est – son émotivité et sa nervosité autoritaire, elle a, des situations et des avantages concrets, une approche très lucide et nullement détachée. Tout ce qui pourrait nuire aux privilèges d'une existence brillante est intuitivement repoussé. Esprit indépendant, caractère entier, elle tient à distance la discussion et la critique, mais se meut dans le monde avec une courtoisie élégante et enjouée, non dépourvue de charme. Esthète fastueuse mais sans vanité, elle possède d'incontestables dons artistiques.

THÈME ASTRAL

La duchesse de Windsor est née le 19 juin 1896, à 16 h 31, en Pennsylvanie, sous le signe des Gémeaux, ascendant Verseau. Une signature astrale d'une grande force avec deux pôles assoiffés d'absolu.

Si l'on analyse de très près son thème astral, l'on remarque que la plupart des planètes se trouvent en dessous de la ligne d'horizon (ascendant/descendant), indice d'une personnalité introvertie, secrète, ayant besoin de temps pour s'épanouir et utiliser son potentiel, souvent dans la seconde partie de la vie, passé quarante ans...

L'amour? La grande affaire de sa vie. Même si, avec beaucoup de planètes en Gémeaux (dont Vénus), elle était plus une cérébrale qu'une profonde romantique... Le mariage? Lié à son ascension sociale comme à ses rapports avec l'étranger.

Comme le remarque l'astrologue Andrée Hazan, avec le Sagittaire en maison X (destinée), sa planète Jupiter dans le signe royal du Lion, en maison VII (le mariage), Wallis Simpson ne pouvait se lier qu'avec des personnages de haut rang. Et c'est à la maturité (vers la quarantaine) que cette femme si élégante (Lune en Balance, la féminité d'abord!) vivrait un très grand épanouissement, lié à un extraordinaire amour. Une vie brillante qui n'aurait pu être ordinaire; un Pluton fort empêchait banalité ou chemins habituels. «Notre destin est-il inscrit dans les étoiles ou dépend-il de nous?» écrivit, un jour, la duchesse de Windsor...

LE PATRIMOINE DU DUC
ET DE LA DUCHESSE DE WINDSOR :
La double trahison de Mohamed Al-Fayed !

Lorsqu'elle meurt en 1986, Wallis Simpson, duchesse de Windsor, lègue ses biens à l'Institut Pasteur. Et la ville de Paris, propriétaire de la villa «prêtée» au couple royal récupère à Bagatelle la demeure.

Or, Maître Suzanne Blum (l'exécuteur testamentaire de la duchesse et son avocate) veut tout faire pour que la maison devienne un musée dédié au duc et à la duchesse.

Se présente alors le richissime Mohamed Al-Fayed. Il achète à l'Institut Pasteur pour 14 millions de francs tout le mobilier du duc et de la duchesse. Mohamed Al-Fayed s'engage à ne revendre aucun meuble pendant cinq ans et, s'il est contraint d'en céder, de le faire dans la plus totale discrétion.

D'autre part, Al-Fayed obtient de Jacques Chirac, alors maire de Paris, le droit de louer à Bagatelle la demeure des Windsor pour une somme symbolique. Le cahier des charges l'oblige à assurer la restauration et l'entretien de la maison et d'y installer un musée à la mémoire du couple légendaire.

Dans un premier temps, le père de Dodi s'acquitte fort bien de sa tâche. Il restaure les superbes pièces et les aménage avec le mobilier et les objets des Windsor, rachetés à leur légataire universel, l'Institut Pasteur.

Le résultat est sidérant : on s'y croirait. Dans la salle à manger, la table est dressée avec un service en porcelaine et de l'argenterie anglaise ; dans la bibliothèque, au-dessus de la cheminée, est accroché un portrait de la duchesse.

Mais quand au 1ᵉʳ trimestre 1997 meurt Suzanne Blum, Mohamed Al-Fayed décide de se débarrasser de tout (44 000 souvenirs) et d'offrir la demeure à Dodi et à sa future compagne ou épouse. Il veut brusquement faire table rase du passé et se séparer des encombrants souvenirs de Wallis et Edward. Et il oublie donc la promesse de musée faite à la France. Scandale.

Pour le Pr Maxime Schwartz, directeur de l'Institut Pasteur : « L'Institut a bien envisagé une procédure pour attaquer la vente, mais le déménagement du mobilier et sa vente à New York ont rendu une telle action juridiquement impossible. » Pour l'Institut Pasteur « cette dispersion est un véritable désastre ! »

Du côté de la mairie de Paris, plusieurs élus dénoncent également le non-respect par Al-Fayed du bail qui le lie à la ville de Paris. *Time Magazine* voit même dans la vente de Sotheby's « une deuxième mort de la duchesse de Windsor ».

La vente doit initialement avoir lieu en septembre 1997. Mais, dans la nuit du 31 août 1997, une Mercedes s'encastre dans un poteau du pont de l'Alma. Trois morts, un blessé grave, et un père effondré, Mohamed Al-Fayed, incapable de mener à bien la vente de la collection des Windsor. Le décès brutal d'un couple en passe de devenir, lui aussi, mythique, a donc accordé un bref sursis aux souvenirs de feux Edward et Wallis.

Finalement, 32 000 lots sont mis en vente par Sotheby's en février 1998 pendant neuf jours, battant des records. L'hôtel particulier des Windsor est désormais un sanctuaire vide.

LES DÉTAILS DU BAIL
DE LA DEMEURE DES WINDSOR
ACCORDÉ À MOHAMED AL-FAYED
(communiqués par le Domaine privé de la Ville de Paris)

— Mort de la duchesse de Windsor en 1986.
— Entrée dans les lieux de Al-Fayed en 1987.
— Bail de 25 ans (jusqu'en 2012).
— Pas de tacite reconduction.
— Loyer : 1,2 million de francs par an.
— Obligation pour le locataire d'assurer la restauration et l'entretien de la demeure jusqu'à hauteur de 30 millions de francs de travaux.
— Clause particulière : interdiction de toucher aux éléments de décoration du hall, de l'escalier et des pièces de réception. (Interdiction de remplacer ou modifier les peintures, boiseries, rampe du hall, escalier et pièces de réception du bas.)

BIBLIOGRAPHIE

ALEXANDRE, *Sous le Casque d'Alexandre*, Solar, 1972.

ALLEN, Martin, *Le Roi qui a trahi*, Plon, 2000.

BEATON, Cecil, *The Wandering Years, Diaries: 1922-39*, Weidenfeld & Nicolson, 1961.
The Parting Years, Diaries: 1963-74, Weidenfeld & Nicolson, 1978.
Self-Portrait with Friends (éd. Richard Buckle), Weidenfeld & Nicolson, 1979.

BIRMINGHAM, Stephen, *Duchess, The Story of Wallis Warfield Windsor*, Little Brown & Company, USA, 1981.

BLOCH, Michael, *The Duke of Windsor's War*, Weidenfeld & Nicolson, 1982.
Operation Willi, Weidenfeld & Nicolson, 1984.
Wallis & Edward: Letters 1931-1937, Weidenfeld & Nicolson, 1986. Traduites en France chez Perrin par Jean-Luc Barré.
The Duchess of Windsor, St Martin Press, 1996.

BOCCA, Geoffrey, *Presque Reine*, Presses de la Cité, 1955

BRYAN III, Joe, et MURPHY, Charles, *The Windsor Story*, Granada, 1979.

CHANNON, Sir Henry, *Chips: The Diaries of Sir Henry Channon* (éd. Robert Rhodes James), Weidenfeld & Nicolson, 1967.

COOPER, Diana, *The Light of Common Day*, Rupert Hart-Davis, 1959.

COWARD, Noel, *The Noel Coward Diaries* (éd. Graham Payn et Sheridan Morley), Weidenfeld & Nicolson, 1982.

CRAWFORD, Marion, *The Little Princesses*, Cassell, 1950.

DECAUX, Alain, *L'Abdication*, Perrin, 1995.

LA VÉRITABLE DUCHESSE DE WINDSOR

DONALDSON, Frances, *Edward VIII*, Weidenfeld & Nicolson, 1974.

HIGHAM, Charles, *La Scandaleuse Duchesse de Windsor*, Jean-Claude Lattès, 1989.

KING, Greg, *The Duchess of Windsor*, Aurum Press, 1999.

LUDWIG, Emil, *La Vie Romanesque d'Edouard, Duc de Windsor*, Fayard, 1937.

MENKES, Suzy, *Le Style Windsor*, Le Chêne, 1987.
The Royal Jewels, Grafton Books, 1985.

MOSLEY, Diana, *The Duchess of Windsor*, Sidgwick & Jackson, 1980.
A Life of Contrasts, Hamish Hamilton, 1977.

PONSONBY, Sir Frederick, *Recollections of Three Reigns*, Eyre & Spottiswoode, 1951.

POPE-HENNESSY, James, *A Lonely Business* (éd. Peter Quennell), Weidenfeld & Nicolson, 1981.

ROSE, Kenneth, *King George V*, Weidenfeld & Nicolson, 1983.
Kings, Queens and Courtiers, Weidenfeld & Nicolson, 1985.

SOTHEBY, *The Jewels of the Duchess of Windsor*, Sotheby's, 1987.

THORNTON, Michael, *Royal Feud*, Michael Joseph, 1985.

VICKERS, Hugo, *Cecil Beaton*, Weidenfeld & Nicolson, 1985.
Le Royaume Secret des Windsor, Abbeville Press, 1996.

WARWICK, Christopher, *Abdication*, Sidgwick & Jackson, 1986.

WHITE, Palmer, *Elsa Schiaparelli*, Aurum Press, 1986.

WILSON, Edwina H., *Her Name was Wallis Warfield*, E. P. Dutton, New York, 1936.

WINDSOR, The Duchess of, *The Heart has its Reasons*, Michael Joseph, 1956.

WINDSOR, The Duke of, *A King's Story, The Memoirs of the Duke of Windsor*, Putnam, New York, 1947.
A Family Album, Cassell, 1960.

REMERCIEMENTS

Toute biographie est un puzzle dont les pièces sont rassemblées avec l'aide de témoins, d'historiens, d'organismes et de collectionneurs que je me dois de remercier avec une profonde gratitude.

A Londres : Peter Bird, Patricia Desmond, Joan Griffith, Jacqueline Masur, Robert Lacey, la British Library, l'Imperial War Museum, la National Portrait Gallery (Heinz Archives), Sotheby's Londres (archives Cecil Beaton) et Laurie Mayer, public-relations de Mohamed Al-Fayed.

A Paris : Alexandre, Anne Davis, Hubert de Givenchy, Brita von Maydell, Helga Stüber, la documentation du journal *Elle*, l'Institut Pasteur (Annick Perrot, conservateur des Musées).

A Baltimore : Jeremy Bates, William Calder et May Rogers.

A Boston : Ronald Richardson et Anna Thimmon.

A Miami : Noah Dennis et John Fraser.

A New York : Robert Cutler, Joseph Lamb, Andrew Cross et Max Rohm.

A Los Angeles : Brian Paul et Arthur Parsons.

Parmi mes confrères dont les connaissances ont été précieuses, je suis au premier chef redevable à Stephen Birmingham, Ralph G. Martin et James Spada.

Je dois aussi remercier Constance de Bartillat et exprimer ma gratitude à Sylvie Boizet qui assura la frappe de ce manuscrit.

TABLE

Impression réalisée sur CAMERON par

BUSSIÈRE CAMEDAN IMPRIMERIES

GROUPE CPI

à Saint-Amand-Montrond (Cher)
pour le compte des Éditions Pygmalion
en janvier 2002

N° d'édition : 745. N° d'impression : 020326/4.
Dépôt légal : janvier 2002.

Imprimé en France

T483